Helmut Neuhold

Die Staufer

Helmut Neuhold

Die Staufer

Von 1025 bis 1268

marixverlag

Bibliografische Information der Deutschen Nationalbibliothek
Die Deutsche Nationalbibliothek verzeichnet diese Publikation in der Deutschen Nationalbibliografie; detaillierte bibliografische Daten sind im Internet über http://dnb.d-nb.de abrufbar.

Lektorat: Hans Joachim Kuhn
Covergestaltung: Nicole Ehlers, marixverlag GmbH
Bildnachweis: Friedrich Barbarossa belehnt Heinrich Jasomirgott und Heinrich den Löwen auf dem Reichstag zu Regensburg 1156; Gemälde um 1860, von Carl Blaas; akg images GmbH, Berlin
Satz und Bearbeitung: Andreas Waldmann, Weimar
Der Titel wurde in der Palatino gesetzt.
Gesamtherstellung: CPI books GmbH, Ulm
Printed in Germany

ISBN: 978-3-86539-984-7

www.marixverlag.de

Inhalt

Kein Geschlecht wie jedes andere

»Kein Geschlecht war wohl je zu solcher Höhe berufen durch herrscherliche Art und weltweite Bildung – keines so gezeichnet vom Tode wie die Staufer.« (Eberhard Cyran 1986)

Zwischen den Städten Göppingen und Schwäbisch Gmünd liegt ein weithin sichtbarer und markanter Berg. Der 684 m hohe Hohenstaufen ist von einer Ruine gekrönt, die einst die Stammburg eines der bedeutendsten Adelsgeschlechter der europäischen Geschichte war. Der seinerzeit mächtige Fürstensitz, von dem nach seiner Zerstörung in den Bauernkriegen nur noch kümmerliche Reste blieben, war der Sitz eines Geschlechts, das man später die Staufer nannte. Aus ihm gingen sechs deutsche Könige hervor, von denen drei die römische Kaiserkrone tragen sollten. Die Staufer, die später auch manchmal Hohenstaufer genannt wurden, haben die deutsche und europäische Geschichte des hohen Mittelalters in großem Maße geprägt. Diese haben wie kaum ein Geschlecht jener Epoche innerhalb kurzer Zeit eine Reihe von bedeutenden und kraftvollen Herrschergestalten hervorgebracht, die im kollektiven Gedächtnis viel präsenter sind, als andere Könige und Kaiser des deutschen Mittelalters. Ausgehend von Konrad III., dem »Pfaffenkönig«, konnten die Staufer mehr als hundert Jahre lang trotz aller Anfeindungen die deutsche Königswürde und ihren Anspruch auf das Kaisertum behaupten. In dieser relativ kurzen Epoche brachte das Geschlecht einige der bedeutendsten Herrschergestalten der europäischen Geschichte hervor.

Die große Zeit des Geschlechts begann 1138, als der Staufer Konrad sich bei der Königswahl gegen den mächtigen Herzog Heinrich den Stolzen aus dem Geschlecht der Welfen durchsetzen konnte. Diese Wahl war der Anfang der staufischen Herrschaft im Reich ebenso wie der Beginn der erbitterten Feindschaft der beiden mächtigsten deutschen Adelsgeschlechter. »Hie Welf, hie Waibling!« Dieser Kampfruf schallte Jahrzehnte lang durch das Reich. Er symbolisierte den Kampf der Staufer und der Welfen um die

Macht und die Königswürde. Auch in Italien tobte dieser Kampf, nur hießen die Parteien hier »Guelfen« und »Ghibellinen«. Die Auseinandersetzung war bereits seit dem Beginn der staufischen Herrschaft im Reich im Gange, als die zentralen Figuren dabei blieben aber Kaiser Friedrich Barbarossa und Herzog Heinrich der Löwe in Erinnerung. Diese zwei gewaltigen Persönlichkeiten ragen wie erratische Blöcke aus der Geschichte des Mittelalters empor.

Unter dem früh verstorbenen Kaiser Heinrich VI. erstreckte sich die staufische Herrschaft über das ganze deutsche Reich und Italien. Kaiser Friedrich II., genannt »stupor mundi« (das Staunen der Welt) konnte den Glanz und die Macht der Staufer noch einmal in ihrer vollen Pracht entfalten. Doch hatte er auch einen Jahrzehnte dauernden Konflikt mit mehreren Päpsten zu bestehen, der an den Fundamenten seiner Herrschaft zehrte und ihn mehr als einmal in der Defensive sah. Als Friedrich II. starb, war dies eigentlich schon das Ende der glanzvollen staufischen Epoche. Die Nachfolger des letzten großen Staufers konnten nicht mehr an den alten Glanz ihres Hauses anschließen, das staufische Geschlecht erlebte einen raschen Niedergang. Am Ende stand die Hinrichtung des glücklosen Jünglings Konradin auf dem Marktplatz von Neapel. Dann begann die »kaiserlose, die schreckliche Zeit«.

Das Schicksal der Staufer hat nicht nur die Zeitgenossen beeindruckt, der Faszination, die der Aufstieg, die glanzvolle Herrschaft und der tiefe Fall dieses einzigartigen Geschlechts bis in unsere Zeit ausüben, kann man sich auch heute nur schwer entziehen. Fast romanhaft erscheinen einige der Vertreter dieser Dynastie und auch einige ihrer Gegenspieler. Die bedeutendsten Staufer erreichten eine Popularität, an die ihre mittelalterlichen Vorgänger und Nachfolger, wie die Ottonen, die Salier, die Luxemburger und auch die Habsburger kaum herankamen.

Einer der Hauptkritikpunkte an der Politik der meisten Staufer war deren Ausrichtung auf Italien. Hierin sahen viele Historiker den eigentlichen Grund für das letztliche Scheitern dieser Herrscherdynastie. Italien wurde unter Friedrich Barbarossa zum eigentlich wichtigsten Schauplatz der Reichspolitik und seine Nachfolger hielten daran fest. Auch wenn man den Staufern eine romantische Sehnsucht für das Land, »in dem die Zitronen blühen«, nachsagte, so standen letztlich in erster Linie machtpolitische und wirtschaftliche Interessen im Vordergrund. Allerdings führte das auch zu einem zermürbenden Konflikt mit einer Reihe von

Päpsten und vielen nach Unabhängigkeit strebenden Städten, was unter dem Strich wohl mehr Verluste als Erträge mit sich brachte.

Die Staufer hinterließen jedenfalls einen Mythos, der nur mit jenen der Nibelungen und anderer germanischer Sagengestalten vergleichbar ist. Bereits im Mittelalter begann ihre Verklärung. Die Kyffhäuser-Legende um den Kaiser »Rotbart«, der dort angeblich auf seine Wiederkehr wartet, um das Reich wieder zu errichten, erfreut sich auch heute noch einer großen Bekanntheit. Der Staufer-Mythos wurde immer wieder politisch instrumentalisiert und auch missbraucht, wie zuletzt im Dritten Reich.

Es soll in dieser Arbeit neben den ereignisgeschichtlichen und biographischen Aspekten auch auf das hochmittelalterliche Umfeld, die sozialen und ökonomischen Verhältnisse und die Lebensumstände dieser Epoche eingegangen werden. Zudem sollen ebenso militärische Aspekte, wie die Kriegführung jener Zeit und ganz besonders jene der Staufer, beleuchtet werden. An Quellen und Literatur wurden für diese Arbeit sowohl ältere als auch einige kürzlich erschienene Werke herangezogen. Es soll dem Leser ein kompaktes und informatives Werk über die Dynastie, ihre wichtigsten Angehörigen, ihr Schicksal und ihre Zeit geboten werden.

Die Anfänge und der Aufstieg der Staufer

»Dunkler Ursprung, glänzendes Wachstum und jammervoller Untergang haben den Hohenstaufen, durch großartige Eigentümlichkeit ausgezeichnet, ein bleibendes Gedächtnis verschafft.« (Friederich Kortüm)

Wie über viele später sehr bedeutende Herrscher- und Adelsgeschlechter ist auch über die Abstammung und die Herkunft der Staufer wenig bekannt, und selbst das wenige Bekannte ist schwer verifizierbar bzw. widersprüchlich. Die frühen väterlichen Ahnen der Staufer waren so unbedeutend, dass es so gut wie keine Form von schriftlicher Überlieferung über sie gibt. Sogar ihre Namen sind teilweise umstritten. Von Barbarossas Urgroßvater Friedrich von Büren ist zumindest etwas mehr als der Name bekannt. Auch seine Hochzeit mit einer gewissen Hildegard ist überliefert. Friedrich von Büren war einer der Herren von Büren, die fast alle Friedrich hießen die eine kleine Burg in einem fruchtbaren Tal und eine wohl sehr überschaubare Zahl von Untertanen ihr Eigen nannten. Diese Burg lag vermutlich nordöstlich der Ortschaft Wäschenbeuren im heutigen südwestdeutschen Landkreis Göppingen.

Die ersten Staufer sollen von den Grafen des Riesgaus im Nordosten des mittelalterlichen Stammesherzogtums der Schwaben abstammen. Diese Grafen dürften mit den bayerischen Sieghardingern verwandt gewesen sein und somit ihre Wurzeln nicht in Schwaben, sondern in Bayern oder sogar in Salzburg gehabt haben. Die Riesgau-Grafen hatten auch den Leitnamen Friedrich und wurden 987 in einer Urkunde Kaiser Ottos III. erwähnt. Es gibt aber auch die Vermutung, die Staufer seien ursprünglich ein elsässisches Geschlecht gewesen. Es ist fraglich, ob die genaue Herkunft dieser später so bedeutenden Herrscherfamilie jemals geklärt werden kann.

Unser Wissen über die frühen Staufer geht vor allem auf eine genealogische Aufstellung zurück, die Kaiser Friedrich I. Barbarossa während seiner Herrschaft anfertigen ließ. Dabei wurde auch der erste Staufer erwähnt, der namentlich bekannt war. Er hieß natürlich auch Friedrich und seine Schwester soll einen Gaugrafen im Breisgau mit dem Namen Berthold geheiratet haben. Dieser erste bekannte Friedrich hatte einen Sohn, der natürlich auch Friedrich hieß und für die Zeit zwischen 1053 bis 1069 als Pfalzgraf in Schwaben und Graf im Riesgau erwähnt wurde. Er soll seine Tage als Mönch in einem Benediktinerkloster beschlossen haben. Von den Kindern des Grafen kam dann dessen Sohn Friedrich von Büren, der später nach der schon erwähnten Burg benannt wurde, zu gewissen Ehren. Dieser Staufer lebte ungefähr zwischen 1020 und vermutlich nur 1053 oder 1054, wurde also nicht allzu alt. Dennoch hat man ihm später die Rolle eines Stammvaters des Geschlechts angedichtet.

Ganz so unbedeutend dürften die Staufer schon seit Mitte des 11. Jahrhunderts nicht mehr so gewesen sein, denn sie verbanden sich einige Male durch Heirat mit durchaus angesehenen anderen Adelsfamilien. Doch die territorialen Besitzungen der Staufer scheinen sehr lange recht bescheiden gewesen zu sein. Man vermutet, dass sie außer das kleine Gebiet um Büren noch Ländereien bei Lorch, Hagenau sowie in und um Schlettstadt ihr Eigen nannten.

Friedrich von Büren heiratete irgendwann zwischen 1042 und 1050 Hildegard, die Tochter des Grafen Gerhard III. von Egisheim-Dagsburg. Hildegard entstammte damit einer recht vornehmen und alten Familie des Elsass. Immerhin war ihr Onkel väterlicherseits Bischof Bruno von Toul, der es später sogar als Leo IX. zum Papst brachte. Außerdem brachte Hildegard als »gute Partie« bedeutende Güter im Unter- und Oberelsass in die Ehe mit. Durch diesen Zuwachs an Familienbesitz wurden die Staufer natürlich aufgewertet. Das Paar hatte gemeinsam mindestens sechs Kinder, davon fünf Söhne, von denen der Sohn Friedrich der bedeutendste werden sollte. Auch wenn Friedrich von Büren schon in sehr jungen Jahren starb, so ist es wohl der starken Persönlichkeit seiner Witwe Hildegard zu verdanken, dass seine Nachkommen »Karriere« machten und einen bedeutenden gesellschaftlichen und machtpolitischen Aufstieg erlebten.

Hildegard von Egisheim, die auch manchmal in der Literatur als »Hildegard von Schlettstadt«, benannt nach ihrer Grablege, aufscheint, dürfte eine sehr interessante Frau gewesen sein. Eine Legende berichtet, dass die Errichtung der »Wäscheburg« bei Wäschenbeuren auf ihre Initiative hin erfolgt sei. Aus dem Namen der Burg soll sich später der Name »Büren« abgeleitet haben. Das Grab von Hildegard wurde 1892 in der Krypta des Klosters St. Fides in Schlettstadt gefunden. Die Überreste der Verstorbenen, die das für ihre Zeit beachtliche Alter von vermutlich 66 Jahren erreicht hatte, waren mit einer dicken Schicht aus Kalk bedeckt, weswegen man annahm, dass sie an einer Seuche (evtl. Pest) starb. Die Gesichtszüge Hildegards hatten sich im Kalk abgedrückt und somit erhalten. Abgüsse davon zeigen eine beeindruckende Totenmaske, die das einzige lebensechte Porträt eines mit dem Namen bekannten Menschen des Mittelalters darstellt. Das Gesicht der Frau wirkt noch im Tode recht energisch und geistvoll. Einiges davon dürfte sich wohl auf ihren Sohn Friedrich übertragen haben.

Das Geschlecht der Staufer erfuhr durch diesen Sohn Friedrichs von Büren und Hildegards von Egisheim mit einem Male eine ziemliche und nach allem möglicherweise unerwartete Standeserhöhung, die in erster Linie den politischen Umständen zu verdanken war. Im Jahre 1079 belehnte der umstrittene und von seinen Gegnern bedrängte Salier-König Heinrich IV. den Staufer Friedrich I. mit dem Herzogtum Schwaben und verheiratete ihn mit seiner Tochter Agnes. Mit einem Schlag waren die kleinen Grafen, über die kaum Nachrichten überliefert wurden, in den Rang von Reichsfürsten aufgestiegen. Die Staufer galten nun als wichtige Verbündete des salischen Königshauses.

Herzog Friedrich I.

Der etwa 1050 als Sohn Friedrich von Bürens und Hildegard von Egisheim-Dagsburg geborene Staufer dürfte vor seiner Erhebung zum Herzog die Würde eines Grafen gehabt haben. Aber selbst das ist nicht sicher, genauso wie es über seine Jugend keine verwertbaren Berichte gibt. Friedrichs jüngerer Bruder Otto von Büren (gestorben am 3. August 1100) sollte 1084 Bischof von Straßburg werden, während ein anderer Bruder namens Ludwig (gestorben 1103) Pfalzgraf in Schwaben wurde.

Die Gelegenheit für den Aufstieg des Staufers Friedrich, der recht ehrgeizig gewesen sein dürfte, ergab sich durch die Probleme, in die der unglückliche Salier Heinrich IV. verstrickt war. Nachdem sich ein großer Teil des Adels gegen den König erhoben und den Schwabenherzog Rudolf von Rheinfelden zum Gegenkönig gewählt hatte, entschied sich der Staufer dafür, Heinrich IV. die Treue zu halten. Als Rudolf von Rheinfelden zu Beginn des Jahres 1079 seinen Sohn Berthold zu seinem Nachfolger als Herzog von Schwaben einsetzte, vergab Heinrich IV. seinerseits das Herzogtum zu Ostern 1079 in Regensburg an seinen treuen Gefolgsmann Friedrich I. Außerdem gab er ihm seine Tochter Agnes, die noch keine sieben Jahre alt war, zur Frau. Die Ehe wurde allerdings 1086 erstmals vollzogen. Für einige Zeit sollte es in der Folge also auch zwei Herzöge von Schwaben geben, die genauso wie Heinrich IV. und sein Gegenkönig im Kampf um die Herrschaft waren.

Nachdem Rudolf von Rheinfelden am 15. Oktober 1080 bei Hohenmölsen in einer eigentlich unentschiedenen Schlacht sein Leben verlor, gab die Entwicklung dieser Entscheidung Friedrichs I. Recht. Der Aufstand gegen Heinrich IV. brach nach und nach zusammen, und der König konnte Rache an seinen Gegnern nehmen. In Schwaben jedoch schaffte es vorerst keiner der beiden Herzöge, sich wirklich durchzusetzen. Lange Zeit konnte Friedrich I. sein Amt nur im Norden des Herzogtums real ausüben. Das Land hatte von Anfang an durch den Adelsaufstand schwer gelitten und blieb lange Kampfgebiet eines chaotischen Bürgerkrieges. Der eher farblose Berthold von Rheinfelden starb 1090 und vererbte seine umstrittene Herzogswürde an Berthold II. von Zähringen, der schon längere Zeit auch den Staufer bekämpft hatte. Dieser wurde schließlich mit Hilfe des Papstes und der Welfen gegen Friedrich I. zum Herzog von Schwaben gewählt.

Der Kampf um das ihm verliehene Herzogtum ging also für den Staufer weiter, wobei er natürlich auf die Unterstützung des inzwischen zum Kaiser gekrönten Heinrich IV. zählen konnte. Nachdem der Konflikt schon sehr lange getobt hatte, kam es 1098 endlich zu einem Ausgleich zwischen dem Staufer und dem Zähringer. Berthold II. wollte damit auch sein Verhältnis zum Kaiser bessern. Der Zähringer verzichtete auf seinen Anspruch auf Schwaben, behielt aber seinen Herzogstitel und bekam die Vogtei über die wichtige und wohlhabende Stadt Zürich. Die Herrschaft des Staufers Friedrich I. in Schwaben war damit nach langen Auseinandersetzungen gesichert.

Die Hausmacht der Staufer weitete Friedrich I. in erster Linie in Richtung Norden aus. Während der letzten Jahre seines Lebens konnte er auch in der Pfalz durch die Obervogtei des Klosters Weißenburg und des Hochstifts Speyer eine starke regionale Machtposition aufbauen. Damit näherte er sich den Gütern der Salier in Rheinfranken an, während er im Süden nebst einigen kleinen verstreuten Besitzungen nur um Ulm größeren Besitz unter seine Kontrolle bringen konnte. Es bedeutete auch eine große Auszeichnung für den Schwabenherzog, als er während der Abwesenheit Kaiser Heinrichs IV., der bei einem seiner unglücklichen Italienzüge zwischen 1093 – 1095 mehr oder weniger in der Falle saß und sogar an Selbstmord gedacht haben soll, zum Kommandanten der kaiserlichen Truppen im Reich ernannt wurde. Letztlich zahlte es sich für Herzog Friedrich I. und sein Geschlecht aus, dass er dem umstrittenen und oft sehr unglücklich agierenden Heinrich IV. die Treue hielt.

Als es dem Kaiser ab 1098 gelang, seine Macht doch noch zu festigen, konnte auch sein treuer staufischer Parteigänger davon profitieren. Als Papst Paschalis II. ab 1100 versuchte, die deutschen Fürsten gegen Heinrich IV. aufzuwiegeln, hatte er natürlich bei dem Schwabenherzog kein Glück. Friedrich I. war mit anderen mächtigen Fürsten des Reiches dann auch auf der Seite des salischen Kaisers, als dieser 1103 in Mainz einen Landfrieden für das Reich verkündete. Alle Friedensbrecher sollten ohne Rücksicht auf ihre Position schwer bestraft werden, und in den Friedensschutz wurden neben Angehörigen der Kirche auch Kaufleute und Juden mit eingeschlossen. Diese Erklärungen wurde im Laufe des Mittelalters oftmals wiederholt bis hin zu Kaiser Maximilian I. Gefruchtet hat es allerdings kaum jemals, da nur sehr wenige mittelalterliche Herrscher dazu in der Lage waren, diese flächendeckend umzusetzen. Der Staufer war jedenfalls auf der richtigen Seite.

Herzog Friedrich I. ließ die Burg Hohenstaufen erbauen und stiftete das Kloster Lorch als Hauskloster der Staufer. Der Name Hohenstaufen bezieht sich auf die Bezeichnung »Stauf« für ein Trinkgefäß, dem die Kegelform des Berges, auf dem die Burg errichtet wurde, ähnlich ist. Diese war zunächst ein freies Eigen der Staufer und einige staufische Dienstleute begannen bald, in der Umgebung, dem »Stauferland«, eigene Burgen zu errichten. Die Burg Hohenstaufen sollte später unter König Rudolf von Habsburg zur Reichsburg werden. Aber da waren die Staufer bereits Geschichte.

Auf jeden Fall gelang es Friedrich I. während seiner Herrschaft, die eigenen Güter der Familie stark zu vermehren. Darin folgten ihm auch seine Söhne Friedrich II. und Konrad III., die das aufstrebende Geschlecht bis zum Königtum führen sollten. Neben diesen beiden Söhnen soll der Herzog auch noch eine Tochter namens Bertrada oder Bertha gehabt haben, die um 1088 geboren wurde und einen schwäbischen Grafen heiratete. Agnes von Waiblingen, die bereits mit sieben Jahren dem Staufer versprochen worden war, überlebte ihren Gatten um fast 40 Jahre. Sie heiratete nach seinem Tod 1106 den Babenberger Leopold III., der später heiliggesprochen wurde. Diesem soll sie in nur 12 Jahren angeblich 18 Kinder geboren haben. Durch die erneute Heirat ihrer Mutter ergab sich für die Söhne Herzog Friedrichs I., Friedrich II. und Konrad III., der Umstand, dass sie babenbergische Halbgeschwister hatten. Die enge Verbindung der beiden Familien sollte später auch für alle bedeutende Auswirkungen haben. Agnes starb im, für mittelalterliche Verhältnisse, sehr hohen Alter von beinahe 71 Jahren. Ein unerschütterlicher Glaube an ein paradiesisches Jenseits soll sie auch darüber hinweg getröstet haben, dass mehr als die Hälfte ihrer Kinder in jungen Jahren starb.

Mit den Söhnen Herzog Friedrichs I. begann die eigentlich »große« reichsumspannende Geschichte der Staufer. Das Geschlecht, das so rasch aus dem Dunkel der Geschichte emporgestiegen war, sollte unter wenigen bedeutenden Herrschern eine kurze und intensive Geschichte erleben, die die Zeitgenossen und die Menschen der folgenden Jahrhunderte äußerst stark beeindruckte, ehe es rasch und für immer wieder erlosch wie ein Stern, der kurze Zeit besonders hell geleuchtet hatte.

»... die Sie reizende hohenstaufische Zeit ist reich und sehr groß, würdig ein Leben zu füllen und doch nicht unermesslich: vortrefflich wenn Sie diese wählen... Welche Heroen!« (Johannes von Müller)

Konrad III. – »der Pfaffenkönig«

»Konrad war ein Kriegsmann. Der königliche Wuchs der Staufen, die freundliche Art seines Verkehrs im Feldlager, sein persönlicher Mut, all das gewann ihm die Liebe der Soldaten.« (Selchow 1928, S. 200)

»Nach neun deutschen Herrschern, die seit Ottos I. Krönung 962 in ununterbrochener Folge zu Rom die Kaiserkrone erlangten, war er der erste, dem dies nicht mehr glückte, ein König ohne hinreichende Hausmacht und breitere Anhängerschaft…« (Goez 2010, S. 270)

Konrad wurde im Jahre 1093 als Sohn Herzog Friedrichs I. von Schwaben geboren. Seine Mutter war Agnes, eine Tochter Kaiser Heinrichs IV. Konrads Vater Herzog Heinrich starb bereits 1105, und sein um drei Jahre älterer Bruder Friedrich folgte nun als Herzog von Schwaben. Konrads Mutter Agnes wurde im Jahre 1106 die Gemahlin des Markgrafen Leopold III. von Österreich, dem sie angeblich noch 18 Kinder schenkte. Damit entwickelte sich auch eine Blutsverwandtschaft zwischen den Staufern und den Babenbergern.

Wie bei so vielen mittelalterlichen Herrschern ist auch bei Konrad III. so gut wie nichts über seine Kindheit, seine Jugend und seine Erziehung bekannt. Seine Erziehung wird aber nicht allzu schlecht gewesen sein, denn neben seinem Auftreten als »Kriegsmann« verfügte er später auch über einen gewissen Grad an Bildung.

Friedrich II., Herzog von Schwaben

Der später auch der »der Einäugige« genannte ältere Bruder Konrads III. wurde am 4. April 1090 geboren, herrschte ab 1152 im Herzogtum Schwaben und war offensichtlich niemals Konkurrent, sondern immer Verbündeter seines Bruders. Die beiden staufischen Brüder standen stets in gutem Einvernehmen. Friedrich II. sollte seine schwäbische Herzogswürde von seinem fünfzehnten Lebensjahr an bis zu seinem Tod im Jahre 1147, also 42 Jahre lang inne haben, was für mittelalterliche Verhältnisse eine äußerst lange Herrschaftszeit darstellte.

Herzog Friedrich baute gemeinsam mit Konrad III. die staufischen Territorien weiter aus, womit sie die Politik ihres verstorbenen Vaters fortsetzten. Friedrichs Kernzonen der Macht waren der Mittelrhein und das Elsass, wo er auch viele Burgen errichten ließ und einige Städte gründete.

Im Alter von 18 Jahren nahm Friedrich an einem Kriegszug gegen Koloman von Ungarn teil, begleitete 1110 und 1111 Kaiser Heinrich V. nach Rom, wo dieser eine Audienz beim Papst hatte. Da Herzog Friedrich zudem dem Kaiser während dessen Bedrohung durch oppositionelle Kräfte im Reich die Treue hielt, wurden er und Konrad im Jahre 1116 dadurch ausgezeichnet, dass sie für die Dauer der Italienfahrt des Kaisers als dessen Reichsverweser fungieren konnten. Die beiden Brüder nutzten diese Position dann auch gebührend aus und konnten den Besitz des staufischen Hauses auf Kosten anderer Geschlechter weiter ausdehnen.

Im Jahre 1120 heiratete Herzog Friedrich II. Judith, die Tochter des Welfen Heinrich des Schwarzen. Diese gebar ihm 1122 den Sohn Friedrich, der später den Beinamen Barbarossa erhalten sollte. Etwa im Jahre 1132 ging der Herzog nach dem Tod Judiths eine zweite Ehe ein und nahm Agnes von Saarbrücken zur Braut, was auch seine Machtbasis vergrößerte.

Nachdem Kaiser Heinrich V. gestorben und damit auch die männliche Erblinie des salischen Hauses ausgestorben war, gestaltete sich die Wahl eines Nachfolgers schwierig. Am 24. August 1125 versammelten sich die Fürsten des Reiches in Mainz, um einen würdigen Nachfolger zu bestellen. Herzog Friedrich II. scheint man dabei sehr große Chancen eingeräumt zu haben, zumal ihn angeblich Heinrich V. vor seinem Tod zu seinem Erben bestimmt haben soll. Das jedoch war zu jener Zeit und ist auch heute noch umstritten, da viele annahmen, der staufische Herzog sei nur dazu bestimmt worden, während der königslosen Zeit für Ordnung im Reich zu sorgen. Friedrich und sein Bruder Konrad hatten durch ihre Mutter Agnes nur die Ländereien der Salier geerbt.

Konrad war nicht bei der Wahl von 1125 anwesend, da er, sehr beeindruckt durch eine Mondfinsternis, eine Pilgerfahrt nach Jerusalem unternommen hatte. Er ersparte sich damit auch den Ärger, Zeuge der Niederlage seines Bruders bei der Königswahl zu werden. Die Mainzer Wahl verlief jedenfalls ziemlich chaotisch und aggressionsgeladen, da zu viele unterschiedliche Interessen im Spiel waren. Das Ergebnis der mehrfach tumultartigen Auseinandersetzungen war für die staufischen Brüder recht enttäuschend, da Herzog Lothar von Sachsen zum König gewählt wurde. Man sah allgemein als Ursache für den Sieg Lothars und die Niederlage des Staufers, der doch ursprünglich so viele Fürsten hinter sich gehabt hatte, den Einfluss der Kurie. Diese habe Angst davor gehabt, dass der Staufer die Politik der Salier in kirchlichen Belangen fortführen würde, während Lothar als treuer Sohn der Kirche galt.

Herzog Friedrich II. huldigte vorerst dem König, war dann aber nicht bereit, ihm den Lehenseid zu schwören. Rasch setzten heftige Auseinandersetzungen darüber ein, was als Königsgut und was als salisches Hausgut zu betrachten sei. Die beiden staufischen Brüder Friedrich und Konrad hatten ihr salisches Erbe inzwischen geteilt, wobei der Rhein als Grenze diente. Davon hätten sie nun Gebiete an König Lothar III. als Königsgut zurückgeben müssen, wozu sie aber nicht bereit waren.

Die Geduld König Lothars III. war nicht grenzenlos und er forderte im November 1125 die Staufer ultimativ auf, das Königsgut endlich von ihrem Hausgut abzutrennen und zu übergeben. Herzog Friedrich II. zeigte aber keine Reaktion, und der König verhängte daraufhin die Reichsacht über ihn und seinen noch immer abwesenden Bruder. Zu Beginn des Jahres 1126 fanden sich einige Fürsten, die bereit waren, militärisch gegen die Staufer vorzugehen. König Lothar konnte rasch große Teile der staufischen Gebiete besetzen, wagte aber keinen Angriff auf das schwäbische Kernland Friedrichs II. und seines Bruders. Diesen unternahmen schließlich die Welfen, die sich damit bereits als Feinde der Staufer positionierten. Allerdings erlitten sie dabei eine Niederlage, und König

Lothar musste daraufhin die Belagerung des stauferfreundlichen Nürnberg abbrechen. Konrad III. war inzwischen längst aus dem Heiligen Land zurückgekehrt und beteiligte sich am Entsatz der belagerten Stadt. Diese Unfähigkeit des Königs, seine Interessen durchzusetzen, führte dazu, dass sich einige Fürsten von ihm abwandten. Aber Herzog Friedrich II. verlor während der Kämpfe ein Auge und war damit nach mittelalterlichem Empfinden nicht mehr als potentieller König geeignet, denn ein solcher musste körperlich unversehrt sein.

Spätestens, nachdem Konrad 1127 von seiner Pilgerfahrt ins Heilige Land zurückgekehrt war, übernahm er die führende Rolle bei den Staufern und wurde zur treibenden Kraft. Friedrich II. trat immer mehr in den Hintergrund, blieb aber weiterhin aktiv und betätigte sich hauptsächlich als militärischer Führer. So eroberte er im Jahre 1128 Speyer, während sein Bruder in Italien überraschend erfolgreich agierte.

Bereits am 18. Dezember 1127 war Konrad von einigen Fürsten in Neuenburg zum Gegenkönig erhoben worden, was aber für ihn keinen Machtzuwachs, sondern die Reichsacht und den Kirchenbann mit sich brachte. Da Herzog Friedrich II. vorerst militärisch erfolgreich war, nützte »König« Konrad die Gunst der Stunde und zog mit seinem Anhang nach Oberitalien, wo er die reichen Mathildischen Güter als salisches Erbe unter seine Kontrolle bringen wollte. Da sich der Erzbischof Anselm von Mailand mit dem Papst zerstritten hatte, war er auch bereit, den Staufer Konrad am 29. Juni 1128 in Monza zum König von Italien zu krönen. Das Volk jubelte, und der Staufer übte seine königlichen Aufgaben mit überraschend viel Geschick und Verve aus. Konrad III. hielt auf den roncalischen Feldern einen Reichstag ab und verfügte Anordnungen über die Pflichten der Vasallen des Reiches. Zur Abschreckung ließ er einen rebellischen Grafen gleich hinrichten. Doch es war irgendwie klar, dass er sich ohne Absicherung aus Deutschland in Italien nicht lange würde halten können. Als im Jahre 1130 das Schisma zwischen den Päpsten Anaclet II. und Innozenz II. ausbrach, erwartete Konrad, dass einer von beiden mit ihm ein Bündnis eingehen würde. Doch die verfeindeten Päpste wandten sich gegen ihn als Eindringling in Italien. Da die Entwicklung in Deutschland auch nicht sehr vielversprechend verlief, entschloss sich Konrad schließlich, Italien zu verlassen und über die Alpen zurückzukehren.

König Lothar III. brachte 1130 das wichtige Speyer wieder in seinen Besitz und schon bald verloren die Staufer auch Nürnberg und dessen Umgebung. 1131 ging das Elsass verloren und so sahen sich die staufischen Brüder auf Schwaben und Ostfranken abgedrängt. Sie hatten dann das Glück, dass sich König Lothar anderen Aufgaben zuwandte und auf weiteres militärisches Vorgehen gegen sie verzichtete. Lothar wurde im Jahre 1133 in Rom zum Kaiser gekrönt, was seine Stellung im Reich natürlich weiter verstärkte. Die staufischen Brüder sahen sich nun vollends in der Defensive. Wie nicht anders zu erwarten, ging Lothar III. 1134 wieder in die Offensive gegen die aufsässigen Staufer. Friedrich II. konnte sich gegen einen Angriff des Königs von Norden und Heinrichs des Stolzen von Süden aus nicht behaupten. Er warf sich Lothar III. im Frühjahr des Jahres 1135 im Büßergewand vor die Füße. Auch sein Bruder Konrad musste diese Unterwerfung im Herbst vollziehen. Der König nahm die staufischen Brüder gegen ein Treueversprechen und die Zusage der Unterstützung für seine Fahrt nach Italien wieder in seine Huld auf. Die Staufer hatten eine Niederlage erlitten, doch ihren Besitz und ihre Anwartschaft auf künftiges Königtum gewahrt. Sie wurden auch vom Kirchenbann gelöst.

Von nun an blieb Konrad ein treuer Gefolgsmann des Kaisers, den er zuvor bekämpft hatte. Er folgte Lothar III. im Jahre 1136 auf dessen Zug nach Italien und hatte dabei die Rolle des kaiserlichen Bannerträgers inne. Das brachte ihm großes Ansehen, das er durch seine erfolgreichen kriegerischen Leistungen noch weiter steigerte. So schlug er am 8. November 1136 die Verteidiger von Pavia so vernichtend, dass die Stadt am nächsten Tag kapitulierte. Im Frühjahr 1137 eroberte er das Kastell Ragnano bei Siponto und belagerte San Angelo auf dem Monte Gargano. Neben seiner militärischen Tätigkeit kümmerte sich Konrad auch um die Politik, und es gelang ihm, die Freundschaft von Papst Innozenz II. zu erringen. Dabei kam ihm auch seine gute Beziehung zum Erzbischof Albero von Trier zugute, der das volle Vertrauen des Papstes genoss. Der wichtigste Grund der Bemühungen des Staufers um das Wohlwollen der Kurie war sicher die Absicht, die Kirche bei seiner möglichen Königswahl hinter sich zu wissen. Jeder wusste, dass Lothar III. alt und krank war und seine einzige Tochter an Herzog Heinrich den Stolzen von Bayern verheiratet hatte. Der Papst und seine Ratgeber fürchteten die Nachfolge des Welfen im Reich, was Konrad III. nur noch interessanter machte.

Der Tod König Lothars III. Ende 1137 brachte die Wende, und es zeigte sich, dass die Politik Konrads und seines Bruder gefruchtet hatte. Die Staufer wurden jetzt die Erben des deutschen Königtums. Doch Herzog Friedrich musste zurückstehen, und sein Bruder Konrad stand jetzt im Brennpunkt der Macht und der Aufmerksamkeit und konnte schließlich die Königswürde erringen.

Herzog Friedrich II. wurde als »kräftig, wenn auch nicht immer mit Glück« beschrieben, der »eine treue Stütze seines stets mit ihm einträchtig lebenden Bruders« gewesen sei. »Kriegerische Tapferkeit, Geschäftsklugheit, Leutseligkeit und Freigebigkeit« wurden ihm nachgerühmt. (Chr. Fr. v. Stälin 1878, S. 34) Bei allen Unternehmungen stand der Herzog seinem Bruder tatkräftig zur Seite, solange es seine Kräfte zuließen. Es stellt sich überhaupt die Frage, ob Konrad seine Königswürde überhaupt ohne Friedrich erreicht hätte. Der bereits sehr kranke Herzog übertrug 1146 im Angesicht seines nahenden Endes seinem Sohn Friedrich (Barbarossa) die Verwaltung seines Landes und den Schutz seiner zweiten Gemahlin und ihrer Kinder. Doch sein königlicher Bruder gab diesem die Erlaubnis zur Teilnahme am Kreuzzug, was den Herzog mit tiefem Schmerz erfüllt und vielleicht seinen Tod beschleunigt haben soll.

Als Herzog Friedrich II. 1147 in Alzey starb, folgte ihm sein Sohn Friedrich (Barbarossa) offiziell als Amtsinhaber nach. Und er sollte schon fünf Jahre später nach dem Willen seines Onkels Konrad III. den deutschen Königsthron besteigen. Beerdigt wurde der Bruder des Königs, der selbst um ein Haar König geworden wäre, im Kloster St. Walpurgis, das in der Nähe der von ihm gegründeten Stadt Hagenau liegt.

Ein Staufer wird König

»Lothar, der auf dem Rückmarsch (aus Italien) seinem Schwiegersohn die Markgrafschaft Tuszien übertrug, wurde bald von einer schweren Krankheit ergriffen. Wohl konnte er noch die Alpen überschreiten, am 4. XII. 1137 ist er aber in dem Dorf Breitenwang bei Reutte in Tirol gestorben. … Als Gegner der salischen Partei war Lothar auf den Thron gekommen. Als König bog er aber in die vorgezeichnete Linie der deutschen Königspolitik ein und ist keineswegs, wie man gelegentlich gemeint hat, ein unselbständiger, von der Kirche abhängiger Herrscher gewesen.« (Gehardt 1970, S. 375)

Nachdem Lothar III., der zuletzt ein sehr gestörtes Verhältnis zu Papst Innozenz II. gehabt hatte, gestorben war, begann erneut ein Kampf um die Krone des Reiches. Wurde zunächst erwartet, dass der Schwiegersohn des verstorbenen Kaisers, der Welfe Heinrich der Stolze, seines Zeichens Herzog von Bayern und Sachsen, die größten Chancen bei der Wahl hatte, so entwickelten sich die Dinge rasch anders. Der Papst hatte den geschickten Kardinal Dietwin von Santa Rufina entsandt, der vom Erzbischof Albero von Trier unterstützt wurde. Die beiden setzten alles daran, dass ein anderer das Rennen machte. Zur Wahl des neuen Königs war eine Fürstenversammlung für den 22. Mai 1138 einberufen worden, doch schon vorher konnten die beiden Geistlichen einige Fürsten in Koblenz zusammenbringen. Diese wählten dann wunschgemäß am 7. März den Staufer Konrad zum König. Dieser wurde dann auch recht rasch am 13. März 1138 gekrönt. Kardinal Dietwin setzte ihm als Mann des Papstes die Krone aufs Haupt. Das sollte für die weitere Zukunft Konrads III. bedeutende Folgen haben und ihn in den Augen vieler zum »Pfaffenkönig« stempeln. Diese Art der Königserhebung war eigentlich ein Bruch des herkömmlichen Rechts, wurde jedoch nach und nach von den meisten Fürsten des Reiches akzeptiert. Als Konrad III. zu Pfingsten 1138 einen allgemeinen Reichstag in Bamberg abhielt, kamen viele bedeutende Herren des geistlichen und weltlichen Standes, um ihm zu huldigen.

Der neue König war sich der großen Gefahr bewusst, die von dem Welfen Heinrich dem Stolzen ausging, der ihm auch bezüglich seiner Hausmacht überlegen war. Deshalb verhängte er im Juli 1138 in Würzburg die Reichsacht über den Welfen und entzog ihm seine

Herzogtümer. Während der Askanier Albrecht der Bär mit Sachsen belehnt wurde, erhielt Konrads Halbbruder, der Babenberger Leopold IV., das Land Bayern. Das führte natürlich dazu, dass der Konflikt mit den Welfen einen neuen Höhepunkt erreichte. Albrecht der Bär konnte sich in Sachsen als Herzog nicht behaupten, und ein von Konrad III. durchgeführter Kriegszug gegen die Welfen endete mit 1139 mit einem für ihn schmählichen Waffenstillstand.

Der relativ überraschende Tod Heinrichs des Stolzen am 20. Oktober 1139 brachte nur vorübergehend für Konrad III. eine Entlastung, da die Kaiserwitwe Richenza gemeinsam mit einem großen Adelsaufgebot nun die Rechte Heinrichs des Löwen, der ihr noch minderjähriger Enkel war, verfocht. Die Welfen wollten ihr Herzland Sachsen unter keinen Bedingungen aufgeben. Auch in Bayern kam es zu Kampfhandlungen, als Welf VI. sich in einem Gefecht bei Valley am 13. August 1140 gegen Leopold IV. durchsetzen konnte. Doch Konrad III. schaffte es, zumindest hier durch sein Eingreifen die Situation unter Kontrolle bringen. Er besiegte den Welfen am 21. Dezember 1140 bei der Burg Weinsheim.

Konrad III. sah im Geschlecht der Babenberger, das schon lange die Markgrafen von Österreich stellte, eine bedeutende Stütze seiner Herrschaft. So erhielt auch der Babenberger Heinrich Jasomirgott 1140 die Pfalzgrafschaft bei Rhein und somit eine der wichtigsten Positionen im Reich überhaupt. Nach dem Tod Leopolds IV. wurde Heinrich Jasomirgott schließlich zum Herzog von Bayern erhoben. Außerdem vermählte ihn der König 1146 mit der byzantinischen Prinzessin Theodora Komnena, immerhin einer Nichte Kaiser Manuels. Die beiden Babenberger Otto und Konrad erhielten zudem bedeutende geistliche Ämter. Während Konrad 1148 zum Bischof von Passau geweiht wurde, war der wohl bedeutendere Otto bereits seit 10 Jahren Bischof von Freising, wo er eine rege Tätigkeit als Geschichtsschreiber entfaltete und viele Werke produzierte, die heute noch als wichtige historische Quellen angesehen werden.

Die Königsherrschaft des ersten Staufers auf dem Königsthron konnte in den deutschen Territorien regional unterschiedlich stark durchgesetzt werden. Während er sicherlich am Rhein und in Ostfranken als Kernregionen sehr stark war, blieb Sachsen wie später noch so oft in der staufischen Geschichte ziemlich königsfern. Konrad III. konnte während seiner gesamten Herrschaft hier nicht Fuß fassen. Würzburg, Nürnberg, Regensburg, Frankfurt, Speyer und

Bamberg wurden die wichtigsten Stützpunkte des Staufers, die der König während seiner Herrschaft immer wieder aufsuchte. In Konrads engstem Umkreis befanden sich einige wenige Fürsten, denen er auch sein Vertrauen schenkte. Dazu gehörten der Erzbischof von Köln, die Bischöfe von Würzburg und Worms, die Babenberger Heinrich Jasomirgott und Otto von Freising, der Königsbruder Friedrich und Albrecht der Bär. Bei seiner Verwaltung setzte der Staufer auf verschiedene Ministerialiengeschlechter, wobei der Ministeriale Arnold von Selenhofen schließlich auch zum Reichskanzler ernannt wurde.

Das Verhältnis zur Kirche des als »Pfaffenkönig« übel beleumdeten Staufers wurde immer wieder kritisch betrachtet und dokumentiert. Konrad III. fühlte sich dem Wormser Konkordat von 1122 verpflichtet und trachtete danach, zu den zu seiner Zeit oft wechselnden Päpsten immer gute Beziehungen zu haben. Er unternahm auch im Gegensatz zu seinem Vorgänger Lothar keinen Versuch, die königlichen Rechte bezüglich der Reichskirche wieder zurückzugewinnen. Da er natürlich Interesse daran hatte, dass bei der Neubesetzung der Bischofssitze ihm genehme Kandidaten zum Zug kamen, versuchte er, Einfluss über die Wahlgremien und Domkapitel zu nehmen, indem er dort auch seine Gefolgsleute unterbrachte. Damit verstieß er nicht gegen die Bestimmungen des Konkordats, konnte aber dennoch einen gewissen Einfluss ausüben. Konrad III. soll sich auch als gleichrangig mit dem Papst betrachtet haben. In der Verwaltung und Diplomatie setzte der Staufer oft auf Geistliche und übergab einigen davon auch politische Ämter in Italien. Konrad III. förderte die Kirche ebenso durch die Übertragung von Reichsbesitzungen und königlichen Schutzurkunden. Diese freundschaftliche und von manchen auch als »unterwürfig« gesehene Politik gegenüber der Kirche führte zu mancher Kritik an dem ersten Stauferkönig.

Durch die Belehnung des jungen Welfen Heinrich, des späteren »Löwen«, mit dem Herzogtum Sachsen, wich Konrad III. aus pragmatischen Gründen davon ab, freigewordene Ämter und Würden durch seine nächsten Verwandten zu besetzen. Daneben benutzte er auch das Mittel der Verschwägerung. So wurde eine seiner Halbschwestern durch Heirat Herzogin von Böhmen, auch der byzantinische Kaiser Manuel heiratete eine Schwester der Königin, und seinen Sohn Heinrich verlobte er mit einer der Töchter des ungarischen Königs Bela. Doch auch diese Maßnahmen konnten den allgemeinen Frieden nicht garantieren. So sah sich Konrad III. genötigt, im Jahre 1142 einen Kriegszug gegen die Böhmen zu unternehmen, da diese seinen Schwager Herzog Wladislaw vertrieben hatten. Dieses Unternehmen verlief erfolgreich, und der Staufer konnte seinen Schwager in recht kurzer Zeit wieder restituieren.

Schon im Hinblick auf die Bedrohung seiner Herrschaft durch die mächtigen Welfen sah sich Konrad III. bemüht, seine Position im Reich durch eine gut organisierte Familienpolitik zu verstärken. Seine eigene Machtbasis schien ihm nicht stark genug, da er neben seinem Eigengut in Schwaben und Franken nur das Elsass und Schwaben im Besitz seines Bruders, sowie das Krongut als Rückhalt vorzuweisen hatte. Deshalb verheiratete der Staufer 1139 seine Nichte Judith mit Herzog Matthäus I. von Oberlothringen. Außerdem vergab er im gleichen Jahr das Herzogtum Niederlothringen an Gottfried II. von Löwen, der den Staufern ebenfalls durch Heirat verbunden war. Konrads Halbbruder, der Babenberger Heinrich, erhielt zudem 1140 die Pfalzgrafschaft bei Rhein, die später Graf Hermann von Stahleck übergeben wurde, nachdem Heinrich im Oktober 1141 die Markgrafschaft Österreich geerbt hatte. Überhaupt erwies sich die Verwandtschaft mit den Babenbergern als nützlich, da mittels kluger Heiratspolitik engere Bindungen zu Polen und Böhmen erreicht werden konnten. Diese hielten die gefürchteten Welfen zusätzlich in Schach.

Der Reichstag von Frankfurt im Mai 1142 brachte Heinrich dem Löwen das Herzogtum Sachsen gegen den Verzicht auf Bayern. Dieser scheinbar dauerhafte Ausgleich mit den Welfen wurde durch die Verheiratung der Herzogswitwe Gertrud mit dem Babenberger Heinrich besiegelt. Der Babenberger erhielt dann auch im Januar 1143 die Belehnung mit Bayern. Doch schon bald zeigte sich, dass mit den Welfen nicht so leicht Frieden zu schließen war. Gertrud starb schon nach einigen Monaten und Welf VI. wollte den Verzicht seines Neffen Heinrich des Löwen auf Bayern nicht anerkennen. Welf verbündete sich deshalb mit König Roger II. von Sizilien und dem ungarischen König Geza II. Konrad III. war deshalb an besseren Beziehungen zu den Byzantinern gelegen, die die Normannen in Sizilien in Schach halten konnten. Der Staufer leitete deshalb die Verheiratung seiner Schwägerin Bertha von Sulzbach mit Manuel I. Komnenos in die Wege, welche dann aber erst 1146 erfolgte.

Überhaupt entwickelte Konrad III. seit 1142 vielseitige außenpolitische Bestrebungen, die mehr oder weniger glücklich verliefen. Dabei hatte er natürlich die ganze Zeit seinen erhofften Romzug im Auge, um auch noch die Kaiserwürde zu erlangen. Doch die Lage in Deutschland wollte sich einfach nicht wirklich beruhigen, und in Rom kam es zu Auseinandersetzungen zwischen großen Teilen der städtischen Bevölkerung und dem Papst. Das schienen keine guten Vorzeichen für einen erfolgreichen Zug des deutschen Königs in die Heilige Stadt. Konrad III. scheute schon vor seiner allfälligen Kaiserkrönung nicht davor zurück, sich als »Augustus« zu bezeichnen.

Von Seiten der Kurie aus gab es ab 1145 verstärkte Bemühungen, den Staufer zu einem Romzug zu motivieren. Immerhin wurde Kaiser Heinrich II. am 4. März 1146 heiliggesprochen, was sicher durch die Anwesenheit Konrads III. mehr Glanz erhalten hätte. Doch der in vielen Dingen recht biedere Staufer bemühte sich vorerst weiterhin, seine und die Macht seiner Familie auszubauen und abzusichern. Er setzte dabei besonders auf die ihm wohlgesonnene Reichskirche, die aufstrebenden Städte und die Reichsministerialen. Es gab zu jener Zeit einen bedeutenden inneren Landesausbau, die Rodung großer Gebiete und auch einige für Konrad III. günstige Gelegenheiten zur Installierung neuer Würdenträger. Andererseits misslangen Unternehmungen, wie das Eingreifen des Königs in die inneren Wirren in Polen im Sommer 1146, was mit einer schweren diplomatischen Niederlage endete.

Konrad III. ergriff nach dem Tod des Herzogs Boleslaw III. Partei in einem polnischen Erbteilungsstreit, da der dabei als Großherzog vorgesehene, aber vertriebene Wladislaw mit einer seiner Halbschwestern verheiratet war. Der deutsche König beschloss nun, diesem Wladislaw bei der Durchsetzung seiner Ansprüche zu helfen. Als Konrad III. mit seinem Heer in Polen einmarschierte, musste er rasch feststellen, dass er seine Gegner unterschätzt hatte. Unter Vermeidung einer offenen Feldschlacht bereiteten ihm die Polen jede Menge Schwierigkeiten und unterbanden den deutschen Nachschub. Da seine Männer hungerten und nicht in bester Stimmung waren, schien ein möglichst ehrenvoller Rückzug angemessen. Es gab in der Folge Verhandlungen, bei denen Konrad III. nicht die beste Figur machte und sich mit der Zusicherung des Erscheinens des von ihm abgelehnten polnischen Herzogs Boleslaw IV. am nächsten deutschen Hoftag und der Stellung einer

Geisel vorerst zufriedenstellen ließ, ehe er abmarschierte. Doch wie wohl nicht anders zu erwarten, erschien der abtrünnige Pole nicht am Hoftag, und Konrad III. blieb auf seiner Geisel und seinem Schwager Wladislaw sitzen, dem er nun auch ein standesgemäßes Asyl gewähren musste. Das polnische Problem konnte nie gelöst werden, da sich der Stauferkönig nun mit einem ganz anderen auseinandersetzen musste und eine ungleich schwerere Niederlage auf ihn wartete.

Inzwischen war es für die Streiter Christi im von ihnen besetzten Heiligen Land alles andere als gut verlaufen. Als die Grafschaft Edessa wieder an die Krieger Allahs fiel, erging ein Aufruf zu einem neuen Kreuzzug. Der mächtige Geistliche Bernhard von Clairvaux überredete König Ludwig VII. von Frankreich dazu, das Kreuz zu nehmen. War ursprünglich nur geplant, dass der Franzose einen Kreuzzug unternehmen würde, so entwickelte Bernhard von Clairvaux bald auch großen Eifer, den deutschen König für die Idee zu gewinnen. Der König der Deutschen könnte doch bei einer solchen Unternehmung zum Wohle der Christenheit nicht hinter dem König der Franzosen zurückstehen, wurde argumentiert.

Konrad III. fühlte sich dadurch unter Druck gesetzt, denn er musste natürlich seine Bedeutung als künftiger römischer Kaiser unter Beweis stellen. Der Konflikt mit den Welfen stellte aber eine große Gefahr für seine Herrschaft dar, sollte er wirklich an dem Kreuzzug teilnehmen. Doch Bernhard von Clairvaux schaffte dieses Problem schließlich aus der Welt, als er sich nach einer Unterredung mit Konrad III. anschließend mit Welf VI. traf, von dem er das Versprechen einer Art von »Waffenstillstand« während des Kreuzzuges erhielt. Der wortgewaltige Geistliche stieß dann wieder zu König Konrad III., der zu Weihnachten in Speyer einen Reichstag abhielt. Nachdem Bernhard am 27. Dezember 1146 eine aufrüttelnde Rede gehalten hatte, nahm der Staufer genauso wie viele der versammelten Fürsten das Kreuz.

Dieses von vielen als großes Wunder betrachtete Ereignis war allerdings gründlich vorbereitet worden, und schon bald verpflichteten sich auch Heinrich der Löwe und seine sächsische Gefolgschaft zur Teilnahme an der Kreuzfahrt. Beim Reichstag von Frankfurt im März 1147 wurden schließlich alle wichtigen mit dem Zug ins Heilige Land verbundenen Fragen geklärt. Konrad III. konnte einen allgemeinen Reichsfrieden verkünden und die Wahl seines zehn Jahre alten Sohnes Heinrich zum König erreichen. Der junge Mann sollte mit Hilfe eines Regentschaftsrates während seiner Abwesenheit die Verwaltung des Reiches übernehmen. Es wurde auch beschlossen, dass der Anspruch Heinrichs des Löwen auf Bayern nicht abgewiesen, aber bis zur Rückkehr vom Kreuzzug vertagt würde. Außerdem gestand man den Sachsen einen eher regionalen Kreuzzug gegen die heidnischen Slawenstämme im ostelbischen Gebiet zu. Nachdem sein Sohn Ende März 1147 in Aachen gekrönt worden war, begann König Konrad III. Ende Mai von Regensburg aus seinen Marsch ins Heilige Land. Das ganze Unternehmen sollte ein Fiasko werden.

Die Planung sah vor, dass die Deutschen etwas früher losmarschieren und die Franzosen in einem gewissen Abstand folgen sollten. Nachdem er die Leitha überschritten hatte, wurde der König mit den ungarischen Problemen konfrontiert. Konrad III. bestrafte König Geisa für den Krieg gegen seinen Halbbruder Heinrich durch die Konfiskation großer Geldsummen. Das Heer der deutschen Kreuzfahrer, zu dem auch ein riesiger Tross von Unbewaffneten, Frauen und sogar Kindern gehörte, erreichte in der Folge ohne große Schwierigkeiten Konstantinopel, wo es auf die französischen Kreuzfahrer warten sollte, die unter der Führung König Ludwigs VII. nachkommen sollten. Doch der byzantinische Kaiser, der ein doppeltes Spiel spielte, überredete Konrad III., alleine nach Kleinasien überzusetzen, ohne ihm ortskundige Führer zur Verfügung zu stellen. Womit das Unheil schon vorprogrammiert war. Zudem war der Großteil der als Heer bezeichneten ziemlich inhomogenen Menschenmasse völlig disziplinlos.

Bei Nicäa kam man dann auch noch auf die »glorreiche« Idee, das Heer zu teilen. Der deutsche König zog mit dem Hauptheer weiter durch Kleinasien, während die Pilger und Unbewaffneten ohne große militärische Bedeckung unter der Führung Ottos von Freising entlang der Küste marschieren sollten. Bei Dorylaion wurden die deutschen Ritter am 25. Oktober 1147 in eine plumpe Falle gelockt, was zum Untergang fast der gesamten Kavallerie führte. Konrad III., der wieder einmal ein gewisses militärisches Unvermögen bewiesen hatte, zog sich mit dem Rest seiner Truppe, die nun vor allem aus Fußvolk bestand, vorerst geordnet zurück. Da die Seldschuken sie aber ständig bedrängten und demoralisierten, artete das Unternehmen bald in eine panikartige Flucht aus. Der deutsche König erreichte Anfang November mit etwa 2.500 erschöpften Überlebenden die Stadt Nicäa und flüchtete sich hinter die sicheren Mauern. Konrad III. selbst war wie viele seiner ihm verbliebenen Leute mehrfach verwundet worden. Ungefähr zur gleichen Zeit wurde die Kolonne unter Otto von Freising auch angegriffen, und es kam erneut zu einem fürchterlichen Massaker, dem die meisten Christen zum Opfer fielen.

Nachdem er und seine Leute sich einigermaßen erholt hatten, stieß Konrad III. zu den inzwischen angekommenen Franzosen, und man marschierte gemeinsam die Küste entlang. Auch der französische König wurde der Situation nicht Herr und immer mehr seiner Männer wurden Opfer der häufig stattfindenden Angriffe der Seldschuken. Außerdem waren das Wetter und die Versorgungslage extrem schlecht, was zu vielen Krankheiten führte. Konrad III. blieb dieses Mal die Teilnahme am völligen Zusammenbruch einer christlichen Streitmacht erspart, da er bereits in Ephesus schwer erkrankte und nach Konstantinopel zurück transportiert wurde. Letztlich erreichten nur sehr wenige der ausgezogenen deutschen und französischen Ritter Palästina.

Als sich der deutsche König wieder besser fühlte, fuhr er mit dem Schiff im April 1148 nach Akkon und besuchte von dort aus Jerusalem. In der Heiligen Stadt bereitete König Balduin III. dem deutschen König einen glänzenden Empfang und überredete ihn, die Eroberung von Edessa nicht mehr als Priorität zu betrachten und im Juli einen Kriegszug gegen Damaskus zu unternehmen. Der französische König Ludwig, der sich inzwischen unter schwersten Verlusten nach Tyrus durchgeschlagen hatte, konnte auch für diesen Plan gewonnen werden. Mitte Juli brach also ein vereintes und durch neue Zuzüge recht zahlreiches Christenheer, das angeblich mehr als 50.000 Mann umfasste, von Tiberias in Richtung Damaskus auf. Die mittelalterlichen Zahlenangaben sind hier allerdings mit großer Vorsicht zu genießen, denn bei der eigenen Stärke und den Verlusten des Gegners wurde meistens maßlos übertrieben. Auch wenn sich die Streitmacht der Christen durch Seuchen, Fahnenflucht und zuletzt auch Kämpfe laufend verringerte, so erreichten genügend die Stadt, die als sehr volkreich galt, und griffen ungestüm an.

Die Kämpfe um Damaskus erwiesen sich wie so oft bei den Kreuzzügen als sehr blutig, und Konrad III. zeigte große Tapferkeit und einen Kampfeswillen, der angeblich seine moslemischen Gegner in Angst und Schrecken versetzte. Die Christen konnten vor allem dank des rücksichtslosen Einsatzes der deutschen Ritter bei den moslemischen Verteidigern die Hoffnung auf weiteren Widerstand vertreiben. Aber als die Stadt bereits so gut wie sturmreif bzw. reif für die Kapitulation war, befiel die Christen eine seltsame Starre, und Konrad III. lieferte erneut ein Beispiel mangelnder Führungseigenschaften. Inzwischen drehte sich das Intrigenkarussel in Jerusalem, und vielen Kreuzrittern stieß die Dominanz der Deutschen übel auf. Außerdem befürchtete man das Eingreifen weiterer moslemischer Machthaber, die Jerusalem direkt bedrohen konnten.

König Konrad und König Ludwig ließen sich überreden, die Stadt weiter zu belagern und keinen Sturmangriff zu unternehmen. Nun kam der Mangel an Wasser und Nahrungsmitteln für Mensch und Tier immer mehr zum Tragen, die moslemischen Verteidiger zeigten wieder neuen Mut und besetzten sogar Stellungen der Belagerer. Konrad III. beschloss nach einigen Tagen schließlich die Aufgabe des Unternehmens und der französische König folgte seinem Beispiel. Ein weiteres kriegerisches Unternehmen des Stauferkönigs war damit gescheitert, und auch die Eroberung Edessas musste ad acta gelegt werden. Konrad III. kehrte schließlich dem Heiligen Land den Rücken und begab sich ins byzantinische Imperium.

Später behauptete der gescheiterte Staufer, er und sein Heer seien niemals von den Ungläubigen besiegt worden, sondern von Hunger und Krankheit. Doch man lastete ihm in der europäischen Öffentlichkeit weitgehend die Schuld an. Neben den riesigen Verlusten an Menschenleben wurde beklagt, dass er nichts »für die Erhabenheit des kaiserlichen und deutschen Namens« erreicht hätte. Viele Fürsten kehrten dem erfolglosen Herrscher nun den Rücken, und es wurde einsamer um König Konrad III.

In Saloniki schloss er schließlich Ende 1148 einen Vertrag mit dem byzantinischen Kaiser Emanuel I., der sich gegen Roger II. von Sizilien richtete, der mit dem schon sehr frühzeitig vom Kreuzzug desertierten Welf VI. ein Bündnis eingegangen war. Die alten Konflikte mit den Welfen waren also wieder aktuell geworden. Die Nachrichten aus seinem Reich waren für Konrad III. auch nicht allzu erfreulich, denn der kleine König Heinrich hatte sich als ziemlich machtlos erwiesen. Überall waren Fehden und Konflikte ausgebrochen, die auch die Macht der Staufer bedrohten.

»So reihte sich Kampf an Kampf, Niederlage an Niederlage. Daneben winkte immer noch vergebens die Kaiserkrone. Von Jahr zu Jahr hoffte Konrad, Zeit zu finden, um über die Alpen zu steigen.

Immer neue Kämpfe schoben sich vor die geplante Romfahrt.« (Selchow 1928, S. 201)

Als Konrad III. im Mai 1149 nach Deutschland zurückkehrte, war er ziemlich gelähmt. Der schlimme Ausgang des Kreuzzuges hatte seinem Ansehen schwer geschadet, und außerdem war seine Gesundheit nicht die beste. Vorerst konnte er nicht wirklich aktiv werden. Er musste sein Vorgehen gegen Sizilien und sein geplantes Eingreifen in die chaotischen Verhältnisse in Rom, bei denen sich der Papst in schwerer Bedrängnis befand, aufschieben.

Die Hauptgefahr schienen vorerst die Welfen zu sein, die nun massiv ihren Machtanspruch anmeldeten und durch ein Bündnis mit König Roger von Sizilien zu viel Geld gekommen waren. Graf Welf VI. hatte schon frühzeitig Syrien verlassen und begonnen, die Besitzungen des Königs anzugreifen und auszuplündern, während er gleichzeitig Verbündete unter den deutschen Fürsten suchte. Welf VI. konnte im Februar 1150 bei Flochberg geschlagen und zum Frieden genötigt werden, aber Heinrich der Löwe, der in den mächtigen Zähringern Verbündete gefunden hatte, erhob erneut energisch seinen Anspruch auf Bayern und marschierte sogar in den Süden Deutschlands. Konrad III. glaubte, er könne das Problem durch Verhandlungen auf mehreren von ihm einberufenen Hof- und Reichstagen lösen, doch der Welfe erschien einfach nicht. Als der staufische König schließlich im Vertrauen auf den sächsischen Adel, der zu einem großen Teil welfenfeindlich war, auf eine militärische Lösung setzte und gegen Goslar und Braunschweig marschierte, scheiterte er wieder einmal. Heinrich der Löwe erschien vor Ort und konnte sich behaupten. Konrad III. räumte das Feld und überließ den Widerstand gegen den Welfen dem sächsischen Adel.

»So befand sich der König gegen Ende seiner Regierung auf demselben Punkt wie zu Anfang derselben. Seine Bestrebungen waren gescheitert. … Es fehlte ihm die Energie des Willens. Was er begonnen hatte, führte er oft nicht zu Ende; er brach ab, wenn sich Hindernisse unerwarteter Art zeigten, oder wenn er den Schein eines Erfolges aufweisen konnte.« (Friedrich von Raumer)

Trotz aller ungelösten Probleme entschloss sich Konrad III. dazu, nach Italien und insbesondere Rom zu marschieren. Dabei wollte er einerseits endlich die Kaiserkrone erhalten und zweitens König Roger von Sizilien in seine Schranken weisen. Zu diesem Zweck wurden Gesandte in wichtige italienische Städte und zum

Papst geschickt, sie sollten den Italienzug des Staufers vorbereiten. Doch es sollte alles anders kommen.

Ziemlich ernüchtert vom misslungenen Kreuzzug und seinem persönlichen Scheitern, sah er auch die Rolle der Kirche in einem anderen Licht. Man warf Konrad III., dem »Pfaffenkönig« vor, dass unter seiner Herrschaft die Macht und der Einfluss der Kirche im Reich den Höhepunkt erreicht hätten. Der Staufer versuchte nun, spät aber doch, den Einfluss der Kirche zurückzudrängen und war gegenüber der Kurie »voll ernster Strenge«. Der Abt Wibald von Stablo, der bisher ziemlich erfolgreich die Interessen Roms am Hofe König Konrads III. vertreten hatte, schrieb erzürnt nach Rom: »Jene, die als treulos bekannt sind, werden mit Reichtümern und Ehren überhäuft, ich aber wie ein Fremdling behandelt.« (Lehmann 1978, S. 41)

Seit seiner Teilnahme am gescheiterten Kreuzzug war Konrad III. auch ein schwer kranker Mann. Es gab und gibt verschiedene Vermutungen, woran er gelitten haben könnte, aber es dürfte sich wohl um die Malaria gehandelt haben. Der kranke König musste dennoch unermüdlich in seinem »Reich ohne Hauptstadt« genauso wie seine Vorgänger und Nachfolger herumreiten. Der König musste in Bewegung bleiben und gesehen werden, das war eine wichtige Grundlage der Herrschaft des ersten Stauferkönigs genauso wie vieler seiner Vorgänger und Nachfolger.

Manchmal ging es für Konrad III. dann doch nicht mehr und er verschwand für einige Zeit von der Bildfläche, von heftigen Fieberschüben auf das ungezieferverseuchte Lager geworfen: »Denn schwere Krankheit, von Gott zu Unserer Seele Besserung geschickt, hielt Uns fest. Sie quälte Uns fast sechs Monate lang so sehr, dass Wir unnütz waren für alle notwendigen Geschäfte.« Das führte in einer Gesellschaft, in welcher der persönliche Kontakt viel wichtiger war als institutionelle Bindungen, rasch zu Problemen: »Die günstige Gelegenheit nährte den Frevelmut etlicher Leute und leistete Umtrieben Vorschub, die auszulöschen und zu bezähmen Wir mit aller Wachsamkeit bestrebt waren, als Uns des Himmels Gnade noch mit Gesundheit beschenkte.« (Goez 2010, S. 271)

Der Staufer bemerkte Anfang des Jahres 1152, dass es mit ihm zu Ende gehen würde. Damit entstand für ihn auch das Problem seiner Nachfolge. Sein Sohn und Mitkönig Heinrich war schon 1150 gestorben, und sein zweitgeborener Sohn Friedrich erst sechs Jahre alt. Deshalb entschloss sich der Sterbende, seinen Neffen, Herzog

Friedrich III. von Schwaben, zu seinem Nachfolger zu erwählen, und übergab ihm die Regierungsinsignien. Konrad III. starb am 15. Februar 1152 in Bamberg, ohne dass er die von ihm so sehr angestrebte Kaiserwürde erlangt hätte.

Der erste staufische König war niemals das Odium losgeworden, ein »Pfaffenkönig« zu sein, und er hatte es auch niemals geschafft, die Probleme der Innen- und Außenpolitik wirklich zu meistern. Ob seine oft schwankende Politik dabei ein wesentliches Problem darstellte oder der verzweifelte Versuch war, ein Rezept für die Lösung der Probleme zu finden, muss dahingestellt bleiben. In seiner unmittelbaren Umgebung ging Konrad III. jedoch sehr methodisch vor und er konnte neben dem Ausbau der staufischen Hausmacht, den er gemeinsam mit seinem Bruder betrieb, auch einige königliche Institutionen verbessern bzw. stärken. Er sammelte einen Stab von fähigen und erprobten Ratgebern und Helfern und hinterließ diesen auch seinem Nachfolger. Die unter Lothar III. darnieder liegenden Institutionen wie Reichskanzlei und Hofkapelle wurden unter Konrad III. wiederbelebt und der neuen Entwicklung angepasst.

Diese Dinge fanden jedoch wenig Resonanz in der Bevölkerung des Reiches. Man sah in der Person des staufischen Königs immer nur dessen politische Erfolgslosigkeit. Ein Chronist aus Köln ärgerte sich beim Tod Konrads III.: »Die Zeiten dieses Königs waren ziemlich traurig. Unter ihm herrschten schwankendes Wetter, dauernde Hungersnot, wechselnder Kriegslärm. Er war ja ein tapferer Soldat und im Königsamt auch eifrig genug, aber durch eine Art von Glücklosigkeit kam unter ihm das Gemeinleben ins Wanken.« (Borst 1981, S. 17)

Auch wenn man Konrad III. niemals zu den großen Angehörigen des staufischen Hauses und auch nicht zu den großen Königen des deutschen Mittelalters zählte, so war es doch so, dass gerade er die Voraussetzungen für die erfolgreiche Politik seiner ihn bei weitem überstrahlenden Nachfolger schuf. Wenn später Historiker schrieben: »Manchem deutschen König war manches missglückt, keinem, außer Konrad III., alles.« (Selchow 1928, S. 204), dann stimmt das eigentlich nicht. Ihm glückte immerhin die Berufung seines best möglichen Nachfolgers.

Friedrich I. Barbarossa – der Kaiser im Kyffhäuser

»Wer hat denn die Deutschen zu Richtern über die Völker bestellt? Wer hat den plumpen und ungebärdigen Menschen diesen Einfluss gegeben, dass sie nach Gutdünken den Führer über die Häupter der Menschensöhne bestimmen?« (Johannes von Salisbury 1160)

»In Friedrich, von den Italienern Rotbart genannt, erhielt das Reich einen Herrscher, der an Bedeutung neben Karl und Otto dem Großen zu stehen verdient.« (Müller 1905, S. 111)

Es mutet seltsam an, aber die ersten wirklich einigermaßen sicheren Daten und Fakten über das Leben Friedrich Barbarossas gibt es erst vom Tode seines Vorgängers Konrad III. und seiner Krönung zum deutschen König an. Der später so bedeutende Kaiser wurde wahrscheinlich im Jahre 1122, als der Investiturstreit sein vorläufiges Ende fand, geboren. Es ist allerdings weder sein Geburtstag noch das genaue Geburtsjahr überliefert.

Barbarossa hatte dank seiner Mutter Judith, der Tochter Heinrichs des Schwarzen, welfisches Blut in seinen Adern. Damit war er auch ein Cousin des später so mächtig werdenden Welfen Heinrich des Löwen. Durch Friedrich, der erst später »Barbarossa« genannt wurde, schien sich auch ein Ausgleich zwischen den beiden bedeutenden deutschen Geschlechtern abzuzeichnen.

Bei Friedrichs Geburt lebte Heinrich V. noch, und man sah in dem Kind einen künftigen Herrscher. Doch Friedrichs Kindheit wurde dadurch überschattet, dass sein Vater die Krone nicht erringen konnte und es zu einem zehn Jahre dauernden Kampf mit dem Kaiser und den Welfen kam. Die Mutter des kleinen Staufers starb dann auch noch, als er erst sieben Jahre alt war. Angeblich haben die Erzieher Friedrichs, Mönche des Klosters Lorch, den Jungen zu einer Abneigung gegen alles Päpstliche erzogen. Man sah das salisch-staufische Erbe als von der Kurie zerstört an. Während sich sein Vater in sein Schicksal gefügt habe und sich auf Schwaben beschränkt hätte, »wollte sein Sohn und Erbe höher hinaus.«

(Wahl 1941, S. 29) Der junge Friedrich dürfte auch nicht besonders begeistert von der wenig gedeihlichen Entwicklung des Reiches unter seinem Onkel Konrad gewesen sein.

Vermutlich auf Wunsch seines Vaters heiratete der junge Friedrich die elsässische Gräfin von Vohburg, die ihm einiges an Besitz einbrachte. Die Ehe sollte kinderlos bleiben. In einer Art von Revolte nahm Friedrich schließlich Kontakt zu den Welfen auf, die Gebiete Konrads III. verwüsteten. Der Kontakt dürfte ihn jedoch anscheinend enttäuscht haben, denn er wandte sich letztlich seinem Onkel Konrad zu, dem er zuvor sehr kritisch gegenüber gestanden war. Über die Dienste, die Friedrich für Konrad III. leistete, ist wenig bekannt, außer dass er für den König den Grafen von Zähringen gefangen nahm. Wichtig für den König und das Reich wurde Friedrichs Rolle, nachdem er gemeinsam mit Konrad III. das Kreuzzugsgelübde abgelegt und mit ihm in Richtung Heiliges Land losgezogen war.

Inzwischen durch den Tod seines Vaters zum Herzog von Schwaben geworden, leistete Friedrich seinem Onkel Konrad III. bei der schrecklichen Katastrophe, in den sich dieser Kreuzzug bald verwandelte, treu Gefolgschaft. Als der König schwer krank in Konstantinopel darnieder lag, schickt er seinen Neffen Friedrich nach Deutschland, um in seinem Namen für Ordnung zu sorgen. Herzog Friedrich ging an diese Aufgabe anscheinend mit großer Energie heran, die ihm viele Bewunderer schaffte. Auch die Welfen wurden von ihm in die Schranken gewiesen. Als Konrad III. nach drei Jahren Abwesenheit schließlich in sein Reich zurückkehrte, scheint Herzog Friedrich bereits seine wichtigste Stütze gewesen zu sein. Die Krankheit und der rasche Verfall der Kräfte Konrads machte die Regelung der Nachfolge rasch aktuell. Kaum jemand betrachtete die Erhebung des kindlichen überlebenden Sohnes des Königs als gute Lösung.

Als Konrad III. seinen letzten Hoftag abhielt, konnte sich Barbarossa einiges an Unterstützung für seine potentielle künftige Herrschaft sichern. Immerhin musste Konrads minderjähriger Sohn Friedrich bei der Wahl übergangen werden, was bisher nicht vorgekommen war. Wichtig für Barbarossa war sicherlich, dass sich Welf VI. von ihm, der immerhin sein Neffe war, eine Sicherung seiner eigenen Stellung und gewisse Vorteile erhoffte. Der Staufer dankte es ihm dann auch, indem er ihm später einige bedeutende Titel verlieh.

Als Konrad III. am 15. Februar 1152 starb, standen an seinem Bett nur der Fürstbischof von Bamberg und der Schwabenherzog. Beide berichteten später, dass der König bei klarem Bewusstsein gestorben war und seinem Neffen Friedrich die Reichsinsignien übergeben habe. Also sollte nicht sein minderjähriger Sohn, sondern Friedrich der Nachfolger sein. Konrads Sohn sollte dafür das Herzogtum Schwaben erhalten, Friedrich aber sein Vormund sein. Sofort, nachdem der König relativ hastig bestattet worden war, reiste Herzog Friedrich nach Köln, denn er wollte nicht, dass ihm jemand anderer zuvorkomme.

Es war schließlich nur zwei Wochen nach dem Tod König Konrads III., als die Fürsten Herzog Friedrich III. von Schwaben, später »Barbarossa« genannt, dessen Vater immerhin auch 1125 Kandidat für das Königtum gewesen war, wählten. Die Wahl Barbarossas zum König war in erster Linie neben dem Wunsch des verblichenen Konrads III. die Konsequenz des Interessensausgleichs mehrerer bedeutender Reichsfürsten. Am wichtigsten dabei waren die Welfen Welf VI. und Heinrich der Löwe, der ein Cousin des Staufers war. Ihm war eindeutig daran gelegen, eine königgleiche Stellung im Norden Deutschlands zu erreichen. Das gelang ihm auch vorerst durch seine Unterstützung und die Huld des neuen Königs Barbarossa. Doch später sollten daraus gravierenden Konflikte erwachsen.

Der berühmte mittelalterliche Geschichtsschreiber Otto von Freising beschrieb die Wahl Friedrichs als einmütige Erhebung zum König und als eine Art von zwangsläufiger Nachfolge. Man habe den Staufer gewählt, da er sowohl den Staufern als auch den Welfen angehörte. Damit hätten sich die beiden verfeindeten Familien versöhnt. Das stellte jedoch eine ziemliche naive Vereinfachung der wirklichen Verhältnisse dar. Hinter der Wahl Friedrich Barbarossas zum König am 4. März 1152 stand eine Vielzahl von Interessen, Zugeständnissen und Absprachen, die später noch zu großen Problemen führen sollten.

Der Staufer wurde am 9. März 1152 in Aachen zum König gekrönte. Noch während der Zeremonie warf sich ihm ein Ministeriale, der in Missgunst geraten war, zu Füßen. Er wollte die Huld des nunmehrigen Königs wieder erlangen. Doch Barbarossa zeigte keine Milde und meinte, dass seine Entscheidung aus Gründen der Gerechtigkeit erfolgt sei. Dies brachte ihm den Respekt der anwesenden Adeligen ein, die ihm Strenge und Gerechtigkeit zuerkannten. Recht bald begann der neue König damit, den ihn unterstützenden Fürsten Zuwendungen zu machen. Die meisten davon erhielt Barbarossas Vetter Heinrich der Löwe, mit dem der Staufer auch eng zusammenarbeitete. Der Welfe konnte seine Macht, seinen Reichtum und seinen Einfluss durch die Huld des neuen Königs massiv ausbauen. Das einzige Problem, bei dem Barbarossa seinem geschätzten Vetter nicht entgegen kommen wollte, war die Rückgabe des Herzogtums Bayern. Friedrich Barbarossa musste hier auf die Babenberger Rücksicht nehmen, die ihm ebenfalls wohl gesonnen waren. Heinrich der Löwe engagierte sich vorerst stark in Italien, um die königlichen Interessen zu vertreten. Aber er hatte auch rasch viele Feinde unter den deutschen Fürsten, die wenig Verständnis für die Bevorzugung des Welfen und dessen zunehmender Machtfülle hatten.

Die deutschen Fürsten beobachteten argwöhnisch die ungewohnte Bevorzugung der den Staufern ehemals feindseligen Welfen. Heinrich der Löwe und Welf VI. galten als die besten Vertrauten Barbarossas und waren dessen regelmäßige Gäste. Welf VI. erhielt den Titel eines Herzogs von Spoleto und Markgrafen von Tuszien und Fürsten von Sardinien. Daneben waren die Wittelsbacher, die als ehemalige Gegner der Staufer nun ebenfalls am königlichen Hof reüssieren konnten, fast unbedeutend. Doch Otto von Wittelsbach konnte sich bald auch als wichtiger Berater Barbarossas etablieren. Daneben verloren die einst so wichtigen Babenberger und andere Geschlechter an Einfluss am königlichen Hof.

Wie können wir uns nun Friedrich Barbarossa vorstellen? Er soll von »mehr als mittelgroßer Gestalt« gewesen sein und »sein gelocktes Haupthaar war der Sitte gemäß in würdiger Weise gepflegt«. Der Staufer wird als »fürstlich-ritterliche Erscheinung im Sinne seines Jahrhunderts« beschrieben und soll »leutselig und freigiebig, von strengstem Rechts- und Ehrgefühl beseelt« gewesen sein. Zudem: »Seine Beredsamkeit in seiner Muttersprache wird gerühmt; er verstand zwar Latein, war aber nicht fähig, es selbst gewandt zu sprechen, so dass er sich bei Verhandlungen eines Dolmetschers bediente.« (Beumann 1985, S. 196)

Leopold von Ranke sah den großen Staufer folgendermaßen: »Friedrich war ein Mann von Schwung, Idealität und Hingebung. Er lebte in großer Weltübersicht und verfolgte ein ideales Ziel der höchsten Macht. Dabei war er zwar unerbittlich gegen seine Widersacher, aber übrigens voll von menschlicher Güte. Oft überzieht sich ihm die Wange mit Schamröte. Nicht so sehr aus Selbstsucht, sondern weil es ihm großartig schien, ergriff er jene Form des Kaisertums so lebhaft. Darum ließ er Karl den Großen heiligsprechen. … Er baute gern, wie alle Menschen, die der Zukunft vertrauen. … Sonst liebte er persönlich die Einfachheit. Er erschien im schlichten Hauskleid. Auf der Jagd spannte er selbst seinen Bogen.« (Ranke 1928, S. 243)

Friedrich Barbarossa war für mittelalterliche Verhältnisse kein übertrieben religiöser Mensch, doch er soll nicht kirchenfeindlich gewesen sein und jeden Morgen den Gottesdienst besucht haben. Außerdem wird berichtet, er sei Klerikern und Bischöfen immer sehr ehrerbietig begegnet und habe sich auch für kirchlich-religiöse Angelegenheiten interessiert. Trotzdem war er kein Stifter bedeutender Klöster oder Kirchen, was ihn von vergleichbaren mittelalterlichen Herrschern unterscheidet. Da viele seiner engsten Ratgeber Kleriker waren, blieb der Staufer jedenfalls immer kirchlichem Einfluss ausgesetzt, auch wenn er wohl meistens Herr seiner eigenen Entscheidungen war.

Zeit seines Lebens hatte Friedrich Barbarossa großes Interesse an Geschichte und ließ sich besonders gerne historiographische Werke vorlesen. Dazu gehörte sicherlich die Chronik Ottos von Freising. Der Staufer hörte auch gerne Vorträge berühmter Juristen, die meistens aus der Universität Bologna kamen. Da er voll im Bewusstsein war, ein rechtgläubiger Kaiser zu sein, griff Barbarossa auch immer wieder als Vogt der römischen Kirche ein, verfolgte Abweichler und Ketzer und betrieb auch kirchliche Personalpolitik. Über allem standen das Prinzip des Gottesgnadentums und der Anspruch, keinerlei Unrecht zu dulden. Manchmal vergaß der Kaiser dabei auch seinen Grundsatz der Mäßigung, wenn er glaubte, er müsse als wütender Richter und Rächer auftreten. Dann war er zu äußerster Strenge und sehr großer Grausamkeit fähig. Barbarossa bewegte sich dabei aber im üblichen mittelalterlichen Rahmen eines Herrschers. Stand in seinen jüngeren Jahren sein stark ausgeprägtes herrscherlich-ritterliches Ehrgefühl manchmal rationalen Entscheidungen im Wege, so bewies er in der zweiten Hälfte seiner Regentschaft vor allem viel staatsmännische Weisheit und eine den meisten mittelalterlichen Herrschern überlegene Staatskunst.

Abgesehen von seinen späteren Auseinandersetzungen mit den Welfen, die durch Heinrich den Löwen verkörpert wurden, sollte Barbarossas Herrschaft in einem Doppelkonflikt mit dem Papsttum und dem Bund der lombardischen Städte in Oberitalien stehen. Damit war zu Beginn seiner Herrschaft noch nicht zu rechnen, doch die Ereignisse bekamen bald eine große Dynamik, an der natürlich auch ganz besonders Friedrich Barbarossa und sein spezielles Verständnis von Herrschaft Schuld war.

Beim Hoftag zu Konstanz im März 1153 wurde Barbarossa massiv mit den Problemen und Konflikten der italienischen Städte untereinander konfrontiert. Aus der Stadt Lodi waren einige Kaufleute gekommen, die über das Vorgehen der Stadt Mailand gegen ihre Kommune klagten. Auseinandersetzungen zwischen den Städten, die auch mit Waffengewalt ausgetragen wurden, waren seit dem Zusammenbruch der Reichsherrschaft in Italien während des Investiturstreits schon lange an der Tagesordnung. Größere Kommunen wie Mailand versuchten, ein möglichst großes Gebiet unter ihre Kontrolle und kleinere Städte in ihre Abhängigkeit zu bringen. Mailand beherrschte seit 1111 Lodi und nach langen Auseinandersetzungen seit 1127 Como weitgehend. Barbarossa sah sich nun herausgefordert und schickte Befehle nach Mailand, um gewisse Übelstände abzustellen. Doch der Brief mit dem Siegel wurde von den Konsuln der Stadt öffentlich verlesen und dann demonstrativ vernichtet. Der Staufer sah dadurch natürlich seinen Herrschaftsanspruch in Frage gestellt.

Auch die Verhältnisse im Süden Italiens traten jetzt vermehrt in den Blickpunkt Friedrich Barbarossas. Der Normanne Roger II. hatte sich während des Papstschismas 1130 zum König krönen lassen und konnte diese Position auch auf Dauer behaupten. Da Sizilien vom kaiserlichen Standpunkt aus Teil des Reiches war, sah der Staufer in den Normannen räuberische Invasoren und war mit dem Papst einer Meinung, dass man die Herrschaft der Eindringlinge beseitigen müsse. Der Staufer sicherte dem Papst seine Unterstützung gegen die aufmüpfigen Bürger Roms und die Normannen zu und wollte vor allem die Römer wieder unter die Herrschaft des Papstes zwingen. Papst Eugen III. zeigte sich erfreut und versprach Barbarossa die Krönung zum Kaiser, wenn dieser nach Rom käme. Im Konstanzer Vertrag vom 23. März 1153 wurde zudem noch vereinbart, dass man den Byzantinern keine Zugeständnisse in Italien machen werde. Der künftige Kaiser und der Papst waren sich also weitgehend einig und Barbarossas lange erwarteter Italienzug konnte in die Wege geleitet werden.

Nachdem der Staufer im Spätherbst 1154 Italien erreicht hatte, hielt er in der Nähe von Piacenza einen Hoftag ab. Dabei erschienen Gesandte aus Como und Lodi und führten Beschwerde gegen das übermächtige Mailand. Die Vertreter der beschuldigten Kommune setzen auf ein altbekanntes Rezept und wollten dem Deutschen eine goldene Schale voll mit Münzen übergeben. Doch Barbarossa lehnte ab, denn er forderte in erster Linie Unterwerfung von Mailand. Letztlich einigte man sich auf einen Vertrag, der dem meistens in Geldnot befindlichen Barbarossa die stattliche Summe von 4.000 Mark Silber zuerkannte. Als jedoch der Staufer nach Monza ziehen wollte, um sich dort zum König Italiens krönen zu lassen, kam im stolzen Mailand großer Unmut auf. Trickreich führten zwei Mailänder Konsuln Barbarossas Heer durch falsche Angaben in die Irre, und die nicht ortskundigen Deutschen irrten tagelang herum und hatten rasch Versorgungsschwierigkeiten.

Nach diesem schweren Affront waren die deutschen Adeligen äußerst erbost und forderten von ihrem königlichen Herrn Konsequenzen. Außerdem begannen die Männer Barbarossas nun, die Umgebung Mailands zu plündern. Die Mailänder erkannten, dass sie zu weit gegangen waren und versuchten, die Deutschen zu besänftigen, indem sie die Missetäter bestraften. Doch Barbarossa war äußerst verstimmt und lehnte nun auch die zugesagten 4.000 Mark Silber ab. Mailand sollte bezüglich seines Vorgehens gegen Como und Lodi einer Gerichtsverhandlung unterworfen werden. Der Staufer wollte eine eindeutige öffentliche Bestätigung des Gehorsams und der Unterwerfung der Mailänder. Die Bürger der aufsässigen Stadt waren nun in einer Zwickmühle, denn ein offener bewaffneter Konflikt mit ihrem offiziellen Herrscher brachte unabsehbare Folgen mit sich. Barbarossas Position zu jener Zeit war aber auch nicht die beste, denn er hatte nur 1.800 Ritter bei sich, was auch zu jener Zeit keine wirklich starke Streitmacht darstellte.

Die Auseinandersetzung des Staufers mit Mailand ließ natürlich auch die anderen Städte Oberitaliens nicht unbeeindruckt. Barbarossa wurde nun auch Ende 1154 in einen Konflikt der beiden Städte Pavia und Tortona hineingezogen und fand sich auf der Seite des königtreuen Pavia. Die Deutschen belagerten daraufhin zwischen Februar und April 1155 das rebellische Tortona. Wie auch in anderen Fällen wurden gefangene Bürger der Stadt zur Einschüchterung der Belagerten öffentlich brutal hingerichtet und das Trinkwasser der Stadt mit Leichenteilen und giftigen Stoffen ungenießbar gemacht. Wie zu erwarten musste Tortona bald um Frieden ersuchen und letztlich ein demütigendes Ritual der Unterwerfung über sich ergehen lassen. Barbarossa nahm die Stadt in seine königliche Gewalt und versprach, dass sie keinen weiteren Schaden erleiden würde. Doch schon bald sollten die Dinge wieder ganz anders sein.

Denn am nächsten Tag zerstörten die Soldaten des stauferfreundlichen Pavia die Stadt. Man wollte unter dem Schutz des Kaisers einen alten Konkurrenten ausschalten. Barbarossa war sicher über diese Entwicklung, die eigentlich für ihn eine Art von Wortbruch darstellte, nicht glücklich. Aber er war parteiisch und musste sich an die mit ihm verbündeten Städte halten. Dieses Problem sollte ihn während seiner ganzen Herrschaft in Italien verfolgen. Um sich und seine Interessen durchzusetzen, brauchte der Staufer die Unterstützung seiner Verbündeten auf dem italienischen Schauplatz. Das engte seinen Handlungsspielraum massiv ein und führte auch dazu, dass sich gewisse Muster an Ereignissen mehrmals wiederholten.

Nach der Niederwerfung Tortonas und Mailands verfolgte der Staufer den Plan, die Königsherrschaft im »Regnum Italicum« völlig neu zu ordnen. Die alten Hoheitsrechte des Reiches sollten wieder in Anspruch genommen bzw. neu definiert und schriftlich festgelegt werden. Die Amtsgewalt und die Gerichtshoheit sollten von nun an alleinige Sache des Reiches sein. Kaiserliche Verwalter sollten eingesetzt und die dem Herrscher zustehenden Regalien vollständig in Anspruch genommen werden. Damit konnte eigentlich keine der oberitalienischen Städte einverstanden sein, da sie diese Befugnisse schon lange als ihr Gewohnheitsrecht betrachteten.

Die erste persönliche Begegnung Barbarossas mit dem Papst Hadrian IV. fand am 8. Juni 1155 statt. Dabei sollte der Staufer laut der alten Tradition beim Zusammentreffen das Pferd des Papstes am Zügel führen. Da für die Deutschen die genauen Umstände dieses »Dienstes« unklar waren, kam es zu einem Eklat und der Papst zeigte sich indigniert. Barbarossa zeigte sich bereit, die Formalität am nächsten Tag in angemessener Form zu wiederholen, was auch geschah. Ehe der Papst den Staufer krönen konnte, trat eine Abordnung der Römer an Barbarossa heran. Die Bürger Roms boten dem Deutschen die Kaiserkrone aus der Hand des Volkes gegen eine nicht geringe Summe an. Barbarossa war aber nicht bereit, darauf einzugehen und mit der alten Tradition zu brechen. Das gefiel dem römischen Pöbel natürlich ganz und gar nicht, wollte man sich doch auf Kosten der Deutschen bereichern. Als Barbarossa am 18. Juni 1155 in St. Peter von Hadrian IV. gekrönte wurde, kam es zu heftigen Kämpfen mit den Römern in der Umgebung, die aber die Zeremonie nicht behindern konnten. Bei den Kämpfen tat sich Heinrich der Löwe hervor, der persönlich viele römische Bürger tötete. Wie so oft wurde deutsches Kaisertum in Rom mit viel Blut begossen.

Die Situation für die Deutschen war trotz Allem auf die Dauer nicht angenehm, da ihnen die ungewohnt drückende Hitze stark zusetzte und die Versorgung unterbrochen war. Auch der geplante Krieg gegen das normannische Königreich konnte auf Grund der Situation nicht durchgeführt werden. Somit waren einige von Barbarossas wichtigsten Zielen, zu denen auch die Sicherung der Stellung des Papstes in Rom gehörte, nicht umsetzbar, und schon war damit der Keim für weitere Italienzüge des Staufers festgelegt.

Die Deutschen zogen sich bald zurück und überließen die Stadt Rom dem Chaos. Während des Rückzugs verhängte Barbarossa den Bann über Mailand. Danach ging es über Regensburg nach Worms, wo das wichtige Weihnachtsfest gefeiert wurde. Wenngleich das wichtigste Resultat des Italienzugs die Kaiserkrönung des Staufers war und ansonsten das Ergebnis mager bis kontraproduktiv, so interpretierten manche die Situation anders: »So war, was Friedrich als Gewinn der ersten Romfahrt buchen konnte, außerordentlich groß: Die Kaiserkrone und die klare Kenntnis, mit wem er als Freund in Italien zu rechnen und mit wem als Feind.« (Selchow 1928, S. 207) Der vorzeitige Abbruch des Italienzuges Barbarossas führte zu bedeutenden machtmäßigen Veränderungen auf der Apennin-Halbinsel. Der Papst suchte nun neue Verbündete, und der päpstliche Kanzler Roland Bardinelli konnte 1156 durchsetzen, dass sich die Kurie den Normannen annäherte und mit ihnen den Vertrag von Benevent schloss. Aus dem päpstlichen Kanzler wurde schon bald der Papst Alexander III., der Barbarossa in seine Schranken weisen sollte. Vorerst sorgte der Frieden des Papstes mit den Normannen beim Kaiser für einigen Unwillen, da er seinen Anspruch auf Süditalien in Gefahr sah. Der Papst schickte im Oktober 1157 einige Kardinäle zum Hoftag in Besancon, um den Vertrag von Benevent zu verteidigen. Doch das Verhältnis zum Papst war für den Staufer zerrüttet und sollte sich eigentlich nie mehr erholen. Einige Ereignisse wie die Gefangennahme des schwedischen Erzbischofs verschärften den Gegensatz. Der Kanzler Friedrichs, Rainald von Dassel, tat ein Übriges, den Konflikt zu verstärken, so wie er während seines Wirkens an der Seite Barbarossas, der ihm stets sein Ohr neigte, fast immer für die Intensivierung von Konflikten sorgte. Rainald von Dassel suggerierte dem Staufer, der Papst sehe ihn als Lehnsmann und sich selbst somit als Lehnsherrn.

Barbarossa war nicht bereit, seine Legitimation durch die Fürsten zugunsten des päpstlichen Anspruchs aufzugeben. Deshalb schickte er auch die päpstlichen Abgesandten ziemlich unfreundlich weg. Der Papst seinerseits sah in der mangelnden Ehrerbietung gegenüber seinen Gesandten seine eigene Ehre verletzt. Der Konflikt konnte schließlich durch die Vermittlung Heinrichs des Löwen und des Bischofs von Bamberg einigermaßen beigelegt werden, doch der üble Nachgeschmack blieb und das Verhältnis zwischen Kaiser und Papst war auf absehbare Zukunft belastet.

Es sollte sich für Friedrich Barbarossa auch nicht als einfach erweisen, den Streit, der zwischen Heinrich dem Löwen und dem Babenberger Heinrich Jasomirgott tobte, beizulegen. Bekanntlich hatte Konrad III. den Welfen das Herzogtum Bayern abgesprochen und es den Babenbergern übergeben. Besonders erschwerend für die Position des Staufers war, dass er mit beiden Streitparteien eng verwandt war. Außerdem musste er bei den beiden stolzen Fürsten viel Rücksicht auf deren Ehre, Rang und Status nehmen. Während sich die Verhandlungen in die Länge zogen, erwog Barbarossa verschiedene Lösungsvarianten, wobei lange Zeit nicht klar war, ob er eine Lösung durch ein Urteil der versammelten Fürsten oder eine gütliche Einigung bevorzugte. Erschwerend dabei war, dass Heinrich Jasomirgott mehreren Vorladungen des Staufers keine Folge leistete. Als sich Barbarossa allerdings zur Kaiserkrönung nach Rom aufmachte, traf er eine Entscheidung, um das leidige Problem vorher aus der Welt zu schaffen.

Barbarossa entzog dem Babenberger, der immerhin sein Onkel war, im Juni 1154 das Herzogtum Bayern und sprach es dem Welfen zu. Um jedoch noch eine gütliche Einigung herbeizuführen, unterließ der Staufer vorerst die offizielle Einsetzung Heinrichs des Löwen als Herzog von Bayern. Es kam dann auch zu einem Kompromiss und im für die weitere österreichische Geschichte so wichtigen »Privilegium minus« wurde 1156 aus der Markgrafschaft Österreich ein eigenes Herzogtum, das eine Vielzahl von speziellen

Rechten erhielt, die zu einer gewissen Sonderentwicklung des Landes führten. Heinrich der Löwe erhielt das verkleinerte Herzogtum Bayern, und es konnte mit dieser Übereinkunft der Rang und das Ansehen der beiden Kontrahenten gewahrt werden.

Der Kaiser, der schon längere Zeit Witwer war, hielt im Juni 1156 Hochzeit mit der Tochter des Grafen von Burgund, Beatrix. Die neue Gattin brachte auch die Freigrafschaft Burgund unter die Herrschaft Barbarossas, was dessen Macht im Königreich Burgund wesentlich steigert. Diese Vermählung sollte sich als sehr fruchtbar erweisen, denn während der 28 Jahre dauernden Ehe wurden acht Söhne und drei Töchter geboren. Die wichtigsten dieser Nachkommen waren der spätere Kaiser Heinrich VI., der Herzog von Schwaben Friedrich V., der Pfalzgraf von Burgund Otto, der König Philipp von Schwaben und Konrad von Rothenburg. Die Gemahlin Barbarossas brachte einiges von der burgundischen Hofkultur und von französischen Einflüssen mit sich, was auch den teilweise noch sehr rustikalen Hof des Staufers veredelte. Beatrix galt als sehr standesbewusst und gebildet, wurde ihrem Mann auch eine kluge Ratgeberin und war Zeit ihres Lebens von großem Einfluss. Sie verbrachte die letzten Jahre ihres Lebens in Burgund, wo sie völlig eigenständig regierte und einen eigenen Hof unterhielt. Nachdem sie 1184 gestorben war, wurde ihr Leichnam nach Speyer gebracht und dort im Kaiserdom beigesetzt.

Das Jahr 1157 war wieder von Beschwerden aus Italien geprägt, wobei sich Gesandtschaften aus Pavia, Bergamo, Como und Lodi über die Bedrückungen durch die Mailänder beklagten. Der Kaiser thematisierte das Problem auch auf den Hoftagen von Fulda und Worms und sah die Ehre des Reiches in Gefahr. Die Fürsten sahen sich gefordert und stimmten Barbarossas Vorschlag zu: Es wurde ein neuer Italienzug beschlossen, wobei man jedoch Rainald von Dassel und Otto von Wittelsbach vorher losschickte, um auf der Halbinsel Regalien und Abgaben zur Heeresversorgung einzufordern.

Bevor sich der Kaiser allerdings gegen Italien wenden konnte, musste er sich mit einem Problem auseinandersetzen, welches in Polen entstanden war und schon seine Wurzeln in der Zeit Konrads III. hatte. Der polnische Herzog Wladyslaw II. war von seinem Bruder Boleslaw gemeinsam mit seiner Gemahlin vertrieben worden. Diese war eine gebürtige Babenbergerin mit Namen Agnes und die Großmutter Barbarossas. Der Staufer sah durch diese Tat das Ansehen des Reiches geschädigt und fand nun, als Boleslaw ihm auch noch den üblichen Tribut verweigerte, einen Grund, um militärisch einzugreifen. Barbarossa marschierte mit seinen Truppen nach Polen und verwüstete im Sommer 1157 Gebiete um die Diözesen Breslau und Posen. Als Wladislaw von Böhmen und andere Fürsten diplomatisch eingriffen, unterwarf sich Herzog Boleslaw dramatisch vor dem Kaiser. Barbarossa forderte von ihm den Schwur, dass die Exilierung seines Bruders nicht zur »Schmach des Reiches« geschehen sei. Boleslaw musste auch große Summen zahlen und dem Kaiser 300 Panzerreiter für dessen Zug nach Italien überlassen.

Als Friedrich Barbarossa dieses Mal über die Alpen zog, teilte er sein Heer in vier Kolonnen, um Schwierigkeiten mit der Versorgung zu vermeiden. Die Deutschen erschienen Anfang August vor Mailand und belagerten die Stadt. Es kam zu Ausfällen und kleineren Gefechten, doch wurde in erster Linie das Umland Mailands verwüstet. Man wollte die Stadt von jeder Versorgung abschneiden, was auch weitgehend gelang. Schon bald wurde die Lage für die Bewohner Mailands unerträglich, und sie suchten um Verhandlungen an. Barbarossa sah seine Ehre gekränkt und er wollte eine öffentliche Demütigung der Besiegten. Zwölf Konsuln der Stadt mussten vor dem Staufer, der auf seinem Thron saß, barfuß erscheinen und über ihren gebeugten Nacken Schwerter tragen. Die Mailänder wollten diese Demütigung durch Geldzahlungen abwenden, doch Barbarossa wollte sein Bestrafungsritual eisern durchsetzen. Das geschah dann auch schließlich, und Mailand musste sich verpflichten, Como und Lodi nicht zu gefährden und »zu Ehren des Kaisers« eine Pfalz in ihrer Stadt zu errichten. Barbarossa feierte seinen Triumph dann auch in Monza, das als »Haupt der Lombardei und Sitz des Königreiches« geehrt wurde, obwohl es gegenüber Mailand ziemlich unbedeutend war.

Man muss bis in die Zeit der Ottonen zurückgehen, um einen deutschen Herrscher zu finden, der sich annähernd so lange in Italien aufhielt wie Barbarossa. Lange Zeit hatten es die deutschen Könige bei kurzen Aufenthalten im stets problematischen Italien bewenden lassen. Barbarossa leitete eine letzten Endes für sein Geschlecht unheilvolle Entwicklung ein, welche die Staufer immer mehr zu Italienern machte und letzten Endes wesentlich zu ihrem Untergang beitrug.

Während der langen Zeit der weitgehenden Abwesenheit der kaiserlichen Gewalt hatten besonders im Norden Italiens die Städte die meisten Rechte an sich gezogen, die eigentlich den abwesenden Herrschern zugestanden hätten. Letzten Endes war Barbarossa während eines großen Teils seiner Herrschaft darum bemüht, diese Entwicklung wieder umzukehren und seine Ansprüche durchzusetzen. Dabei musste er sich ständig mit den schwierigen Verhältnissen und komplexen Machtstrukturen Oberitaliens herumschlagen. So agierte er in einem breiten Spektrum zwischen juristischer Legitimation bis hin zu blanker militärischer Gewalt.

Beim Hoftag von Roncaglia im November 1158 versuchte der Staufer, mit eigens erlassenen Gesetzen seine Ansprüche systematisch darzulegen. All das ließ der Kaiser von bedeutenden Rechtsgelehrten untermauern. Die freiheitsbewussten Städte waren davon natürlich alles andere als begeistert und beriefen sich auf ihre bisherigen Rechtsgewohnheiten. Doch nun sollte alles Recht (wieder) vom Kaiser ausgehen. Kommunale Würdenträger konnten nun nur mit seiner Zustimmung gewählt werden. Außerdem hatte er natürlich auch alle Herrschafts- und Gerichtsrechte. Am wichtigsten war natürlich die Besteuerung, die der eigentliche Grund für Barbarossas Bemühungen war. Eine allgemeine Grundsteuer und eine Kopfsteuer, auf die bisher kein Herrscher Anspruch erhoben hatte, wurden festgelegt. Zudem konnte der Kaiser von nun an in jeder Ortschaft eine Pfalz anlegen. Barbarossa schickte auch sogleich Gesandtschaften aus, die in allen betroffenen Orten seine Beschlüsse verkünden und einen Eid darauf einfordern sollten. Und gar nicht so nebenbei sollten dabei natürlich auch bereits Steuern eingetrieben werden.

Nun ergaben sich auch noch Streitigkeiten mit dem Papst, dem die Machtausübung des Staufers in Italien viel zu weit ging. Und man stritt auch um die so genannten »Mathildischen Güter«, auf die sowohl der Kaiser als auch der Papst Anspruch erhoben. Außerdem war das Verhältnis zu den Normannen im Süden Italiens unklar. Während von Seiten Barbarossas ein Schiedsgericht angeregt wurde, lehnte der Papst dieses natürlich ab. Allerdings starb Papst Hadrian IV. bereits am 1. September 1159. Infolge der schweren Auseinandersetzungen im Kardinalskollegium kam es danach zu einer Doppelwahl. Der Kaiser war eher Papst Viktor IV. zugeneigt, der bereit war, ihm Zugeständnisse zu machen, während ihm dessen Kontrahent, Alexander III., bereits einige

Schwierigkeiten bereitet hatte. Barbarossa berief im Januar 1160 in Pavia eine Kirchenversammlung ein, die für ihn wunschgemäß mit der Exkommunikation Alexanders III. und dessen Klientel endete. Jener exkommunizierte seinerseits seinen Gegner Viktor IV. und den Kaiser. Da die Kirchenvertreter der meisten europäischen Länder der Synode ferngeblieben waren, zeigte dieser »Triumph« Friedrich Barbarossas recht wenig Wirkung. Beim englischen Klerus regte sich beispielsweise großer Unmut über diese Entwicklung und das Vorgehen des Kaisers. Schließlich ergriffen die Könige Englands und Frankreichs für Alexander III. Partei. Barbarossa sah sich gezwungen, bei einer weiteren Synode in Lodi im Juni 1161 »seinen Papst« Viktor IV. erneut bestätigen zu lassen.

Währenddessen hatte sich bei den Städten Oberitaliens einiger Widerstand gegen die Rechtsansprüche des Kaisers geregt. Natürlich zeigte sich das aufsässige Mailand am meisten betroffen und beharrte auf seinen eigenen Rechtsstandpunkten. Man wollte sich weder die städtischen Konsuln noch irgendwelche Steuern vorschreiben lassen. Barbarossas Gesandte wurden sogar tätlich angegriffen und mussten fliehen. Der Kaiser war natürlich sehr empört und sah das Reich und seine Fürsten beleidigt. Nachdem der Versuch eines Ausgleichs zwischen der Stadt und dem Staufer im Februar 1159 in Marengo kein Ergebnis gezeitigt hatte und die Mailänder demonstrativ die Verhandlung verließen, ging Barbarossa zur Gewalt über. Der Sommer 1159 stand im Zeichen massiver Verwüstungen rund um Mailand, und dessen verbündete Stadt Crema wurde angegriffen. Barbarossa ließ Gefangene vor den Augen vieler Stadtbewohner hinrichten, woraufhin man in Crema auch damit begann, Gefangene zu töten. Es wurde auch ein technisch recht komplexer Belagerungskrieg geführt, der letzten Endes dadurch entschieden wurde, dass der Kriegstechniker Cremas zu den Deutschen überlief. Sein Wissen ermöglichte es dann, die Stadt im Januar 1160 zu erobern. Die Bewohner Cremas wurden in der Folge gedemütigt, aber am Leben gelassen. Barbarossa wollte damit sicher seine Großmut beweisen.

Da er noch zu wenige Ritter und Bewaffnete bei sich hatte, um Mailand direkt anzugreifen, ließ Barbarossa von Rainald von Dassel neue Kräfte anwerben. Das ermöglichte ihm, im Frühjahr 1161 in die Offensive zu gehen. Barbarossa ließ alle landwirtschaftlichen Flächen zerstören und Gefangene foltern und verstümmeln. Viele deutsche Fürsten wollten dem Kaiser durch besonders brutales

Vorgehen imponieren. Mailand hielt sich überraschend lange, musste aber im März 1162 letztlich kapitulieren. Die Fürsten waren sich uneins, wie man Mailand nun bestrafen sollte, aber Barbarossas Kanzler Rainald von Dassel forderte erfolgreich die vollständige und bedingungslose Unterwerfung der Stadt. Der Kanzler stand dabei im Gegensatz zu einigen anderen Fürsten, doch der Kaiser entschied sich wie meistens für ihn. Die Unterwerfung der Mailänder sollte vor allem dem Triumph der kaiserlichen Macht dienen. Die Mailänder mussten sich in Lodi, das sie früher so bedrängt hatten, viermal hintereinander unterwerfen. Während die Konsuln, die Ritter und andere Abgeordnete Schwerter im Nacken und Stricke um den Hals tragen mussten, musste der Kriegstechniker der besiegten Stadt deren Schlüssel überreichen. Ein weiterer Höhepunkt des Geschehens war, dass der Mailänder Fahnenwagen mit dem Bild des heiligen Ambrosius vor Barbarossa geneigt werden musste. Der Kaiser genoss es, die Besiegten einige Wochen darüber im Unklaren zu lassen, was mit ihnen geschehen werde. Die Städte Como, Pavia, Cremona und Lodi wollten die Mailänder möglichst ausschalten und forderten erfolgreich die Zerstörung der Stadt. Die Bewohner mussten ihre Stadt verlassen, wurden in der Umgebung in Dörfern angesiedelt und durften Mailand nicht mehr betreten. Barbarossa ließ nach diesem denkwürdigen Ereignis seine Urkunden mit »nach der Zerstörung Mailands« datieren. Einige Städte, die sich wie Mailand empört hatten, wie Bologna, Piacenza und Brescia unterwarfen sich nun innerhalb kürzester Zeit.

Barbarossa sah sich nun in Italien am Höhepunkt seiner Macht und ließ in allen wichtigen Bereichen kaiserliche Beamte einsetzen. Diese sollten eine zentrale Verwaltung und Steuereintreibung garantieren und die italienischen Kommunen von ihrer Selbständigkeit entwöhnen. Einige der eingesetzten Amtsträger agierten sehr willkürlich und wirtschafteten in die eigene Tasche, was rasch zu großem Unmut führte. Das sollte später fatale Folgen haben.

Natürlich beschäftigte das Papstschisma Barbarossa weiterhin, denn Alexander III. leistete weiter Widerstand. Zwar musste dieser Ende 1161 nach Frankreich fliehen, er agitierte aber weiter als »rechtmäßiger« Stellvertreter Christi. König Ludwig VII. von Frankreich wollte keinen Konflikt mit Barbarossa und schlug ein Treffen im August 1162 in Burgund vor. Da jedoch der Kaiser die Anhänger Alexanders III. im Episkopat nicht dabei haben wollte, ließ dieser das Treffen platzen. Auch ein weiteres Treffen scheiterte, da man die Versorgung so vieler Teilnehmer – allein mehr als 3.000 auf der Seite des Kaisers – nicht garantieren konnte. Barbarossa berief nun eine Synode ohne den französischen König und nur mit seinen Anhängern im Episkopat ein. Dabei beleidigte der deutsche Herrscher auch noch den französischen König, den er als »Provinzkönig« und als »Königlein« bezeichnete. Rainald von Dassel argumentierte, dass Barbarossa als Kaiser alle Rechte habe, die Papstfrage alleine zu entscheiden. Wegen dieses Affronts schlossen sich der englische und der französische König enger zusammen und bekundeten ihre Zustimmung zu Papst Alexander III. Barbarossa hatte eine diplomatische Niederlage erlitten.

Rainald von Dassel drängte und ein neuer Italienzug wurde in die Wege geleitet. Bei dem dritten Unternehmen dieser Art wollte man mit Hilfe der Seemächte Pisa und Genua Sizilien unter Kontrolle bringen. Vorerst jedoch hatte sich Barbarossa mit der Wut der italienischen Städte über die Willkür seiner Beamten und die hohen Steuern auseinanderzusetzen. Er war jedoch nicht bereit, daran im Wesentlichen etwas zu ändern. Da die Kommunen beim Kaiser mit ihren Beschwerden nicht durchdrangen, schlossen sich zu Beginn des Jahres 1164 Verona, Padua und Vicenza zum Veroneser Bund zusammen. Einige andere Städte wie Ferrara, Treviso und Mantua wurden vom Kaiser belohnt, als sie dem Bund nicht beitraten. Sie durften von nun an ihre Konsuln wieder frei wählen und erhielten andere Vergünstigungen. Nun hätte der Kaiser gegen den Städtebund vorgehen müssen, aber Barbarossa scheute den Kampf und zog sich im September 1164 wieder nach Deutschland zurück.

Nachdem schon im April 1164 Papst Viktor IV. gestorben war, schien eine Gelegenheit zur Beendigung des Schismas zu bestehen, aber Rainald von Dassel setzte durch, dass ein weiterer Gegenpapst – Paschalis III. – gewählt wurde. Da diese Wahl sehr fragwürdig war und zudem nicht in Rom stattgefunden hatte, kehrte Alexander III. wieder in die Heilige Stadt zurück. Währenddessen entschieden sich einige wichtige Bischöfe in Deutschland auch für Alexander III., da man das Schisma endlich überwinden wollte. Barbarossa wollte das aber nicht dulden und berief für Pfingsten 1165 einen Hoftag in Würzburg ein. Dort verpflichtete er sich in den »Würzburger Eiden« dazu, nur Paschalis III. und dessen Nachfolger anzuerkennen. Eine große Anzahl von Fürsten schwor ebenfalls diesen seltsamen Eid, der keinen Verhandlungsspielraum mehr ließ. Der Kaiser ging nun auch gegen die Anhänger Alexanders III. in seinem Reich vor. Erzbischof Konrad von Salzburg wurde in die Enge getrieben, er musste trotz Widerstands im Februar 1166 vor Barbarossa erscheinen und wurde bestraft, sein Bistum sogar militärisch verwüstet. Hinter all dem stand immer des Kaisers wichtigster Ratgeber Rainald von Dassel.

Rainald von Dassel

»Rainald von Dassel gehört zu den denkwürdigen Gestalten der deutschen Geschichte… Er war Ruhm, Ehre und Aufregung des Kaisers.« (Pfister 1952, S. 111)

Der aus einem alten niedersächsischen Grafengeschlecht stammende Rainald war von kräftiger, gedrungener Gestalt und zeichnete sich durch eine zähe und schroffe Hartnäckigkeit aus. Um 1117 geboren hatte er an der Universität von Paris studiert und eine für seine Zeit umfassende Bildung erworben. Bereits 1152 als Probst von Hildesheim nach Rom zur Kurie gereist, empfahl sich Rainald durch seine geschickte Verhandlungsführung bei Barbarossa. Ab 1156 leitete Rainald als Kanzler von Deutschland und Italien die kaiserliche Reichspolitik. Sein Einfluss auf den Staufer, der ihn 1159 zum Erzbischof von Köln ernannte, wurde immer größer und schon bald schien Rainald für die Politik Barbarossas einfach unentbehrlich.

Das Programm des Kanzlers war recht einfach – er wollte die Erneuerung des deutsch-römischen Imperiums Karls des Großen. Der Kaiser sollte der alleinige Machthaber der gesamten Christenheit sein und alle anderen, inklusive des Papstes, nur seine Untertanen und Gehilfen. Auch wenn Rainald von Dassel den Zusammenbruch seiner Politik, die er so vehement vertrat, nicht mehr erlebte, so war das Konzept im 12. Jahrhundert nicht mehr zeitgemäß. Der Kanzler war ein Mann der Verschärfung von Konflikten, bei denen er in der Regel eine gewaltsame Lösung vorzog. Deshalb trieb er auch den Gegensatz zwischen Kaiser und Papst voran, zeigte sich unerbittlich im Kampf mit den lombardischen Städten und war nicht bereit, dem neuen Papst Alexander III. entgegenzukommen. So manche Pläne des strengen Kanzlers, wie die Würzburger Eide, sollten den machtpolitischen Plänen des Kaisertums dienen, erwiesen sich aber in der Folge als fatal. Das Wirken Rainald von Dassels stieß nicht nur beim Papst und den italienischen Kommunen auf Unwillen, sondern fand auch kein Verständnis bei anderen europäischen Herrschern, wie dem englischen König. Man unterstellte den Deutschen, sie wollten ihr »Haupt über die Häupter der Menschensöhne« setzen.

Auch im Reich eckte der »eiserne Kanzler« massiv an, denn er wollte einen einheitlichen Zentralstaat unter absoluter kaiserliche Gewalt herbeiführen. Die Auseinandersetzung mit Heinrich dem Löwen war damit bereits vorprogrammiert, sollte aber erst nach dem Tod Rainalds stattfinden. Als Rezept für seinen Erfolg sah der Kanzler die Italienzüge des Kaisers, an denen er sich auch beteiligte. Im Fall des aufsässigen Mailand verweigerte Rainald von Dassel 1162 jede Milde und konnte den Kaiser diesbezüglich umstimmen. Der unerbittliche Kanzler zeigte sich dabei einmal mehr als eine Art von bösem Geist, der die Politik des Staufers dominierte und ihm letzten Endes schweren Schaden zufügte.

Rainald konnte auch, trotz seiner kirchlichen Würden, wenn es sein musste, als wütender Krieger in der ersten Reihe kämpfen, was er im Mai 1167 bei Tusculum zeigte. Der erneute Einzug Barbarossas in Rom und die wiederholte Kaiserkrönung des Staufers durch den Gegenpapst Paschalis war auch ein letzter großer Triumph Rainald von Dassels. Dann starb er fast wie bei einem göttlichen Strafgericht an einer unheimlichen Seuche, welche die Blüte des deutschen Adels vor den Toren Roms hinwegraffte. Man brachte seine Überreste nach Köln und setzte sie dort im Dom bei. Nach dem Tod des gefürchteten Kanzlers, den viele als den eigentlichen starken Mann im kaiserlichen Lager sahen, erhoben sich die Städte der Lombardei und machten Barbarossa zum gejagten Flüchtling. Wenn auch manche annehmen, dass der Tod Rainalds den endgültigen Sieg Barbarossas verhinderte, so ist es viel wahrscheinlicher, dass der Tod den kaiserlichen Kanzler davor bewahrte, das endgültige Scheitern seiner Pläne zu erleben.

Nachdem er 1165 infolge des Einflusses Rainald von Dassels auch die Heiligsprechung Kaiser Karls des Großen durchgesetzt und somit seine eigene Legitimität aufgewertet hatte, machte sich Barbarossa für seinen vierten Italienzug bereit, der die Erinnerung an seinen ruhmlosen dritten verdrängen sollte. Es ging ihm vor allem darum, Papst Alexander III. zu beseitigen und »seinen Papst« Paschalis III. nach Rom zu bringen. Für das Unternehmen wurden erstmals große Mengen bezahlter Söldner angeworben, die »Brabanzonen« genannt wurden. Um den Italienzug abzusichern, wurde ebenso ein Höchstmaß an Steuern eingetrieben, wofür man das Steuerwesen systematisierte. Das führte dann auch gleich zu Beginn des Unternehmens zu viel Ärger in der oberitalienischen Bevölkerung. Rasch bildete sich ein neuer Städtebund, der sich der

»Lombardische« nannte. Ihm gehörten im Wesentlichen Bergamo, Brescia, Cremona, Ferrara und Mantua an. Diese Kommunen waren vorher nicht in freundschaftlichem Umgang miteinander gestanden, doch nun wurden sie im Widerstand gegen die kaiserliche Macht vereint. Die Mailänder fanden schließlich auch Aufnahme in den Bund und kehrten im April 1167 in ihre verwüstete Stadt zurück.

Während der Staufer auf seinem Zug weiter nach Süden Ancona, das sich sehr widerspenstig zeigte, unterwarf, schlugen die Erzbischöfe von Mainz und Köln Ende Mai 1167 die Römer bei Tusculum vernichtend. Als Barbarossa diese Nachricht vor Ancona erhielt, eilte er nicht rasch nach Rom, sondern ließ sich vorher auf Betreiben normannischer Adeliger dazu überreden, einen kriegerischen Streifzug gegen die Nordgrenze des Königreichs Sizilien zu unternehmen. Dieser brachte allerdings außer einem Prestigegewinn wenig, da er nicht in einer wirklichen Aktion gegen den Normannenkönig mündete.

Der Sommer des Jahres 1167 war in Italien besonders heiß und das deutsche Heer war bereits ziemlich erschöpft, als es am 20. Juli Rom erreichte. St. Peter konnte ziemlich rasch erobert und Paschalis III. am 30. Juli eingesetzt werden. Papst Alexander war in die Stadt Rom geflüchtet, doch wurde ihm der Boden bald zu heiß, und er floh aus der eingeschlossenen Stadt nach Benevent. Dann brach völlig unerwartet eine apokalyptische Katastrophe über die siegesgewissen Deutschen herein. Fast alle Belagerer wurden von einer heimtückischen Seuche befallen, die möglicherweise eine Form von Ruhr war. Die Todesrate war beängstigend und viele Angehörige des deutschen Adels fielen während der brütenden Hitze der Krankheit zum Opfer. Manche Adelsgeschlechter sollten sich von diesem Aderlass nie mehr erholen. Zu den prominentesten Opfern zählten die Bischöfe von Augsburg, Prag, Regensburg, Lüttich, Speyer und Verden. Auch die Herzöge Welf VII. und Friedrich von Rothenburg zählten zu den Betroffenen. Der wohl schlimmste Verlust für Friedrich Barbarossa und seine Italien- und Reichspolitik war der Tod Rainald von Dassels, der als Persönlichkeit unersetzbar schien. Dass damit auch die Italienpolitik des Kaisers gescheitert war, sollte sich bald erweisen. Der Lombarden Bund und der Veroneser Bund schlossen sich gegen Barbarossa zusammen und die kaiserliche Verwaltung brach fast überall in Italien rasch zusammen. Die Aktivitäten seiner Gegner führten dazu, dass Barbarossa sich mit dem kläglichen Rest seiner Truppen nach Pavia zurückziehen musste. Es kam noch schlimmer, und der Kaiser sah sich in so großer Gefahr, dass er bei Nacht und Nebel als Pferdeknecht verkleidet über die Alpen floh. Er ließ damit auch seine wenigen ihm noch verbliebenen Verbündeten im Stich.

Es sollte in der Folge sechs Jahre dauern, bis sich Barbarossa auf weitere Italienabenteuer einließ. Die vielen Todesfälle durch die Seuche des Jahres 1167 hatten für den Staufer zumindest einen durchaus positiven Effekt. Barbarossa konnte nun recht einfach viele Güter erbenloser Adeliger in Besitz nehmen. Dadurch entstand ein fast geschlossenes Königsland im Osten von Schwaben, im Alpenvorland und nördlich des Bodensees.

Friedrich Barbarossa schlichtete 1168/69 eine Auseinandersetzung zwischen dem Welfen Heinrich dem Löwen und dessen Gegnern in Sachsen. Die starke Stellung des Welfen wurde dabei weiterhin zementiert und alle Beschwerden über ihn abgewiesen. Im Jahre 1169 ließ der Staufer auch seinen Sohn Heinrich VI. im zarten Alter von vier Jahren zu seinen Nachfolger wählen und zwei Monate danach in Aachen krönen. Der Staufer schlug Alexander III. vor, ihn zu dulden, ohne ihn direkt als Papst anzuerkennen. Als Gegenleistung erwartete er von Alexander III., dass dieser Heinrich VI. zum Kaiser krönen sollte. Da der Staufer Alexander III. nicht direkt anerkennen wollte, scheiterten jedoch die Verhandlungen.

Direkt gegen Barbarossa und seine Verbündeten gerichtet war 1168 in Piemont die Stadt Alessandria gegründet worden. Sie erhielt ihren Namen nach dem Papst und »zur Schande des Kaisers«. Der Lombarden Bund nahm die neu gegründete Stadt gerne als weiteres Mitglied auf und Alexander III. erhob sie zum Bistum. All das war natürlich als Provokation gegen den Stauferkaiser gedacht und wurde auch als solche aufgefasst. Immerhin war es ein Vorrecht des Kaisers, Städte zu gründen. Die Vernichtung der widerrechtlich gegründeten Stadt war auch einer der Gründe für den fünften Zug Barbarossas nach Italien. Es sollte sein unerfreulichster werden. Das 1174 begonnene Unternehmen führte dann auch zur Belagerung Alessandrias, die sich aber durch die schlechte Witterung und den verbissenen Widerstand der Belagerten über mehrere Monate erstreckte. Inzwischen rückten die Streiter des Lombarden Bundes heran und campierten im April 1175 in der Nähe des kaiserlichen Heeres, so dass Barbarossa die vier stolzen Fahnenwagen der Städte Mailand, Verona, Piacenza und Brescia bestaunen konnte. Man vermied aber vorerst eine offene Schlacht, da deren Ausgang als sehr ungewiss eingestuft wurde. Es gab auch Verhandlungen, die sich um die Zukunft Alessandrias drehten und zu keinem Ergebnis führten. Trotzdem schlossen die verfeindeten Parteien am 17. April 1175 den Frieden von Montebello. Man klammerte die Zukunft der belagerten Stadt aus, und die Anführer der Truppen des Bundes mussten sich Barbarossa wieder einmal demütig unterwerfen. Der Kaiser sah dadurch seine Ehre wiederhergestellt, und man tauschte Friedensküsse. Barbarossa erkannte aber auch, dass er dadurch den Lombarden Bund anerkannt hatte, und er änderte bald seine Meinung. Schon nach einigen Wochen zeigte er sich in der Angelegenheit Alessandrias wieder unerbittlich und lehnte ein Schiedsgerichtsverfahren ab. Nun mussten erneut die Waffen sprechen, aber das Heer des Kaisers schien zu schwach für weitere große Auseinandersetzungen zu sein.

»Der Kaiser schickte jetzt Boten nach Deutschland, um Verstärkungen für sein Heer heranzuholen und an seinen Vetter Heinrich den Löwen, den Herzog von Sachsen und Bayern, um ihn nach Chiavenna zu einer Aussprache einzuladen.« (Wahl 1941, S. 233)

Barbarossa sah sich im November 1175 gezwungen, mehr Unterstützung für seinen Kampf gegen die lombardischen Städte einzufordern. Doch nun kam es zu einem denkwürdigen Ereignis, das später immer wieder ausgeschmückt und politisch interpretiert wurde. Dabei lassen sich die Ereignisse nicht wirklich lückenlos rekonstruieren. Im Zentrum standen jedenfalls das Zusammentreffen und die Auseinandersetzung zwischen dem Kaiser und Heinrich dem Löwen. Es scheint so, als wären alle sächsischen Fürsten der Bitte des Staufers nachgekommen und hätten ihre Hilfe zugesichert. Nur Heinrich der Löwe scheint sich konsequent geweigert zu haben, was den Kaiser dazu veranlasste, ihn zu einer persönlichen Besprechung in das nördlich vom Comer See gelegene Chiavenna einzuladen. Dort trafen sich dann die beiden Protagonisten in der in Chiavenna gelegenen Reichsburg. Es dürfte zu einer erregten Auseinandersetzung gekommen sein, bei der vermutlich der Kaiser dem Herzog vor die Füße fiel, um auf die Bedeutung seines Anliegens hinzuweisen. Das bedeutete natürlich einen Bruch der Konventionen, da man als Ranghöherer vor einem Rangniedrigeren normalerweise nicht niederkniete. Aber die Reaktion Heinrichs des Löwen wurde als noch viel schlimmer angesehen. Trotz der auf ungewöhnlich drastische Weise vorgetragenen Bitte weigerte er sich, dieser Folge zu leisten. Der Welfe forderte frech für seine militärische Unterstützung die Belehnung mit der Stadt Goslar, die über bedeutende Silberminen verfügte. Das jedoch lehnte der Staufer erbost ab, er wollte sich nach seinem Kniefall nicht auch noch erpressen lassen. Der Welfe ließ seinen einstigen Freund daraufhin in Stich, und Barbarossa musste sich den folgenden schmerzhaften Ereignissen allein stellen.

Die für die weitere Geschichte so wichtige Schlacht bei Legnano am 29. Mai 1176 entwickelte sich aus einer eher zufälligen Begegnung zwischen einer Gruppe lombardischer Ritter und der Vorhut des Kaisers. Der Kampf entwickelte sich ziemlich unkoordiniert, und Barbarossa verlor rasch die Kontrolle über das Geschehen. Es gibt widersprüchliche Berichte über die Schlacht, aber es dürfte so gewesen sein, dass der geschmückte Fahnenwagen der Mailänder schließlich der Punkt war, an dem der Sturm des kaiserlichen Heeres zusammenbrach. Danach gewannen die Italiener die Oberhand, und Barbarossa musste schließlich vom Schlachtfeld fliehen, um nicht in Gefangenschaft zu geraten. Er erreichte mühsam und auf Umwegen Anfang Juni Pavia, wo man ihn schon für tot hielt.

Der Kaiser wurde im Sommer 1176 auch noch schwer krank, wobei man später einen Malariaanfall vermutete, und hatte wie bei mittelalterlichen Menschen üblich große Angst um sein Seelenheil, falls er sterben sollte. Immerhin war er ja exkommuniziert worden, und nur die Lösung des Bannes konnte ihn vor dem Aufenthalt in der Hölle retten. Barbarossa nahm deshalb Verhandlungen mit Papst Alexander III. auf, die schließlich unter Vermittlung des Erzbischofs von Magdeburg in den Vorvertrag von Anagni mündeten. Der Staufer sollte dem Papst die »geschuldeten Ehrerweisungen« erbringen, wozu Zügel- und Bügeldienst, Fußfall und Fußkuss gehörten. Bei den Friedensverhandlungen, die ab Mai 1177 in Venedig stattfanden, wurde über eine Konfliktbeilegung ohne großen Gesichtsverlust verhandelt. Der Papst löste Barbarossa von seinem Bann, und man offerierte dem Staufer die Unterwerfung des Langobarden Bundes, wenn er Alexander III. anerkenne.

Erst als einige deutsche Erzbischöfe mit einer eigenständigen Anerkennung des Papstes drohten, war Friedrich Barbarossa dazu bereit. Er schloss nun auch mit den langobardischen Städten und dem König Siziliens einen befristeten Waffenstillstand. Der Kaiser unterwarf sich am 24. Juli 1177 Papst Alexander III. und musste jetzt auch die Demütigung der geforderten Ehrendienste über sich ergehen lassen. Dem Ganzen haftete ein wenig das Odium eines zweiten Canossas an. Sicherheitshalber wurden einige Probleme, die neue Konflikte hätten heraufbeschwören können, auf später vertagt. Um von dieser Niederlage abzulenken, zog der Staufer über die Alpen nach Burgund und ließ sich in Arles zum König krönen. Zumindest hier konnte er uneingeschränkte Autorität zeigen.

Nach allem, was geschehen war, war die Abrechnung mit Heinrich dem Löwen für den Kaiser unausweichlich. Auch die meisten der deutschen Fürsten wollten ihren übermächtigen welfischen Konkurrenten loswerden. Schon im Frieden von Venedig wurde der von dem Welfen vertriebene Bischof von Halberstadt dazu ermächtigt, sein Amt zurückzuerhalten. Der Bischof begann daraufhin in Sachsen einen Kampf um sein Lehen und erhielt Unterstützung des Erzbischofs von Köln. Während bereits in Westfalen Kämpfe ausgebrochen waren, hörte sich Barbarossa beim Hoftag in Speyer im November 1178 die Beschwerden sächsischer Adeliger an, die im Konflikt mit ihrem Herzog standen. Heinrich der Löwe wurde vorgeladen, sich beim Hoftag in Worms im Januar 1179 zu verantworten. Der Welfe erschien jedoch nicht und zeigte damit großen offenen Ungehorsam gegen den Kaiser und die anderen Reichsfürsten. Der Kaiser sah darin eine Beleidigung der Ehre des Reiches und ließ ein Urteil ausfertigen, das dem Welfenherzog bei erneutem Nichterscheinen die Reichsacht androhte. Heinrich der Löwe erschien trotzdem auch am Hoftag in Magdeburg im Juni 1179 nicht.

Barbarossa, der dies wohl auch erwartet hatte, ging nun daran, bei einem weiteren Hoftag in Gelnhausen im März 1180 die Reichslehen des Löwen einzuziehen, ihn als Majestätsverbrecher zu verurteilen und das sächsische Herzogtum aufzuteilen. In der »Gelnhäuser Urkunde« wurde eine Vielzahl von Vorwürfen, die Grund für das Urteil geboten hatten, aufgeführt. Alle anderen Fürsten des Reiches stimmten diesem Vorgehen zu, und Barbarossa verzichtete auf sein Gnadenrecht. Der Erzbischof von Köln erhielt den westlichen Teil Sachsens, während der östliche an Graf Bernhard von Anhalt ging. Im September 1180 wurde auch über das Herzogtum Bayern verfügt. Von diesem wurde die Steiermark abgetrennt, die ein selbständiges Herzogtum unter ihrem bisherigen Markgrafen Ottokar wurde. Während Graf Berthold IV. von Andechs zum Herzog von Meranien erhoben wurde, erhielt das geschrumpfte Herzogtum Bayern nun Pfalzgraf Otto von Wittelsbach. Dessen Familie sollte Bayern dann bis 1918 beherrschen. Damit war eine zukunftsträchtige Neueinteilung des Reiches geschehen, die noch große Auswirkungen haben sollte. Heinrich der Löwe leistete einigen Widerstand, der allerdings hoffnungslos war, da er auch über keine wesentlichen Verbündeten verfügte. Dem stolzen Welfen blieb schließlich nichts anderes übrig, als sich beim Hoftag von Erfurt im November 1181 dem Kaiser zu unterwerfen. Er durfte schließlich nur seine Kerngüter behalten und musste ins Exil gehen.

Die nun folgenden Jahre verliefen im Leben des alternden Stauferkaisers relativ ruhig. Bei Verhandlungen wegen des in Venedig geschlossenen Waffenstillstands konnten 1182 einige bestehende Probleme in Italien beseitigt werden. Das Ganze mündete dann in den Vertrag von Konstanz im Juni 1183, bei dem unter anderem die Städte der Lombardei wieder die städtische Selbstverwaltung zuerkannt erhielten. Dafür verpflichteten sich die Kommunen zu einer besonderen Steuer bei jedem Italienzug des Herrschers. Da auch die Konsuln frei gewählt werden konnten, war Barbarossas Italienpolitik im Wesentlichen gescheitert. Es wurde nun etwas einsamer um den Staufer, da Fürsten zunehmend ihre eigenen territorialen Interessen betrieben und somit weniger am kaiserlichen Hof anwesend waren und man an weiteren Unternehmungen in Italien auf Grund bisheriger hoher Verluste und mangelnder Erfolge wenig interessiert war. Barbarossa umgab sich so wie seine Nachfolger immer mehr mit beamteten Ministerialen, was für seine Verwaltung eher von Vorteil war.

Das Hoffest zu Mainz, das zu Pfingsten 1184 stattfand, ermöglichte dem Staufer wieder eine große Inszenierung. Dabei erhielten seine Söhne Heinrich und Friedrich die Schwertleite und wurden für volljährig und mündig erklärt. Die Großen des Reiches waren zum Hoffest fast vollständig erschienen und zehntausende Menschen, die das Hoffest besuchten, stellten für mittelalterliche Verhältnisse eine riesige Masse dar. Der Kaiser ließ sich das Fest viel kosten, da er damit den Glanz seiner Herrschaft und seiner Dynastie darstellen wollte. Auch die Fürsten nutzten die Gelegenheit, sich zu inszenieren, wobei viele auch miteinander wetteiferten. Wichtig für sie war die jeweilige Nähe zum Kaiser, wobei es zu regelrechten Rangstreitigkeiten kam. Auf dem Fest war auch der verfemte Heinrich der Löwe anwesend, konnte jedoch nicht durchsetzen, dass er begnadigt wurde. Barbarossa unternahm seinen sechsten Zug nach Italien ohne bewaffnete Macht und veranstaltete einen Umritt, bei dem er die ihm so lange feindselig gesonnen Kommunen des Langobarden Bundes besuchte. Dabei ließ er es sich auch nicht nehmen, im September 1184 Mailand als einstigen Hauptwidersacher zu besuchen. Der Kaiser nahm auch zu Beginn des Jahres 1185 an einer Versammlung des Lombardischen Städtebundes teil. Er gab sich großzügig und war auch bereit, die Interessen einiger Städte gegenüber anderen zu opfern, wenn er sich dabei Vorteile versprach. Mailand wurde nun wieder aufgewertet und mit der Hilfe der wieder erstarkten Stadt wurde Cremona, welches das schwächere Crema bedrängte, niedergeworfen.

Mailand wurde auch zum Ort eines wichtigen Ereignisses für die Staufer-Dynastie. Hier heiratete Barbarossas Sohn Heinrich VI. im Kloster S. Ambrogio am 27. Januar 1186 Konstanze von Sizilien. Die Tante des regierenden und Tochter des ersten Normannenkönigs Siziliens sollte die Möglichkeit für eine Vereinigung des Stauferreiches mit jenem der Normannen ermöglichen. Natürlich wurden die Normannen, die einst als Usurpatoren nach Süditalien gekommen waren, durch die Verbindung mit den Staufern aufgewertet. Doch Barbarossa setzte auf den künftigen Besitz Siziliens durch die Staufer und die Entwicklung sollte ihm Recht geben. Die Kehrseite der Medaille war die Missbilligung der Heirat durch Papst Urban III., der um seine Lehenshoheit über das sizilianische Königreich bangte. Dazu kam noch ein Streit um die Besetzung der Position des Erzbischofs von Trier, bei dem der Papst den Gegner des kaiserlichen Kandidaten einsetzte.

Die letzten Jahre in Barbarossas Herrschaft waren mehr auf die innerdeutschen Verhältnisse ausgerichtet. Er konzentrierte sich auf süddeutsche Gebiete wie Schwaben, Franken, das Elsass und Bayern. Als nach der katastrophalen Niederlage der Kreuzritter gegen Sultan Saladin in der Schlacht bei Hattin am 4. Juli 1187 Jerusalem verloren ging, rief Papst Gregor VIII. zu einem neuen Kreuzzug auf. Friedrich Barbarossa und der Papst vereinbarten nun eine enge Zusammenarbeit. Gregor VIII. zeigte sich kompromissbereit bei Besetzungen in deutschen Bistümern, und der Staufer sorgte für den Frieden im Reich, um seine Teilnahme am neuen Kreuzzug vorzubereiten. Er war für mittelalterliche Verhältnisse bereits ein Greis, doch er wollte sich als Streiter Christi auf den Kreuzzug ins Heilige Land begeben.

»Um Fastnacht des Jahres 1188 empfing Friedrich zu Mainz aus der Hand des Kardinals von Albano das Zeichen des heiligen Kreuzes, mit ihm sein Sohn Friedrich, Herzog von Schwaben, der Landgraf Ludwig von Thüringen, Herzog Leopold von Österreich und viele andere Fürsten, Grafen und Herren.« (Ramshorn 1857, S. 86)

Das Heer, mit dem der Kaiser am 11. Mai 1189 von Regensburg aus aufbrach, war wahrscheinlich das glanzvollste und größte Kreuzzugsheer aller Zeiten. Die Zahlenangaben über die Teilnehmer schwanken je nach Quelle allerdings sehr stark, da auch viele »nicht vollständig Bewaffnete« mitmarschierten, was bedeutet, dass sich auch viele Angehörige des »Pöbels« bzw. der Unterschicht an dem hoffnungsvollen Unternehmen beteiligten. Der Zug bewegte sich über das Königreich Ungarn auf das Gebiet der Byzantiner, die vom Eindringen der Kreuzfahrer-Horden alles andere als begeistert waren. Es kam zu Plünderungen, und die Bewohner mancher Städte ergriffen die Flucht.

Der eingeschüchterte byzantinische Kaiser bedachte Friedrich Barbarossa mit dem Titel »Kaiser des alten Rom« und sagte nach chaotischen Verhandlungen eine größere Flotte für die Überfahrt der Streiter Christi nach Kleinasien zu. Wenige Wochen, nachdem Barbarossas Streiter über den Bosporus gesetzt waren, kam es zu Kampfhandlungen, und die Stadt Konya wurde Opfer von Plünderungen durch die Christen. Der Kaiser siegte in der Schlacht bei Iconium und erreichte schließlich mit seiner Streitmacht das christliche Königreich Kleinarmenien. Danach erfüllte sich das Schicksal Barbarossas am Fluss Saleph in der heutigen Südosttürkei. Er ertrank am 10. Juni 1190, wobei die genauen Umstände umstritten sind. Das Ereignis rief große Bestürzung unter den zahlreichen Kreuzfahrern hervor und führte letztlich zum Scheitern der gesamten Unternehmung. Generell muss man feststellen, dass die Deutschen und ihre Herrscher bei ihren Kreuzzugsunternehmen nie wirklich Glück hatten und meistens auch nicht sehr geschickt agierten.

Die Eingeweide des Kaisers wurden in Tarsus bestattet. Man kochte den Leichnam, um das Fleisch von den Knochen zu lösen. Das als »Mos teutonicus« bekannte Verfahren brachte eine Art von Fleischbrei hervor, der dann Anfang Juli in Antiochia beigesetzt wurde. Die Knochen Barbarossas wurden wahrscheinlich in der Kathedrale von Tyrus zur letzten Ruhe gebettet. Aber das ist nicht sicher, und somit ist die Grablege des großen Staufers noch immer nicht genau geklärt. Da die überlebenden Rückkehrer des misslungenen Kreuzzuges verschiedene Versionen vom Tod des Kaisers berichteten, ist der genaue Hergang ebenfalls unbekannt, und man weiß nicht einmal, ob er bereits im Wasser oder erst am Ufer gestorben ist.

Das Andenken an Kaiser Friedrich Barbarossa war auf deutscher Seite geprägt vom Bild des idealen Herrschers, dem man alle wesentlichen Eigenschaften zuschrieb, die einen solchen auszeichneten. Man rühmte seine Tapferkeit, seine überlegene Kampfkraft und auch seine Großmütigkeit. Barbarossas Gegnern, allen voran den italienischen Städten und dem Papst, sprach man weniger gute Eigenschaften zu. Auf italienischer Seite kam der Staufer natürlich nicht so gut weg, und man sah ihn als treulos, parteilich und bestechlich. Unter Barbarossa kam der Begriff »Furor Teutonicus« wieder in Mode, der noch aus der Antike stammte. Man fürchtete die Deutschen und ihre Wut und sah in Friedrich Barbarossa deren Verkörperung.

»Zwei Perioden kann man in dem Leben dieses Kaisers unterscheiden; die eine, in welcher die Idee des Reiches in einer gewissen Idealität geltend gemacht, die Weltherrschaft selbst erstritten werden sollte; die andere, in welcher er sich mit den bestehenden Mächten vertrug und nur seine Würde, wie sie war, zu behaupten, die Macht seines Hauses zu erweitern strebte.« (Ranke 1928, S. 252 f)

In der Erinnerung wetteiferten Barbarossa und sein Enkel Friedrich II. um die größere Bedeutung. Entweder der Eine oder der Andere, so meinte man, würde eines Tages wiederkommen, um das große Reich zu erneuern. So richtig populär wurde der alte Barbarossa wieder, als im Zuge des Untergangs des Heiligen Römischen Reiches und der Befreiungskriege nach einer historischen Person gesucht wurde, die sich als positiver Bezugspunkt eignete. Die Brüder Grimm und andere Autoren schrieben über den schlafenden Kaiser im Kyffhäuser und entwickelten alte Sagen weiter. Dahinter standen nationale Sehnsüchte, für die der wirkliche Barbarossa wohl wenig übrig gehabt hätte. Auch der Gegensatz zwischen dem Staufer und dem Welfen Heinrich dem Löwen wurde im 19. Jahrhundert stark thematisiert. Standen doch beide angeblich für zwei unterschiedliche Prinzipien von Herrschaft und nationaler Ausrichtung. Im 20. Jahrhundert versuchten einige Historiker, den »echten« Barbarossa unter der Verklärung des 19. Jahrhunderts und der ideologischen Vereinnahmung, die bis 1945 andauerte, zu finden. Dabei wurde Vieles in Frage gestellt und auch die Auseinandersetzung zwischen dem Staufer und dem Welfen Heinrich dem Löwen neu interpretiert und bewertet.

Barbarossa
Der Alte Barbarossa,
der Kaiser Friederich,
im unterirdischen Schlosse
hält er verzaubert sich.
Er ist niemals gestorben,
er lebt darin noch jetzt;
er hat im Schloss verborgen
zum Schlaf sich hingesetzt.
Er hat hinabgenommen
des Reiches Herrlichkeit,
und wird einst wiederkommen,
mit ihr zu seiner Zeit.
Der Stuhl ist elfenbeinern,
darauf der Kaiser sitzt:
der Tisch ist marmelsteinern,
worauf sein Haupt er stützt.
Sein Bart ist nicht von Flachse,
er ist von Feuersglut,
ist durch den Tisch gewachsen,
worauf sein Kinn ausruht.
Er nickt als wie im Traume,
sein Aug halb offen zwinkt;
und je nach langem Raume
er einem Knaben winkt.
Er spricht im Schlaf zum Knaben:
Geh hin vors Schloss, o Zwerg,
und sieh, ob noch die Raben
herfliegen um den Berg.
Und wenn die alten Raben
noch fliegen immerdar,
so muss ich auch noch schlafen
verzaubert hundert Jahr.« (Friedrich Rückert)

Heinrich der Löwe – der Konkurrent

»... auf der anderen Seite der strenge Heinrich, der sein Lebtag nur nach realer unmittelbarer Macht getrachtet; gewaltsam, habsüchtig, der nur das Recht des Stärkeren kennt; aber großartig schon durch seine Stellung.« (Leopold von Ranke)

Obwohl er kein Staufer war, spielte der bedeutendste Mann, den das Welfengeschlecht jemals hervorgebracht hat, eine wesentliche Rolle in der Geschichte der Staufer. Deshalb muss er in dieser Arbeit auch entsprechend gewürdigt werden. Heinrich der Löwe war einer der Repräsentanten im innerdeutschen Konflikt zweier bedeutender mittelalterlicher Geschlechter, der sich auf Italien ausbreitete und dort zu einer ähnlichen Spaltung des Landes führte wie in Deutschland. Staufer und Welfen treten uns als zwei wesentliche Antipoden des Hochmittelalters entgegen, die auch den Konflikt kaiserlicher und päpstlicher Gewalt weiterführten, der bereits die Dynastie der Salier überschattet hatte.

Die Geschichte der Welfen war eine viel längere als jene der Staufer. Schon im 8. Jahrhundert sollen sie als Gefolgsleute der Karolinger aufgetreten sein. Die Welfen entwickelten sehr früh einen guten Sinn für eine erfolgversprechende Heiratspolitik. Deren erster großer Erfolg war die Welfentochter Judith, die zur zweiten Frau Kaiser Ludwigs des Frommen wurde und auf diesen großen Einfluss entfaltete. Ihre Tochter Hemma heiratete ebenfalls einen König – Ludwig den Deutschen, der aus der ersten Ehe Ludwigs des Frommen stammte. Damit war der Aufstieg der Welfen in die höchste Liga des fränkischen Reiches vollzogen. Auch nach dem Zerfall dieses Reiches blieben die Welfen weiter erfolgreich und stellten unter anderem die Könige von Burgund. Die erfolgsgewohnten Welfen gerieten in eine schwere Krise, als Welf III. im Jahre 1055 ohne Erben verstarb. Man behalf sich mit einem Trick, indem Welfs Schwester Cuniza den Markgrafen Azzo II. von Este heiratete, der bereit war, das Geschlecht der Welfen weiterzuführen, obwohl dies eigentlich nur im Mannesstamm möglich gewesen wäre. Der »Familienname« Welfen leitete sich vom Leitnamen »Welf« ab, der wohl der am meisten verwendete Vornamen innerhalb der Dynastie darstellte. Angeblich ließ sich der Name von »Catulus«, was »Welpe« bedeutet, ableiten, womit auch auf eine Verbindung zu den alten Römern hingewiesen wurde. Die bedeutendsten mittelalterlichen Welfen sollten allerdings Heinrich heißen. Die Welfen waren außerdem das erste deutsche Geschlecht, das seine Geschichte schon seit dem frühen 12. Jahrhundert aufzeichnen und damit auch glorifizieren ließ.

Heinrichs des Löwen Großvater war der bayerische Herzog Heinrich der Schwarze, der durch die strategisch sehr vorteilhafte Heirat mit der Tochter des Sachsenherzogs Magnus Billung den Machtbereich seiner Familie stark vergrößern konnte. 1123 wurde zudem noch Bischof Konrad von Konstanz, der ein Angehöriger der Welfen war, heiliggesprochen, was der Reputation der Familie sehr zugute kam. Herzog Heinrichs des Schwarzen Tochter Judith heiratete den Staufer Herzog Friedrich II. und wurde damit zur Mutter Friedrich Barbarossas. Dennoch unterstützte Heinrich der Schwarze seinen Schwiegersohn nicht bei dessen Bestrebungen zur Erwerbung der Königswürde. Ausschlaggebend dafür dürfte gewesen sein, dass der neue König Lothar III. seine einzige Tochter Gertrud mit Heinrich dem Stolzen, dem Sohn des Bayernherzogs, verheiratete. Dieser Verbindung entsprang Heinrich der Löwe.

Es mutet ziemlich seltsam an, dass es sehr unterschiedliche Annahmen gibt, wann und wo der später so bedeutende Heinrich der Löwe eigentlich geboren wurde. Der mögliche Geburtstermin erstreckt sich über sieben Jahre zwischen 1129 und 1136, womit er fast alle anderen bedeutenden Persönlichkeiten des Mittelalters in den Schatten stellt. Getauft wurde Heinrich offensichtlich entweder 1135 oder 1136, was eher auf einen späteren Geburtstermin hindeutet. Sein Vater Heinrich der Stolze hatte im Laufe der Zeit seine Macht stark ausgebaut und war sicherlich der mächtigste Fürst im Reich. Als Lothar III. starb, übte er die Herrschaft in den Herzogtümern Sachsen und Bayern und der Markgrafschaft Tuszien, den »Mathildischen Gütern«, aus. Dazu kamen noch anderen sehr großen Eigenbesitzungen in Sachsen, Bayern, Schwaben und Italien.

Heinrich der Stolze hatte große Hoffnungen, die Nachfolge König Lothars III. anzutreten, doch wurde er letztlich Opfer seiner Machtfülle und seiner Hybris. Nachdem der Staufer Konrad III.

gewählt worden war, lieferte ihm Heinrich der Stolze zwar die Reichskleinodien aus, die er bereits vom sterbenden Lothar III. erhalten hatte, weigerte sich jedoch, auf eines seiner beiden Herzogtümer zu verzichten, wie es der neue König forderte. Nachdem er dem Staufer auch noch die Huldigung verweigert hatte, wurde Heinrich der Stolze geächtet. Der Babenberger Leopold IV., seines Zeichens Markgraf von Österreich, erhielt Bayern, während Sachsen offiziell an Albrecht den Bären ging. Heinrich der Stolze verteidigte sich jedoch in Sachsen sehr erfolgreich und verwies sogar den neuen König in die Schranken. Doch dann ereilte ihn am 20. Oktober 1139 in Quedlinburg plötzlich der Tod.

Als sein Vater starb, war Heinrich der Löwe, egal wann er nun wirklich geboren wurde, noch ein unmündiges Kind von bestenfalls 10 Jahren. Er wuchs unter dem Einfluss einiger bedeutender Ministerialen König Lothars III. auf. Speziell dabei genannt wurden Anno von Heimburg, Liudolf und Balduin von Dahlum, Heinrich von Weida und Poppo von Blankenburg. Diese Männer dürften auch einen prägenden Einfluss auf den Heranwachsenden ausgeübt haben. Gleich nachdem Heinrich der Stolze gestorben war, versuchte Albrecht der Bär, sich als Herzog von Sachsen durchzusetzen. Das stieß jedoch auf massiven Widerstand beim sächsischen Adel, und Albrecht musste nach heftigen Kämpfen wieder den Rückzug antreten. Auf Initiative des Mainzer Erzbischofs kam es 1142 zu einem Ausgleich. Albrecht der Bär verzichtete auf Sachsen, und das Herzogtum wurde Heinrich dem Löwen übertragen. Heinrich wurde durch seine Mutter Gertrud überredet, auf Bayern zu verzichten. Gertrud heiratete den Babenberger Heinrich Jasomirgott, und die Eheleute erhofften, dass ein gemeinsamer Sohn Herzog von Bayern würde. Allerdings starb Gertrud bereits im April 1143 ohne Heinrich Jasomirgott einen Nachkommen geschenkt zu haben. Das Herzogtum Bayern sollte noch lange Zeit ein Streitobjekt bleiben.

Als Konrad III. beschloss, am Zweiten Kreuzzug teilzunehmen, wurde auch das bayerische Problem vertagt. Bei einem Hoftag in Frankfurt, der im März 1147 stattfand, erhob Heinrich der Löwe Ansprüche auf Bayern, das seiner Meinung nach seinem Vater zu Unrecht entzogen worden war. Da jedoch für die Dauer des Kreuzzuges der Landfriede galt, war auch der junge Welfe daran gebunden. Sein Verwandter, Welf VI., der bereits selbst erfolglos um das Herzogtum Bayern gekämpft hatte, bedeutete ihm aber, dass die Angelegenheit nicht beigelegt sei.

Der damals noch sehr junge Welfe Heinrich, der später selbst in Eigenregie ins Heilige Land ziehen sollte, hatte zu jener Zeit kein allzu großes Interesse, den langen und gefährlichen Weg nach Palästina anzutreten, sondern entschied sich für einen Kreuzzug gegen die heidnischen Slawenstämme jenseits der Elbe. Er war dabei nicht alleine mit seiner Entscheidung, und auch einige führende Kleriker riefen zur bewaffneten »Bekehrung« der slawischen Heiden auf. Es bildete sich also ein Bündnis aus Heinrich dem Löwen, der damals natürlich noch nicht so genannt wurde, Herzog Konrad von Zähringen und dem Erzbischof von Bremen Adalbero. Ihr Unternehmen war gegen die slawischen Abodriten gerichtet, weshalb man das Unternehmen nach dem damaligen Sprachgebrauch »Wendenkreuzzug« nannte. Offiziell stand die Heidenbekehrung im Vordergrund, aber schon Zeitgenossen sahen darin eher ein Unternehmen zur Vergrößerung des Herrschaftsbereiches und der Erschließung neuer Einkunftsquellen. Der Slawenfürst Niklot sicherte einen großen Teil seiner Gebiete durch ein Bündnis mit dem Grafen Adolf II. von Holstein, konnte aber gewisse Gebietsverluste nicht verhindern.

Der »Wendenkreuzzug« brachte für den jungen Herzog Heinrich eine gewisse freundschaftliche Beziehung zu Konrad von Zähringen, und der Welfe heiratete bald dessen Tochter Clementia. Er erhielt die Burg Badenweiler mit großem Grundbesitz als Mitgift, doch die Ehe sollte nicht die in sie gesetzten Erwartungen erfüllen. Clementia gebar ihrem Gatten einen Sohn und zwei Töchter, die allerdings alle bis auf eine Tochter, die mit Herzog Friedrich IV. von Schwaben verheiratet wurde, früh starben. Es gab also vorerst keinen männlichen »Stammhalter« für den Welfenherzog.

Wie bereits im vorigen Kapitel erwähnt, hatte Heinrich der Löwe einen nicht unbeträchtlichen Anteil an der Wahl und Krönung seins Cousins Friedrich Barbarossa. Der Staufer revanchierte sich dann auch und gestattete dem Welfen einen eigenen fast königgleichen Machtbereich und unterstützte ihn auch sonst in vielfacher Weise. Heinrich konnte somit im Osten seine Expansionspolitik mit dem Segen Barbarossas durchführen und seinem Machtbereich große Territorien hinzufügen.

Heute ist untrennbar mit Heinrich dem Löwen dessen Ostpolitik und die so genannte Slawenmission verbunden. Spätere Chronisten und Historiker sahen den Welfen als bedeutendste Figur der sächsischen Landnahme im Osten und der Christianisierung der Slawen, obwohl er eigentlich nur eine bereits sehr lange bestehende Entwicklung weitergeführt hat. In der Slawenchronik eines seiner Zeitgenossen, eines gewissen Helmold, ist zu lesen, er sehe Heinrich als »Fürsten aller Fürsten des Landes«, welcher »die Nacken der Aufrührer beugte, ihre Burgen brach, die Wegelagerer vertilgte, Frieden machte im Lande, die stärksten Festungen erbaute und ungeheures Eigengut hatte.«

Wie können wir uns nun den Welfenherzog vorstellen? »Heinrich der Löwe hatte einen festen, durch ritterliche Übungen aller Art gekräftigten Körper, ein offenes Gesicht, große schwarze Augen, dunkles Haar und einen starken Bart. Er war ein Feind aller Trägheit und Üppigkeit, tapfer, streng, ausdauernd und in dem Allen seinem Vetter und Freunde, dem Kaiser, ähnlich.« (Friedrich von Raumer) Es wurde in vielen Beschreibungen des Welfen auf sein eher südländisches Aussehen hingewiesen, das ihn so sehr von seinem staufischen Cousin unterschieden hätte. Im 19. Jahrhundert war man dann auch bei gewissen Wertungen nicht allzu verlegen: »Doch überleuchtete im Ganzen das blonde Geschlecht der Hohenstaufen das braune der Welfen, und bei aller Trefflichkeit ist keiner von diesen dem ersten Friedrich an Heldensinn und Kriegsmuth, oder dem zweiten an hoher und umfassender Geisteskraft gleichzustellen.« (w. o.)

Nachdem die Fürsten seinen Cousin Friedrich zum neuen König gewählt hatten, hoffte Heinrich der Löwe natürlich auch auf die Rückgabe des Herzogtums Bayern, die ihm wohl als Preis für seine Unterstützung versprochen worden war. Für eine lange Periode wurden die Welfen dank der Person Heinrichs des Löwen als alte Feinde der Staufer zu Freunden des neuen staufischen Königs. Trotz einiger Probleme und Meinungsverschiedenheiten begann nun eine etwa 25 Jahre lang dauernde Kooperation Heinrichs des Löwen mit dem Staufer Friedrich Barbarossa. Der Welfe war an allen wichtigen Entscheidungen des Königs beteiligt und taucht in den meisten Urkunden Barbarossas als Zeuge auf. Er begleitete den staufischen Herrscher längere Zeit auf dessen Umritt durch das Reich und wurde mit Ländereien und anderen Rechten belehnt, die seine Macht und seinen Reichtum verstärkten.

Bei Verhandlungen in Merseburg, die anlässlich des ersten Reichstages Barbarossas zu Pfingsten 1152 stattfanden, ging es auch um die bayerische Herzogswürde. Heinrich der Löwe griff der Entwicklung voraus und erstellte am 18. Mai 1152 eine Urkunde, in der es um die Übertragung von Gütern und Rechten an ein Prämonstratenser Stift ging, in der er sich als »Herzog von Bayern und Sachsen« bezeichnete. Für die Kanzlei Barbarossas galt er allerdings nur als »Herzog von Sachsen«. Die Verhandlungen wegen der leidigen Bayern-Affäre sollten sich schließlich bis 1156 hinziehen. Das »Privilegium minus«, das am 17. September 1156 in Regensburg als Kompromiss das Licht der Welt erblickte, brachte Heinrich das bayerische Herzogtum, allerdings wurde dieses durch die Abtrennung wichtiger Gebiete, die Heinrich Jasomirgott als eigenes Herzogtum erhielt, verkleinert und dem Welfen jede Möglichkeit einer Expansion genommen. Nachdem Heinrich neben dem sächsischen auch das Herzogtum Bayern innehatte, wurde für ihn ein neuer Name kreiert: »Heinrich der Löwe«. Das Prädikat des »Löwen« sollte für einen starken Herrscher charakteristisch sein.

Nachdem Friedrich Barbarossa sich für seinen ersten Italienzug entschieden hatte, war rasch klar, dass er der Hilfe Heinrichs des Löwen bedurfte. Als sich im Oktober 1154 das königliche Heer bei Augsburg sammelte, stellte der Welfe das größte Kontingent und zog anschließend mit Barbarossa gen Süden. Heinrich der Löwe tat sich in der Folge bei der Belagerung Mailands hervor und er konnte am 17. Februar 1155 die Unterstadt erobern und in Brand setzen. Die obere Stadt gab sich dann zwei Monate später geschlagen. Der Löwe forderte auch während des Italienzuges die Besitzungen des Hauses Este für sich. Immerhin hatte sein Urgroßvater Welf IV. die Besitzungen aus dem Nachlass des Markgrafen Azzo II. zugesprochen bekommen. Doch das Haus Este hatte nach dem Ableben von Heinrich dem Stolzen diese wieder in Besitz genommen. Es kam schließlich zu einem Kompromiss, und Heinrich der Löwe einigte sich mit den beiden Este-Markgrafen, dass er Eigentümer der Burg Este und mehrerer Städte sei, die er allerdings den beiden als Lehen vergab.

Als am 18. Juni 1155 Barbarossa in Rom zum Kaiser gekrönt wurde, brach ein massiver Aufstand der römischen Bevölkerung aus. Heinrich der Löwe war zum Kampf bereit und er konnte einen Angriff auf sein Lager abwehren. Dann ging er sehr offensiv vor, was ihm große Bewunderung einbrachte. Der Welfe wurde nun auch von den Italienern als großer Krieger betrachtet. Das brachte ihm auch den Vorteil, dass sich der Papst gegen seinen sächsischen Konkurrenten, den Bremer Erzbischof Hartwig, entschied, der versucht hatte, während der Abwesenheit des Löwen dessen Besitzungen unter seine Kontrolle zu bekommen. Als es nach der Rückkehr Barbarossas ins Reich zu massiven Auseinandersetzungen zwischen dem Kaiser und dem Papst kam, blieb der Welfe sehr zurückhaltend. Ein Grund dafür dürfte auch das nicht gerade sehr gute Verhältnis Heinrichs des Löwen zu Barbarossas Kanzler Rainald von Dassel gewesen sein. Der Welfe konnte schließlich in Zusammenarbeit mit dem Bamberger Bischof in der Streitfrage mit dem Papst vermitteln. Doch der Tod Papst Hadrians und die päpstliche Doppelwahl, aus der Alexander III. und Viktor IV. hervorgingen, verschärfte die Situation mehr denn je.

Auch die Konflikte innerhalb der lombardischen Städte machten wieder von sich reden, und Heinrich der Löwe zog schließlich mit dem Kaiser wieder nach Italien in den Kampf. Der Welfe war unter anderem an führender Stelle bei der Belagerung und Zerstörung von Crema und der erneuten Belagerung Mailands beteiligt. Barbarossa soll während der heftigen Kämpfe daran gedacht haben, Herzog Friedrich IV. von Schwaben und Heinrich den Löwen als seine gemeinsamen Nachfolger einzusetzen. Der Welfe kehrte jedoch bald nach Deutschland zurück, da die Verhältnisse in Sachsen seine Anwesenheit erforderten. Die Lage in diesem Herzogtum war ziemlich verworren, da mehrere mächtige Geschlechter den Machtanspruch des Welfen ablehnten. Im Wesentlichen konnte Heinrich nur auf seine eigene Hausmacht zählen und er versuchte, sich durch Eroberungen jenseits der Elbe in slawischem Gebiet eine weitere Machtbasis zu schaffen.

Der Welfe setzte wie auch die meisten Staufer-Herrscher mehr auf Ministeriale als auf alte Adelsgeschlechter, da erstere einen unfreieren Status hatten und von ihm abhängig waren. Außerdem versuchte er, aussterbende Adelsfamilien zu beerben. Dabei geriet er besonders bei der Erbschaft der Grafschaft Stade in Auseinandersetzungen mit dem Erzbischof Adalbero von Bremen. Man unterstellte Heinrich dem Löwen, sich in seinem Herzogtum wie ein König zu benehmen, was bis zu einem gewissen Grade sicher der Fall war. Um den Erzbischof von Bremen einzuschüchtern, ließ er ihn sogar gefangen nehmen und verschleppen. Dieses Verfahren hatte Erfolg, und Heinrich konnte Stade übernehmen. Er ging ebenso recht brutal vor, um den sächsischen Adel und Klerus einzuschüchtern und seine Interessen durchzusetzen. Heinrich der Löwe war auch in einem Investiturstreit mit dem Erzbischof von Bremen verstrickt und beanspruchte dabei königliche Rechte für sich. Friedrich Barbarossa ließ ihn dabei gewähren und verlieh ihm schließlich sogar das königliche Recht der Investitur für mehrere Bistümer. Der Welfe durfte damit auch selbständig Bistümer und Kirchen gründen, womit er die Kirchenhoheit innehatte. Kein anderer deutscher Fürst besaß diese Rechte, aber Barbarossa betrachtete dies offensichtlich als Belohnung für die Unterstützung des Löwen für seine italienischen Abenteuer. Der Welfe nahm auch seine Rechte in großem Ausmaß wahr, erneuerte das von den Slaven zerstörte Bistum Ratzeburg und organisierte die nordelbische Kirche nach seinem Gutdünken.

Nachdem er 1156 aus Italien nach Sachsen zurückgekehrt war, gewährte der Löwe Sven Grathe, der sich im dänischen Thronstreit gegen seinen Cousin Knut V. Magnusson behaupten musste, seine Hilfe. Doch trotz dieser Unterstützung unterlag Sven Grathe und ging zu Heinrich ins Exil. Der Welfe versuchte daraufhin mit einer recht stattlichen Streitmacht das Blatt zu wenden, konnte auch einige dänische Städte erobern, musste dann aber den Rückzug antreten. Im Kampf um die Durchsetzung seiner Herrschaft in Sachsen und der Zurückdrängung anderer Geschlechter agierte Heinrich der Löwe meist erfolgreicher. Doch gab es eine starke oppositionelle Koalition, der er schwer Herr wurde. Neben dem Erzbischof von Magdeburg und dem Bischof von Hildesheim waren dies besonders Landgraf Ludwig II. von Thüringen, der Brandenburger Markgraf Albrecht der Bär, Markgraf Otto von Meißen, Graf Christian I. von Oldenburg und einige andere. Das Ziel dieser Fürsten war der Sturz des mächtigen Welfen-Herzogs zugunsten eigener Herrschaftsansprüche.

Im Jahre 1160 unternahm Heinrich der Löwe erneut massive militärische Unternehmungen im Land der Slawen. Dabei gab es heftige Kämpfe um die Burg Werle. Während Fürst Niklot fiel, flohen seine Söhne Pribislaw und Wertislaw. Der Welfenherzog nutzte die Gunst der Stunde und ordnete im Herbst 1160 das Land der Abodriten neu. Dabei wurden die wichtigsten Burgen an seine engsten Gefolgsleute vergeben. Als die Söhne Niklots im Frühjahr 1163 versuchten, ihr Land zurückzuerobern, wurde Wertislaw gefangen genommen und exekutiert. Pribislaw blieb schließlich nichts anderes übrig, als sich zu unterwerfen. Heinrich der Löwe setzte aber in der Folge auf Grund der Gegnerschaft des sächsischen Adels gegen ihn auf eine neue Politik. Pribislaw, der inzwischen zum Christentum übergetreten war, wurde mit fast seinem gesamten väterlichen Erbe belehnt und war von nun an ein dem Welfen ergebener Vasall, der treu die Politik Heinrichs unterstützte.

Während des vierten Italienzugs Barbarossas kam es 1166 in Sachsen zu massiven kriegerischen Ereignissen. Während Heinrich der Löwe nur wenige Verbündete fand, wurden ganze Landstriche stark verwüstet. Der slawische Fürst Pribislaw, der letztlich zum Begründer der mecklenburgischen Dynastie wurde, war genauso wie Gunzelin von Hagen, der mit Schwerin belehnt worden war, einer der wenigen Verbündeten Heinrichs des Löwen. Nachdem das Jahr 1167 eine schlimme Eskalation des Krieges Herzog Heinrichs mit der Koalition seiner Gegner, zu denen sich auch der Erzbischof von Köln gesellt hatte, brachte, griff Barbarossa ein und setzte alles daran, den Konflikt unter Kontrolle zu bringen.

Zwischen 1168 und 1170 wurde eine größere Anzahl von Hoftagen einberufen, deren wesentlichstes Ziel die Deeskalation und ein Friedensschluss war. Letztlich gelang es Heinrich dem Löwen, der schon ziemlich in Bedrängnis geraten war, mit Unterstützung des Kaisers seine Stellung zu behaupten und seine Herrschaft sogar noch auszubauen. Er sollte es Barbarossa aber schon bald nicht nur nicht danken, sondern seinem kaiserlichen Herrn sogar in den Rücken fallen. Über die Gründe für diese Entwicklung wurde viel spekuliert, aber es gibt keine wirklich stichhaltige Erklärung dafür. Heinrich der Löwe konnte sich in der Folge aus eigener Kraft weiter durchsetzen und sogar seinem Feind Bogislaw von Pommern seiner Lehenshoheit unterwerfen. Es ergaben sich aber auch jahrelange Kämpfe mit König Waldemar von Dänemark, die bis 1171 dauerten und schließlich mit der Heirat eines Sohnes des Königs mit einer Tochter des Herzogs beigelegt werden konnten.

Die Position Heinrichs des Löwen in seinem zweiten Herzogtum Bayern war in vielfacher Weise anders als in Sachsen. Er hatte hier eine Vielzahl von Rechten und Befugnissen, über die er in Sachsen eigentlich nicht verfügte. So hatte er in Bayern höchstwahrscheinlich die oberste richterliche Gewalt, konnte den Landfrieden auch gegen Adelsfamilien durchsetzen und war Kommandeur des Heeresaufgebots. Dennoch zeigte er sich an Bayern stets weniger interessiert als an Sachsen, in dem er wahrscheinlich größere Möglichkeit zur Expansion und Unabhängigkeit sah. Bayern schien zu sehr von seinen Nachbarn eingeengt, und die Welfen besaßen viel weniger eigene Güter als einige alte bayerische Adelsfamilien. Letztlich unternahm der Welfe auch einige Aktivitäten, um seine Machtposition mit Hilfe des Steuerwesens, seiner ernannten Ministerialen und der Zurückdrängung adeliger und bischöflicher Macht zu verbessern, obwohl er insgesamt während seiner Herrschaft weniger als zwei Jahre in Bayern verbrachte. Am Bekanntesten ist die Auseinandersetzung mit Bischof Otto von Freising, bei der es um die Isarbrücke bei Föhring ging, die der Welfe zerstören ließ, um den wichtigen Handelsweg für Salz umzuleiten. Damit wurde die Grundlage für den Aufstieg Münchens gelegt.

Als der Bischof bei Friedrich Barbarossa protestierte, gab es schließlich 1158 einen Vergleich, der den Welfen eindeutig bevorzugte, obwohl er dem Freisinger eine gewisse Entschädigung zahlen musste. In den folgenden Jahren konnte Heinrich auch noch die ertragreiche Grafschaft Burghausen an sich ziehen und hatte auch bald die Kontrolle über einen großen Teil der Salzgewinnung in Süddeutschland. Die meisten seiner Aufenthalte in Bayern verbrachte der Welfenherzog auf der Durchreise nach Italien. Auch die Anzahl der Urkunden, die er in Bayern ausstellte, hält sich in kleinem Rahmen. Heinrich vermied auch direkte Konflikte mit den mächtigen Wittelsbachern und anderen Geschlechtern. Ebenso befanden sich in den Truppen, die der Welfe für seine Italienzüge aufstellte, stets verhältnismäßig wenige Bayern.

1162 verstieß Heinrich der Löwe seine erste Frau Clementia von Zähringen, indem er auf die zu nahe Verwandtschaft mit ihr hinwies. Um den englischen König Heinrich II. aus dem Hause Plantagenet, der sich durch den Mord an seinem Kanzler Thomas Becket in Schwierigkeiten befand, auf kaiserliche Seite zu ziehen, hatte Barbarossa den Plan, den Engländer an sich zu binden. Er schlug deshalb die Heirat eines seiner Söhne und Heinrichs des Löwen mit den beiden Töchtern Heinrichs II. vor. Der Welfe erkannte die große Bedeutung, die eine solche Verbindung für ihn haben konnte und heiratete die englische Königstochert Mathilde. Diese Ehe bedeutete für ihn sicherlich auch eine Art von Standeserhöhung. Die Vermählung fand im Jahre 1168 statt und wurde groß in Braunschweig gefeiert. Neben neuen kulturellen Einflüssen aus dem zu jener Zeit sicher kulturell überlegenen anglofranzösischen Hof der Plantagenets brachte die Heirat dem Welfen eine sehr große Mitgift ein. Die Ehe mit der Königstochter sollte sich zudem als sehr fruchtbar erweisen und dem Welfen vier der erhofften Söhne (Heinrich, Lothar, Otto und Wilhelm) bescheren.

Die große Summe des englischen Geldes ermöglichte es Heinrich dem Löwen, sein Bauprogramm zu intensivieren und auch einige Stiftungen zu gründen. Außerdem brauchte er das Geld für seine Pilgerreise nach Jerusalem, die 1172 stattfand. Diese Reise sollte mehrere Zwecke erfüllen und vor allem auch das Ansehen des Herzogs steigern. Heinrich wollte seine Frömmigkeit unter Beweis stellen und erhoffte sich von der Pilgerfahrt auch die Sicherung seiner männlichen Nachkommenschaft. Er brach am 13. Januar 1172 unter der Bedeckung von 500 gepanzerten Reitern auf. In seinem Gefolge befanden sich die Erzbischöfe von Hamburg und Bremen, der Bischof von Lübeck, der Abodriten-Fürst Pribislaw sowie mehrere Äbte. Während dem Erzbischof von Magdeburg die Regentschaft übertragen wurde, blieb Heinrichs Gattin Mathilde in Magdeburg und brachte während seiner Abwesenheit eine Tochter zur Welt.

Während der Welfenherzog vom König von Ungarn eher kühl behandelt wurde, erwies ihm der byzantinische Kaiser Manuel I. königliche Ehren. Heinrich und seine Begleiter wurden reich beschenkt und durch das Land begleitet. In Jerusalem empfingen ihn König Amalrich I. und der Patriarch der Stadt. Der Welfe stiftete große Summen für die heiligen Stätten und beschenkte die Ritterorden. Eigentlich brannte Heinrich der Löwe auch darauf, sich im Kampf mit den Moslems zu bewähren, doch bat man ihn, davon Abstand zu nehmen. Man wollte eingedenk der Schwäche des christlichen Königreiches den Frieden mit den Moslems nicht gefährden. Der Löwe kehrte daraufhin früher als erwartet zurück und traf auf der Rückreise den Sultan von Konya, der ihm große Ehren erwies. Der Welfe erreichte seinen Hof in Braunschweig wieder im Januar 1173.

Die Pilgerreise Herzog Heinrichs nach Jerusalem wurde auch in der »Heinrichssage« verewigt. Darin taucht der Welfe als ritterlicher Held auf und erlebt eine große Anzahl von Abenteuern inklusive eines Kampfes mit einem Drachen. Während seiner Reise läuft ihm ein Löwe zu und begleitet ihn schließlich als Freund nach Braunschweig. Diese Sage wurde auch in Bildzyklen, Liedern von Hans Sachs und einigen anderen literarischen Werken verewigt. Sogar eine Oper über die »Heinrichssage« wurde 1689 anlässlich der Eröffnung der Hannoveraner Oper komponiert und aufgeführt.

Der Hof in Braunschweig war Heinrichs Lebens- und Herrschaftsmittelpunkt. Hier hatte er seine Pfalz errichtet und herrschte fast königsgleich. Da er sich durch die Heirat mit einer Königstochter auch persönlich aufgewertet sah, ließ der Löwe die Residenz immer weiter ausbauen. Hier stellte er auch in zentraler Lage ein bronzenes Standbild auf, das einen Löwen darstellt. Diese erste freistehende Plastik, die im Mittelalter nördlich der Alpen errichtet wurde, war Heinrichs Herrschaftszeichen und ging als »Braunschweiger Löwe« in die Geschichte ein. In seiner Residenz umgab sich der Herzog mit ihm ergebenen Personen, unterhielt eine Kanzlei und ließ nach dem Vorbild des Königs eine Vielzahl von Urkunden und Briefen ausstellen.

Das bekannte mittelalterliche »Rolandslied« und der »Tristan« sollen angeblich aufgrund seiner Initiative entstanden sein. Man vermutet, dass das »Rolandslied« anlässlich der Heirat des Herzogs mit der englischen Königstochter öffentlich gemacht sein dürfte. In dem Werk wird Heinrich der Löwe mit dem biblischen König David verglichen und an die Seite Karls des Großen gestellt. Er wird somit als der ideale christliche Herrscher präsentiert. Auch die erste deutsche Enzyklopädie, der »Lucidarius«, wurde im Auftrag des stolzen Welfen erstellt. Heinrich der Löwe trat ebenso als Stifter religiöser Güter in Erscheinung, aber nur in viel geringerem Maße als bei seinen weltlichen Aktivitäten. Ganz auf die Unterstützung seines Seelenheils wollte er wohl aber dann doch nicht verzichten.

Besonders in der älteren Literatur kommt der Welfe immer wieder als großer Gründer und Förderer von städtischen Siedlungen vor. Städte wie Braunschweig, Lübeck, Schwerin, Hannover, Hamburg, Lüneburg und Stade sollen von ihm entweder gegründet oder massiv gefördert worden sein. Heinrich der Löwe soll auch eine »systematische Städtepolitik« betrieben haben. Doch das Hauptinteresse an der Förderung von Städten dürfte das finanzielle Interesse des Herzogs gewesen sein, womit er sich wenig von anderen Fürsten unterschied. Daneben wurden die Gründung und der Ausbau von Städten wohl auch als Demonstration von Macht und Herrschaft verstanden. Bekämpfte der Welfe die Stadt Lübeck zunächst, so ließ er die Stadt nach einem großen Brand wieder aufbauen, ihr eigentlicher Gründer war er jedoch auf keinen Fall.

Nach dem großen personellen Aderlass, den die Seuche vor den Toren Roms 1167 beim deutschen Adel gefordert hatte, kam es wie bereits berichtet zum Einzug vieler Güter durch Friedrich Barbarossa. Dabei wurden in Süddeutschland auch Güter des Vaters des verstorbenen Welf VII. vom Kaiser beansprucht, was zu einer Auseinandersetzung des Löwen mit seinem Cousin Barbarossa führte. Nachdem Welf VI. seine Besitzungen gegen eine höhere Summe seinem Neffen Heinrich vermacht hatte, dieser aber nicht zahlte, kam Friedrich Barbarossa zum Zug. Das führte zumindest für einige Zeit zu bösem Blut zwischen dem staufischen Kaiser und seinem welfischen Vasallen und legte womöglich den Keim für künftige Entwicklungen.

Ab Mitte des Jahres 1174, als der Welfe das letzte Mal als Zeuge in einem kaiserlichen Diplom erschien, scheint sich das Verhältnis zwischen Heinrich und Barbarossa eher verschlechtert zu haben. Der Welfe leistete von nun an keine Heeresfolge mehr in Italien und mied den kaiserlichen Hof. Der Kölner Erzbischof Philipp, der vielleicht der gefährlichste Gegner Heinrichs des Löwen war, machte sich stattdessen beim Kaiser beliebt und agitierte gegen den Welfenherzog. Da Barbarossa bei seiner Auseinandersetzung mit dem Lombardischen Städtebund immer mehr in Bedrängnis geriet, traf ihn Heinrichs mangelnde Unterstützung besonders schwer. Nachdem sich alle sächsischen Fürsten zur Hilfe für den Kaiser entschlossen hatten, traf der Welfe seinen Cousin Barbarossa wohl auf dessen Wunsch hin in Chiavenna beim Comer See.

Was bei diesem Treffen, das sich vielleicht sogar an einem anderen Ort abgespielt hat, genau geschehen ist, bleibt für alle Zeiten umstritten. Am wahrscheinlichsten ist, dass der Kaiser vor dem Herzog auf die Knie fiel, um der Bedeutung seiner Bitte Ausdruck zu verleihen. Heinrich der Löwe lehnte diese aber letztlich ab, nachdem er eine Forderung gestellt hatte, die ihm der Kaiser nicht erfüllen konnte oder wollte. Daraufhin erlitt der offensichtlich persönlich schwer enttäuschte Barbarossa seine schwere Niederlage gegen die Lombarden bei Legnano, die letztlich für ihn zu einer weiteren großen Demütigung führte.

Das Verhalten des Welfen gegenüber seinem kaiserlichen Herrn wurde schon von zeitgenössischen Kommentatoren sehr verschieden interpretiert, und in der Folge gab und gibt es eine Vielzahl von Vermutungen über den Grund dafür. Dazu eine Spekulation: »Zur Erklärung dieses Bruches wird, geringeren Ursachen nicht zu gedenken, hauptsächlich Zweifaches angeführt: erstens, dass der Kaiser die Erbschaft Welfs für sich gewonnen; zweitens, dass er während der Pilgerung Heinrichs nach Palästine gezeigt habe, er werde, im Fall dieser sterbe, gewiss manchen Teil seines Erbes als Reichsgut in Anspruch nehmen.« (Ferdinand von Raumer) Letztlich scheint keine Erklärung wirklich befriedigend, da Heinrich der Löwe sich eigentlich über die Konsequenzen seiner Demütigung des Kaisers im Klaren hätte sein müssen. Als der Kaiser schließlich mit Papst Alexander III. Frieden schließen musste, wurde Heinrich der Löwe an den Verhandlungen nicht beteiligt, wogegen sein Feind, der Erzbischof von Köln, das große Wort führen konnte.

Da der von Heinrich bereits 1160 vertriebene Bischof Ulrich von Halberstadt auf Grund des Friedens mit dem Papst sein Amt zurück erhielt, begann der Kirchenmann im Herbst 1177 einen Kampf gegen den Welfenherzog. Dabei unterstützte ihn der mächtige Kölner Erzbischof, der auch Teile Westfalens verheerte. Als Heinrich der Löwe im November 1178 bei Barbarossa Klage wegen Landfriedensbruchs erhob, hatte er ziemlich schlechte Karten. Als sich der Welfe beim Hoftag in Worms im Januar 1179 wegen seines Verhaltens gegenüber sächsischen Adeligen verantworten sollte, erschien er nicht, weil der die gegen ihn erhobenen Vorwürfe nicht akzeptierte. Doch damit zog er noch mehr Ärger des Kaisers auf sich, denn der Staufer konnte nach den Ereignissen von Chiavenna nicht auch noch diese eindeutige Missachtung des Kaisers und des Reiches dulden.

Im Januar 1179 erging am Wormser Hoftag ein »Feststellungsurteil«, bei dem Heinrich dem Löwen bei erneuter Missachtung von Kaiser, Reich und Gericht die Acht angekündigt wurde. Doch der Welfe erschien auch nicht beim am 24. Juni 1179 stattfindenden Hoftag zu Magdeburg. Daraufhin erhob der Markgraf der Lausitz Anklage gegen den Welfenherzog wegen Hochverrats und bot ihm nach alter Sitte einen gerichtlichen Zweikampf an. Heinrich der Löwe schien davon nicht sehr beeindruckt und erschien auch auf weiteren Hoftagen nicht. Die Mehrheit der Fürsten, die fast alle dem von ihnen gefürchteten und gehassten Welfen das Handwerk legen wollten, forderte vom Kaiser, dieser dürfe Heinrich den Löwen ohne ihre Zustimmung nie wieder in seine alten Positionen einsetzen. Dadurch wollten sie eventuelle Vergeltungsmaßnahmen des Welfen verhindern. Obwohl Friedrich Barbarossa damit auf sein Recht verzichtete, als König Verzeihung zu üben, stimmte er dem zu. Somit hatte er die Fürsten hinter sich und konnte Heinrich dem Löwen beim Hoftag von Würzburg im Januar 1180 seine Titel aberkennen. Der Doppelherzog war von nun an im offiziellen Sprachgebrauch nur mehr »der adelige Heinrich von Braunschweig«.

Auf dem Hoftag von Gelnhausen im März 1180 wurde Heinrich der Löwe zum Majestätsverbrecher erklärt und seine Reichslehen offiziell eingezogen. Sein Feind Erzbischof Philipp von Köln listete in der »Gelnhäuser Urkunde« alle Vorwürfe gegen den Welfen auf und erhielt gleich darauf den westlichen Teil Sachsens als neu eingerichtetes Herzogtum Westfalen-Engern. Graf Bernhard von Anhalt erhielt den östlichen Rest des Herzogtums und auch die sächsische Herzogswürde zugesprochen. Der Hoftag von Altenburg im September 1180 brachte auch eine Entscheidung über das Herzogtum Bayern, wobei die Steiermark Herzogtum wurde und der Graf von Andechs die Herzogwürde von Meranien erhielt. Bayern wurde damit massiv verkleinert, und der Rest dem Pfalzgrafen Otto von Wittelsbach übergeben.

Heinrich der Löwe erkannte, dass es eng für ihn wurde, und ergriff selbst die Initiative. Er eröffnete die Kämpfe mit einem Überfall auf die Pfalz Goslar und nahm den Landgrafen von Thüringen gefangen. Die Erklärung der Oberacht im Sommer 1180 leitete den allgemeinen Reichskrieg gegen den Welfen ein. Während einer Heerfahrt des Kaisers nach Sachsen im Herbst 1180 kam es im ganzen Land zu einer Abfalls Bewegung, die der Kaiser ultimativ eingefordert hatte. Ein großer Teil der welfischen Burgen fiel rasch an Friedrich Barbarossa. Heinrich der Löwe konnte sich nur mehr im rechtselbischen Gebiet und im nördlichen Sachsen halten, doch verlor er dieses Gebiet auch bald. Lübeck ergab sich im August 1181 und wurde zum Dank dafür zur Reichsstadt erhoben. Bei Lübeck erschienen auch diverse Slawenfürsten und Waldemar I. von Dänemark, um ihre Länder vom Kaiser zu Lehen zu nehmen. Dieser verlobte seinen Sohn Friedrich von Schwaben mit einer Tochter Waldemars.

Heinrich der Löwe hatte zuletzt nur mehr die Orte Lüneburg, Braunschweig und Haldensleben. Er erkannte nur zu gut, dass er verloren hatte, und unterwarf sich im November 1181 beim Reichstag von Erfurt. Der Sachse verzichtete auf seine Reichslehen, erhielt aber von seinem Allodialbesitz Lüneburg und Braunschweig zurück. Zudem musste er die Verpflichtung eingehen, drei bis sieben

Jahre in die Verbannung zu gehen. Heinrich begab sich im Sommer 1182 zu König Heinrich II. von England, der sein Schwiegervater war. Der Löwe ging als geschlagener Mann ins Exil, der allerdings noch immer über große Energien verfügte. Vielleicht kam ihm auch in den Sinn, dass seine Herrschaft so rasch zusammengebrochen war, weil er gegenüber seinen Dienst- und Gefolgsleuten meist zu wenig Rücksicht genommen hatte.

Heinrich nahm seine Gemahlin, seine beiden Söhne Heinrich und Otto, sowie seine Tochter Richenza mit ins Exil in der Normandie. Er unternahm von dort aus auch eine Pilgerreise nach Santiago de Compostela in Spanien, um sein Seelenheil zu fördern. Man vermutet, dass man ihm beim Erfurter Hoftag eine Bußwallfahrt befohlen hatte. Obwohl er nur mit wenigen Getreuen bei König Heinrich II. erschienen war, unterhielt der Welfe auch hier seinen eigenen Hof mit diversen Hofämtern und agierte herrscherlich. Seine eigene Leibgarde stand ihm immer noch zur Verfügung. All das erwies sich für seinen Gastgeber als sehr kostspielig, und man wünschte wohl, den exilierten Herzog bald wieder los zu werden. Nachdem Otto I. von Wittelsbach gestorben war, hoffte Heinrich darauf, Bayern wieder zurückzubekommen. Er besuchte deshalb zu Pfingsten 1184 den Hoftag in Mainz, das Herzogtum wurde jedoch an Ludwig I. aus dem Hause Wittelsbach vergeben, dem Sohn des verstorbenen Otto.

Heinrich II. von England erreichte durch einigen diplomatischen Aufwand, dass Heinrich der Löwe im Sommer 1185 nach Braunschweig zurückkehren konnte. Er führte nunmehr sein Löwensiegel nur noch als »Herzog Heinrich«. Vorher hatte es auf »Heinrich von Gottes Gnaden Herzog von Bayern und Sachsen« gelautet. Doch die Kanzlei des Kaisers verweigerte ihm sogar den Herzogstitel. Als jedoch am Mainzer Hoftag der Kreuzzug beschlossen worden war, lud der Kaiser Heinrich den Löwen vor und machte ihm ein Angebot: Er könne entweder sogleich wieder einen Teil seiner früheren Würden erhalten oder am Kreuzzug teilnehmen und danach wieder in alle seine Ämter und Würden eingesetzt werden. Wenn er weder das Eine noch das Andere wolle, dann müsse er wieder ins Exil gehen. Heinrich entschied sich für den dritten Weg und ging im Frühjahr 1189 erneut nach England. Er nahm dieses Mal nur seinen Sohn Heinrich mit und ließ seine Gattin in Braunschweig.

Nachdem jedoch seine Gemahlin am 28. Juni 1189 gestorben war, brach Heinrich alle Abmachungen und ging nach Sachsen zurück. Hier belehnte ihn Erzbischof Hartwig II. von Bremen mit der Grafschaft Stade. Friedrich Barbarossa war schon auf dem Weg ins Heilige Land, was es dem Löwen ermöglichte, rasch einen Teil seiner alten Territorien in Sachsen unter Kontrolle zu bringen. Der Sohn des Kaisers, Heinrich VI. zog zwar gegen Herzog Heinrich in den Krieg, wurde aber bald durch den Tod des Königs von Sizilien mit anderen Problemen konfrontiert. Deshalb vertagte er den Konflikt und schloss mit Heinrich dem Löwen den Frieden von Fulda. Dafür begleitete des Herzogs ältester Sohn Heinrich von Braunschweig den Staufer nach Italien.

In der Folge gab es für den in die Jahre gekommenen großen Welfen erneut eine bedeutende Erfolgsgeschichte. Er erhielt im August 1191 ein Privileg vom Papst, dass er und seine Söhne nur vom Papst oder von einem päpstlichen Legaten exkommuniziert werden dürften. Das erscheint uns heute keine großartige Sache zu sein, war aber für Menschen des Hochmittelalters äußerst wichtig. Außerdem konnte er 1193 durch die Heirat seines Sohnes Heinrich mit der Stauferin Agnes erneut verwandtschaftliche Bande zwischen beiden Familien knüpfen. Als Heinrich der Löwe im März 1194 von Heinrich VI. in der Pfalz Tilleda in die volle Gnade aufgenommen wurde und sein Sohn Heinrich die Pfalzgrafschaft bei Rhein als Lehen erhielt, war das politische Lebenswerk des Welfen einigermaßen erfolgreich abgeschlossen.

Herzog Heinrich der Löwe widmete seinen Lebensabend der Sammlung und dem Zusammenschreiben alter Chroniken und bewies somit auch intellektuelle Begabung und entsprechendes Interesse. Er starb am 6. August 1195 in Braunschweig und wurde an der Seite seiner Gemahlin Mathilde beigesetzt. Es ist dies das älteste erhaltene Doppelgrab eines Ehepaares in Deutschland. Der Sohn des Löwen, der ebenfalls den Namen Heinrich führte, konnte schon bald die Würde des Pfalzgrafen bei Rhein übernehmen und damit wieder in die oberste Fürstengruppe aufsteigen. Heinrichs des Löwen Sohn Otto profitierte von der Heirat seines Vaters mit der englischen Königstochter. Das war sicherlich ein wesentlicher Grund dafür, dass er drei Jahre nach dem Tod seines Vaters von einem Teil der Fürsten zum König erhoben wurde.

Lange Zeit wurden Heinrich der Löwe und Friedrich Barbarossa nicht nur als die Verkörperung des staufisch-welfischen Konflikts gesehen, sondern auch als Manifestierung zweier völlig gegensätzlicher Konzepte deutscher Politik. Friedrich stand für die (letztlich selbstzerstörerische) Italienpolitik der deutschen Herrscher, während Heinrich die (lange Zeit sehr erfolgreiche) deutsche Ostpolitik repräsentierte. Man betrachtete die Geschichte des Heiligen Römischen Reiches im 12. Jahrhundert im Wesentlichen als eine des staufisch-welfischen Gegensatzes. Manche Historiker sahen aber auch die »Abtrünnigkeit« Heinrichs des Löwen als eigentliche Ursache für das Scheitern der staufischen Italienpolitik. Man bescheinigte Heinrich dem Löwen zwar das »Genie eines Staatsmannes«, andererseits beschuldigte man ihn auch der »Habgier, der Treulosigkeit und des Hochmuts«. Die jeweilige Bevorzugung Friedrich Barbarossas bzw. Heinrichs des Löwen wurde dann auch im 19. Jahrhundert zu einem Politikum, da scheinbar der eine für die »großdeutsche« und der andere für die »kleindeutsche Lösung« stand. So nimmt es nicht Wunder, wenn letztlich auch der Nationalsozialismus in diese beiden mittelalterlichen Figuren einiges hineininterpretierte, um seine eigene Politik zu rechtfertigen. Nach 1945 begannen die Historiker zunehmend, den großen Welfen weniger ideologisch voreingenommen zu betrachten und neue Aspekte an ihm zu entdecken, die bislang keine große Rolle gespielt hatten. Man unterzog den staufisch-welfischen Gegensatz als wesentlichen Faktor des 12. Jahrhunderts einer Revision und relativierte die Bedeutung des Sturzes Heinrichs des Löwen. Der Welfe wird heute von vielen Historikern als recht »moderne« Herrschergestalt gesehen, die gewisse Entwicklungen vorwegnahm, indem Heinrich beispielsweise seinen Hof als fortschrittliches Herrschafts- und Kommunikationszentrum installierte. War Heinrich der Löwe somit »moderner« und zukunftsweisender als sein staufischer Gegenspieler?

Man könnte die Dinge aber auch so sehen: »In der großen Antithese Universalmonarchie oder deutsche Ostpolitik ist mit dem Triumph Barbarossas und dem Sturz des Löwen die Entscheidung für die imperiale Idee der Staufer gefallen. (Pfister 1952, S. 116)

Heinrich VI. – »der Grausame«?

»Heinrich hatte die Schattenseiten seines Vaters in einem Grade, welcher sie bis zu Lastern steigerte, bis zum Entsetzlichen, ohne eine seiner Lichtseiten anders als in sehr geringem Grade zu besitzen. Seine Politik war Arglist, Falschheit, eine Wortbrüchigkeit, die keine Scham kannte und jede Bemäntelung verschmähte, von vornherein berechneter Treulosigkeit…« (Wilhelm Zimmermann 1843)

Das genaue Geburtsdatum Heinrichs ist ungewiss, er erblickte vermutlich im Oktober oder November 1165 in der kaiserlichen Pfalz Nimwegen das Licht der Welt. Seine Eltern, Friedrich Barbarossa und Beatrix, wurden bereits im vorigen Kapitel behandelt. Über diesen Staufenspross als Kind ist wie bei den meisten anderen so gut wie nichts Persönliches bekannt. Man weiß also auch nicht, ob er schon früh seine »Charakterschwächen« unter Beweis stellte.

Der noch nicht ganz vierjährige Heinrich wurde auf Geheiß Kaiser Friedrichs I. auf einem Hoftag in Bamberg zu Pfingsten 1169 zum römischen König »gewählt«. Der Hintergrund für diese recht frühe Bestimmung Heinrichs zum König dürfte im Bestreben seines Vaters gelegen haben, seine Nachfolge zu sichern. Die Fürsten scheinen auch keinen Widerstand gegen die »Wahl« geleistet oder Bedingungen gestellt zu haben. Auch das seit 1160 bestehende Schisma dürfte für die Entscheidung Friedrichs I. eine Rolle gespielt haben, da er sich die Zustimmung einiger papsttreuer Bischöfe für seine Entscheidung, seinen Sohn zum Mitkaiser zu ernennen, erhofft hatte. Dazu kam es dann aber nicht. Heinrichs eigentliche Krönung erfolgte schließlich am 15. August 1169 in Aachen.

Der kindliche König erhielt auf Geheiß seines Vaters eine für damalige Verhältnisse gute Bildung im Lesen und Schreiben, sowie in der lateinischen Sprache. Er sollte schließlich zu einem der gebildetsten Herrscher seiner Epoche werden. Als einer seiner Lehrer trat der Hofkapellan Gottfried von Viterbo auf. Die ihm vermittelte Kunst, sich angemessen auszudrücken, ermöglichte es Heinrich später, sogar zarte Minnelieder zu verfassen und einer »neurotischen Haltung« Ausdruck zu verleihen, »die zwischen Härte und Weichheit hin- und herschwankt, vielleicht weil der junge König nicht so sein durfte, wie er wollte«. (Lehmann 1985, S. 191)

Der kleine Heinrich erscheint erstmals im Jahre 1173 als Zeuge in einer Urkunde. Er begleitete seinen Vater auch schon recht früh auf dessen Reisen und war ebenso auf dessen Italienzug mit dabei. Dabei wird er wohl vieles mitbekommen haben von den chaotischen Verhältnissen auf der Halbinsel, die seinen Vater so sehr in ihren Bann zog, dass er dafür die Angelegenheiten in seinem Stammreich oft vernachlässigte. Heinrich scheint aber rasch viel von der Leidenschaft Friedrich Barbarossas für Italien mitbekommen zu haben, und es zog ihn schließlich auch bald vorrangig nach Süden – in seinem Fall sogar bis ins ferne und exotische Sizilien.

Der inzwischen 13-Jährige kehrte 1178 gemeinsam mit seinem Vater über Burgund nach Deutschland zurück. Friedrich I. ließ seinem Sohn nun auch einiges an Aufgaben und Verantwortung zukommen. Der Kaiser brauchte seinen Sohn u. a. für die Aufgabe, im Westen des Reiches die staufische Macht zu repräsentieren, während er selbst mit seinem Widersacher Heinrich dem Löwen abrechnete. Heinrich dürfte dabei schon früh einiges Talent bewiesen haben, so fungierte er beispielsweise 1182 als Vermittler bei einer Auseinandersetzung des Französischen Königs mit dem Grafen von Flandern. Er war dabei erst 17 Jahre alt, wurde aber bereits als bedeutender Machtfaktor wahrgenommen.

Am 21. Mai 1184 empfing der noch nicht 19-Jährige gemeinsam mit seinem Bruder anlässlich des Hoftages in Mainz die Schwertleite. Dann zog er nach Polen zu einem Kriegszug gegen Kasimir II., den Bruder des Großherzogs Mieszko. Letzterer hatte die Deutschen um Hilfe ersucht, und es kam zu einem nicht sehr glücklichen und relativ unspektakulären Feldzug, der letztlich damit endete, dass Kasimir den Huldigungseid an den Kaiser leistete.

Das wohl interessanteste Ereignis an Heinrichs Zug gegen Osten war aber wohl ein Ereignis, das relativ skurril anmutet und fast die Geschichte geändert hätte. Als der junge Staufer vor dem Feldzug am 26. Juli 1184 in Erfurt weilte, kam es zum berühmten »Erfurter Latrinensturz«: König Heinrich wollte in Erfurt im Streit zwischen Erzbischof Konrad I. von Mainz und dem Landgrafen Ludwig III. von Thüringen schlichten und hatte einen königlichen Hoftag einberufen. Am Tag des Unglücks befand sich Heinrich mit zahlreichem Gefolge in einer Halle der Dompropstei des Marienstiftes, als der morsche Boden des im zweiten Stock befindlichen Raumes zusammenbrach. Die adelige Gesellschaft stürzte in die Tiefe in das erste Stockwerk, dessen Boden ebenfalls einbrach, worauf die Unglücklichen in die darunter befindliche Abtritts Grube fielen. Es soll etwa 60 Tote gegeben haben, wobei die Opfer entweder durch den Sturz ums Leben kamen oder im Inhalt der Grube ertranken oder erstickten. Die Chronik zählt eine Anzahl bedeutender Würdenträger des Reiches und hoher Adeliger auf, die ihr Leben verlor. Durch eine Laune des Schicksals war König Heinrich nicht darunter, da er sich in einer Fensternische der gemauerten Außenwand befand und mit Leitern in Sicherheit gebracht werden konnte. Nach diesem Unglück verließ der geschockte Staufer rasch die Stadt.

Ein Jahr darauf machte sich der junge König Heinrich zu einem weiteren Feldzug bereit. Dieses Mal sollte es mit Unterstützung der Grafen von Flandern und Hennegau gegen Frankreich gehen, das mit dem staufischen Bündnispartner England im Krieg lag. Als jedoch seine Verbündeten dann doch nicht am Feldzug teilnehmen wollten, sah sich Heinrich zum Friedensschluss mit den Franzosen gezwungen.

Italien als ständige Problemzone des Staufer-Geschlechts wurde auch Heinrichs Schicksal, zumal er am 27. Januar 1186 in Mailand Konstanze heiratete, die Tochter König Rogers II. von Sizilien und Erbin des Reiches, falls Wilhelm II. von Sizilien keine eigenen Kinder bekommen sollte. Heinrich war schon 1184 auf Betreiben seines kaiserlichen Vaters mit der Sizilianerin verlobt worden. Konstanze war alles andere als eine »ideale« Braut für den jungen König Heinrich. Sie war immerhin 11 Jahr älter als der Staufer, galt für mittelalterliche Verhältnisse bereits als »ältliche Jungfer« und dürfte keine allzu großen Gefühle für ihren jungendlichen Gemahl gehegt haben. Was aber sicherlich auf Gegenseitigkeit beruhte.

Die Hochzeit fand bezeichnenderweise in einer rasch gezimmerten hölzernen Halle statt, da Mailand seit der Zerstörung durch Friedrich Barbarossa keine passende Baulichkeit bieten konnte. Heinrich hatte Konstanze aus Piacenza abgeholt und durch die Lombardei nach Mailand geleitet. Im Gefolge des Paares befanden sich viele Tragtiere, die beladen waren mit den Schätzen aus Sizilien, welche die Deutschen in großes Erstaunen versetzten und wohl auch manche Begehrlichkeit weckten. Niemand wusste zu jenem Zeitpunkt, dass diese Heirat schon bald dem jungen Bräutigam ein Reich einbringen würde, das in mancherlei Hinsicht vorbildlich für die meisten Staaten Europas war. Bald darauf erfolgte auch Heinrichs Krönung zum König von Italien und er legte sich den Titel »Caesar« zu, der so gut zur Kaiseridee der Staufer zu passen schien.

Papst Urban III., der durch die eheliche Verbindung der Staufer mit der Herrscherfamilie Siziliens ziemlich isoliert war, mochte natürlich das Eingreifen der Deutschen in Italien nicht und war sehr erbost, als das kaiserliche Heer die Stadt Cremona angriff. Heinrich marschierte in die Toskana, von wo sein Heer, das eigentlich von Markward von Anweiler befehligt wurde, große Verwüstungen im Kirchenstaat anrichtete. Letztlich besetzte der Staufer den Kirchenstaat und machte den Papst praktisch zu seinem Gefangenen. Im August 1186 wurde schließlich Frieden geschlossen. Heinrich blieb jedoch bis Ende 1187 in Italien, wo er mit verschiedenen Angelegenheiten des Reiches befasst war. Der junge staufische König hatte großen Gefallen an dem widerspenstigen Italien gefunden, das ihm letztlich zum Verhängnis werden sollte.

Auf dem »Hoftag Jesu Christi« in Mainz im März 1188 tat Kaiser Friedrich Barbarossa seinen Willen kund, einen Kreuzzug in die Wege zu leiten und auch gleich anzuführen. Es sollte ein großes Unternehmen werden, das alle vorherigen in den Schatten stellte. Als der alte Kaiser 1189 zum Kreuzzug aufbrach, übergab er seinem Sohn Heinrich die Regierungsgewalt im Reich. Heinrichs Herrschaft schien nicht allzu fest gefügt und auch nur vorübergehend zu sein, da mit der Rückkehr seines Vaters gerechnet wurde.

Heinrich versuchte vorerst, die Politik seines Vaters möglichst bruchlos fortzusetzen. Er belehnte Ende 1189 Balduin von Hennegau mit der Markgrafschaft von Namur, die neu geschaffen worden war. Damit wollte er ein Gegengewicht gegen den Erzbischof von Köln und die Herren Flanderns schaffen. Heinrich versuchte auch, einen Ausgleich zwischen dem neuen Markgrafen und Heinrich von Brabant herbeizuführen. Gleichzeitig leitete er Verhandlungen mit Rom bezüglich seiner eventuellen Kaiserkrönung in die Wege. Dabei machte er dem Papst das Angebot, ihm alle von den Staufern in Besitz genommenen kirchlichen Besitzungen zurückzugeben.

Heinrich der Löwe, der Morgenluft witterte, kehrte unter Bruch der Abmachung mit Friedrich Barbarossa bereits 1189 aus der Verbannung nach Deutschland zurück. In der Folge kam es rasch zu Kriegshandlungen in Sachsen, die auch König Heinrich auf den

Plan riefen. Er zog im November 1189 gegen den Welfen, musste aber seinen Feldzug wegen der schlechten Witterung wieder abbrechen. Der junge König hatte nun den Konflikt seines Vaters mit Heinrich dem Löwen und den Welfen sozusagen »geerbt«. Doch unter seiner Herrschaft sollte dieser dramatische Konflikt dann auch vorerst zu Ende gehen.

Während Friedrich Barbarossa mit seinem Kreuzzugsheer monatelang bei Philippopolis (Plovdiv) steckenblieb, statt bereits Jerusalem einzunehmen, geschah etwas sehr Wichtiges und irgendwie Unerwartetes. Denn im November 1189 starb König Wilhelm II. von Sizilien, ohne einen männlichen Erben zu hinterlassen. Damit war Heinrichs Gemahlin Konstanze automatisch Erbin des Reiches. Somit war Konstanze gemeinsam mit ihrem Gemahl eigentlich in den nominellen Besitz eines Reiches gelangt, von dessen inneren Verhältnissen die Staufer wenig Ahnung hatten und in dem sie auch keine Anerkennung genossen.

Die Entwicklung in Sizilien verlief recht dramatisch, und nachdem Unruhen ausgebrochen waren, wurde nach Fürsprache des sizilianischen Vizekanzlers Mattheus von Salerno Tankred von Lecce von einer Mehrheit der Barone des Reiches zum König ernannt. Dabei wurde natürlich das Erbrecht Konstanzes und Heinrichs außer Acht gelassen. Der neue König Tankred versuchte rasch, sich in ein gutes Einvernehmen mit dem Papst zu setzen. Dieser soll ihm durchaus wohlwollend gegenüber gestanden sein. Es kam in der Folge in Süditalien zu Auseinandersetzungen der Anhänger Tankreds mit den Parteigängern der Staufer, die unter der Führung des Grafen Roger von Andria standen.

Die Herren des Südens warnten ihre Anhänger vor den »wilden Horden der nordischen Barbaren« unter König Heinrich, welche »unsere reichen Städte und unsere durch langen Frieden blühenden Lande mit Schrecken, Mord und Raub erfüllen« würden. Man unterstellte Heinrich und seinen deutschen Rittern »angeborenen Mord Sinn, Raubsucht und Zügellosigkeit«. Der sizilianische Reichskanzler wetterte: »Soll ein fremdes Volk, in Italien nur bekannt durch seine Rohheit und seine Verwüstungen, künftig an uns seinen Übermut üben? Kann ein fremder Herrscher, der schon in den Jahren seiner Jugend keine Milde kennt und kein Gesetz außer seinen Willen, bei dem unvermeidlichen Zusammenstoß verschiedener Ansichten, unsere Einrichtungen, unsere Sitten und unsere Sprache erhalten und in Schutz nehmen?« (Lehmann 1985, S. 194)

Nachdem Heinrich der Löwe einige militärische Niederlagen erlitten hatte, war er schließlich zum Friedensschluss mit König Heinrich bereit, und der Konflikt wurde im Frieden von Fulda beendet. Bedeutend für den König schien, dass neben dem eindeutigen Machtverlust des Welfen dessen Sohn Heinrich von Braunschweig mit einem Kontingent Heinrich nach Italien begleiten musste.

Während der König in Augsburg seinen Italienzug vorbereitete, erfuhr er vom Tod seines Vaters und seines Bruders beim misslungenen Kreuzzug. Die Trauer im Reich war groß und weitgehend ehrlich, doch niemand betrachtete den Tod des großen alten Kaisers »Rotbart« als große Katastrophe. Er hatte ein langes und in Vielem erfolgreiches Leben gehabt und einen, offensichtlich nicht unfähigen Erben hinterlassen. König Heinrich wurde von den Fürsten ohne weiteren Wahlakt akzeptiert, was im Reich ein ziemlich ungewöhnlicher Vorgang war. Der neue Herrscher des Reiches wurde mit großen Vorschusslorbeeren bedacht, und die hohen Erwartungen schienen aufgrund seiner bisherigen Aktivitäten durchaus gerechtfertigt.

Während seine Truppen schon nach Italien marschierten, reiste Heinrich nach Thüringen, dessen Landgraf Ludwig III. ebenfalls ein Opfer des Kreuzzuges geworden war. Er dachte zunächst daran, Thüringen als erledigtes Reichslehen einzubehalten, belehnte aber schließlich den Bruder des verstorbenen Landgrafen damit, nachdem ihm dieser Zugeständnisse gemacht und ihm Ländereien abgetreten hatte. Dann wandte sich Heinrich rasch nach Italien, wo sein Heer auf ihn wartete. Er verfolgte nun gewichtige zwei Ziele: Einerseits wollte er vom Papst zum Kaiser gekrönt werden und andererseits das Königreich Sizilien erobern.

Der Staufer verhandelte im Januar 1191 auch mit Eleonore von Aquitanien, einer der wirklich großen Frauengestalten des Mittelalters. Die Witwe Heinrichs II. Plantagenets, die auch die Mutter von Richard Löwenherz war, war eine ungewöhnlich gebildete, starke und machtpolitisch orientierte Frau. Heinrichs Interesse dabei war die Ausschaltung des englischen Königs als Machtfaktor in Sizilien, da sich dieser zu jener Zeit auf Zwischenstation zur Reise ins Heilige Land schon ungewöhnlich lange in Messina aufhielt und König Tankred unterstützte. Es ging auch darum, eine Verlobung zwischen Richard Löwenherz und einer Halbschwester des französischen Königs aufzuheben, wobei der Staufer im Gegensatz zu

Eleonore hoffte, dass sich damit das Verhältnis zwischen England und Frankreich verschlechtern werde. Richard Löwenherz würde dann vielleicht gezwungen sein, sich aus Sizilien zurückzuziehen, was Tankred weiter isoliert hätte. Doch daraus wurde nichts, da Eleonore von Aquitanien sich für andere Vorgehensweisen entschied und den staufischen Interessen eher Schaden zufügte.

Heinrich bemühte sich auch, in der Lombardei Bündnispartner unter den mächtigen Städten Oberitaliens zu finden. Dabei vermied er es, das starke Mailand zu bevorzugen. Außerdem handelte er die Flottenhilfe Genuas und Pisas gegen Sizilien aus. Der Papst hatte durchblicken lassen, dass für seine Zustimmung zur Kaiserkrönung eine gewisse Gegenleistung erwartet würde. Diese war die Zerstörung der rebellischen Stadt Tusculum in der Nähe Roms. Die Stadt war Heinrich eigentlich freundlich gesonnen, doch er ließ sich auf den schäbigen Handel mit dem rachsüchtigen Papst Coelestin III. ein und übergab ihm Tusculum, das bald vollständig zerstört wurde. Die meisten Zeitgenossen sahen darin ein absolut ehrloses Verhalten des angehenden Kaisers und sein Ansehen erlitt einen gewaltigen Schaden.

Heinrich VI. wurde schließlich am Ostermontag, dem 15. April 1191 von Papst Coelestin III. in Rom zum Kaiser gekrönt. Die Krönung wurde überschattet vom Verrat an Tusculum und dessen Vernichtung. Die Römer hatten am Karfreitag 1191 in Tusculum ein fürchterliches Massaker angerichtet, sie verbrannten nicht nur die Stadt, sondern sie töteten oder verstümmelten und blendeten auch die Bewohner. Die wenigen Überlebenden Tusculums bauten später neben den Trümmern einige armselige Hütten. Da die Hütten zumeist aus Zweigen (Zweig = frasca) errichtet waren, ging daraus der Name für das heutige Städtchen Frascati hervor.

»Die Flammen der geopferten Stadt und das Blut der wehrlos von den Römern hingeschlachteten Einwohner sind für ihn ein ewiges Brandmal. Selbst die armselige Entschuldigung, dass die Umstände ihn gedrängt haben, sich schnell mit den Römern auseinanderzusetzen, kann nicht vorgebracht werden: er hat nach seiner Krönung noch zwei Wochen vergehen lassen, ehe er am 29. April 1191 die Grenze des normannischen Reiches überschritt.« (Winkelmann in »ADB«)

Nachdem die Kaiserkrönung ihm trotz aller Misstöne den Weg zu höchster Ehre geebnet hatte, zog Heinrich VI. nach Apulien, wo inzwischen der ihm ergebene Graf von Andria eine Niederlage erlitten hatte. Der Kaiser begann im Mai damit, Neapel zu belagern. Wie so oft kam es dabei zu einer Katastrophe, denn es brach eine Seuche aus, die Heinrichs Heer stark dezimierte. Der Verdacht liegt nahe, dass es sich um die Malaria handelte. Auch viele bedeutende Gefolgsleute des Kaisers starben, während er selbst zwar erkrankte, aber schließlich wieder gesund wurde. Heinrich war seit seiner Kindheit körperlich nicht sehr robust und dürfte eher kränklich gewesen sein.

Als weiteren Rückschlag für Heinrichs Kriegszug vertrieb die sizilianische Flotte unter Admiral Margaritus die mit dem Staufer verbündeten Schiffe Pisas und Genuas. Heinrich VI. sah sich daraufhin gezwungen, die Belagerung Neapels abzubrechen. In der Folge erfuhr er auch noch, dass seine Frau Konstanze, die sich in Salerno aufgehalten hatte, gefangen und nach Palermo entführt worden war. Offensichtlich hatte sein sizilianischer Widersacher bei diesem Unternehmen angenommen, dass Heinrich bereits verstorben war. Der Kaiser zog sich nach Oberitalien zurück und kümmerte sich bis Ende des Jahres in erster Linie um die Reichsangelegenheiten. Unter anderem schloss er ein Bündnis mit Philipp II. von Frankreich gegen den verhassten Richard Löwenherz. Währenddessen nutzte Tankred den Rückzug Heinrichs VI., um seine Machtposition in den Festlandsgebieten des Normannenreiches auszubauen und zu festigen.

Während Heinrichs Krankheit war rasch das Gerücht aufgekommen, er wäre bereits gestorben. Das hatte unter anderem dazu geführt, dass der Sohn Heinrichs des Löwen vom Heer Heinrichs vor Neapel nach Deutschland floh und die Welfen machtpolitische Morgenluft witterten. Erneute Machtkämpfe im zerrütteten Reich waren die Folge.

Heinrich VI. kehrte im September 1191 nach Deutschland zurück, und seine Lage schien ziemlich trostlos. Sein Unternehmen gegen Apulien war erbärmlich gescheitert, und seine Gemahlin in die Hände seiner Feinde gelangt, was einen schweren Imageschaden darstellte. König Tankred ließ Konstanze schließlich frei, als er erfuhr, dass Heinrich VI. noch am Leben war. Das sizilianische Königtum für die Staufer hatte sich einstweilen als Chimäre erwiesen, und nun hatte der Kaiser auch in Deutschland seine liebe Not. Er war inzwischen weiter denn je davon entfernt, die Autorität seines verstorbenen Vaters zu genießen, und so mancher deutscher Fürst dachte bereits an eine neue Königswahl. Heinrich VI. wurde nun auch Opfer seines Charakters, denn er gab sich herrisch und wenig diplomatisch. Das führte dazu, dass er bald nur noch die Herzogtümer Schwaben und Österreich und die staufischen Ministerialen auf seiner Seite hatte. Der Erbe des großen Friedrich Barbarossa schien ziemlich am Ende.

Die Rettung aus Heinrichs Misere brachte unfreiwillig der von ihm ganz und gar nicht geliebte englische König Richard Löwenherz. Der war eigentlich ein ziemlich unsteter herumziehender Abenteurer, der den Kreuzzug ins Heilige Land als seine persönliche Bühne betrachtet hatte. Bei dieser ziemlich nutzlosen gewalttätigen Expedition ins Feindesland schaffte er es rasch, sich alle anderen gekrönten und ungekrönten Anführer des Kreuzfahrerheeres zu Feinden zu machen. Letztlich von allen im Stich gelassen, blieb ihm schließlich nichts anderes mehr übrig, als sich inkognito auf die Rückreise nach England bzw. in seine für ihn viel wichtigeren französischen Besitzungen zu begeben.

Nach einer eher unfreiwilligen Landung in Dalmatien versuchte es König Richard, sich als Kaufmann getarnt über Kärnten und das damalige Herzogtum Österreich in nördliche und befreundete welfische Gebiete durchzuschlagen. Dabei benahmen sich er und seine Gefolgschaft so ungeschickt, dass nach und nach fast alle gefangen genommen wurden. Letztlich gelangten Richard und zwei verbliebene Gefährten in die Nähe Wiens, wo sie in einem Vorort namens Erdberg schließlich erkannt und festgenommen wurden. Immerhin hatte Richard Löwenherz ganz nach seinem Naturell den österreichischen Herzog Leopold auf dem Kreuzzug bei der Belagerung Akkons schwer beleidigt. Dieser betrachtete die Gefangennahme des Engländers als die große Chance seines Lebens und brachte den gefangenen Richard in der Burg Dürnstein unter.

Als König Heinrich von den Vorgängen erfuhr, wollte er sogleich den englischen König für sich haben, musste sich aber nach einigem Hin und Her schließlich mit dem Herzog auf ein Geschäft einigen. Man würde die enorm hoch veranschlagte Lösegeldsumme einfach teilen. Danach wurde Richard Löwenherz auf die Reichsfestung Trifels in der Pfalz gebracht. Die Sache war von Anfang an ein eindeutiger Rechtsbruch und verstieß gegen alle guten Sitten, denn für die Dauer eines Kreuzzugs existierte der sogenannte »Gottesfriede« und alle persönlichen Fehden waren untersagt.

Genauso wie der Verrat an Tusculum wirft die Gefangenschaft des englischen Königs ein sehr übles Licht auf den Charakter Heinrichs VI. Immerhin hielt er einen fremden Herrscher gefangen, mit dem er sich gar nicht im Krieg befand. Außerdem verlangte er sogar ein unverschämt hohes Lösegeld von vorerst 100.000 Silbermark, das er später sogar noch erhöhte. Dazu hatte er einen Kreuzfahrer in seiner Gefangenschaft, der als solcher unter dem Schutz der Kirche stand und eigentlich nicht hätte angetastet werden dürfen. Das führte bei vielen christlichen Fürsten zu einem großen Unbehagen. Richards Mutter Eleonore von Aquitanien ergriff die Initiative und schrieb an den Papst. Sie beklagte den »ungeheuren Frevel um die Gefangenschaft eines freien Königs, eines Kreuzfahrers, eines unter dem besonderen Schutz der Kirche stehenden heiligen Kämpfers…« (Lehmann 1985, S. 199) Sie forderte von Papst Coelestin, er müsse die Gefangenschaft aufheben lassen und die Frevler bestrafen.

Als der Papst bei ihm energisch intervenierte, ließ Heinrich VI. eine Fürstenversammlung in Hagenau einberufen, um den Fall prüfen zu lassen. Dabei wurde Richard Löwenherz eine Vielzahl von Vergehen vorgeworfen, um ihn in die Enge zu treiben und Heinrichs Vorgehen zu rechtfertigen. Doch der König verteidigte sich ausgezeichnet, sodass sich Heinrich gezwungen sah, seinem Gefangenen sogar vor gespielter Rührung um den Hals zu fallen. Aber er ging nicht von seinen Lösegeldforderungen ab, und es wurde nach einigem Hin und Her ein Vertrag aufgesetzt, in dem sich Richard verpflichtete zu veranlassen, dass die geforderte Summe übergeben würde. Außerdem wurde England gegen einen Jahreszins deutsches Reichslehen. Als der französische König und Richards Bruder Johann Ohneland anboten, sie würden mehr zahlen, wenn Richard Löwenherz nicht freigelassen würde, ging Heinrich VI. letztlich nicht darauf ein, da ihn der Widerstand der erbosten deutschen Fürsten an dieser weiteren Skrupellosigkeit hinderte. Die Engländer brachten mit größten Anstrengungen die gewaltige Summe für einen König auf, der kein Wort ihrer Sprache beherrschte und im Laufe seines Lebens nur wenige Monate überhaupt in England verbracht hatte, den sie heute aber als nationalen Helden verehren.

Kaiser Heinrich VI. musste das Lösegeld mit dem recht skrupellosen Herzog Leopold von Österreich teilen, aber es blieb ihm genug, um erneut einen Feldzug gegen Sizilien beginnen zu können. Dabei halfen ihm auch einige positive Entwicklungen, die sich unerwartet angebahnt hatten. Einerseits kam es nun wirklich zu einer späten Aussöhnung mit den alten Konkurrenten der Staufer – den Welfen. Heinrich von Braunschweig, der älteste Sohn Heinrichs des Löwen, hatte heimlich die Tochter des Rheinpfalzgrafen Konrad, eines Staufers, geheiratet. Auch wenn er Agnes, die überaus wertvolle Partie, bereits dem französischen König versprochen hatte, gab Heinrich VI. nach und akzeptierte diese Vermählung. Damit wurde dann auch das Kriegsbeil mit den Welfen begraben. Die beiden Heinriche, der Staufer und der Welfe, trafen sich im März 1194 und vereinbarten den Frieden. Heinrich der Löwe starb bereits ein Jahr später, und fast zur selben Zeit wurde sein Sohn, der ebenfalls den Namen Heinrich führte, zum Herrn der rheinischen Pfalzgrafschaft. Dem ansonsten nicht sehr diplomatischen Heinrich VI. war es damit gelungen, einen Konflikt zu beenden, der Deutschland sehr lange Zeit entzweit hatte. Allerdings sollte diese erfreuliche Entwicklung sich nach seinem Tod wieder ins Gegenteil verkehren.

Als weiterer Glücksfall für den Kaiser erwies sich der Tod König Tankreds, der am 20. Februar 1194 in Palermo gestorben war. Da zuvor schon der Thronprinz Roger das Zeitliche gesegnet hatte, wurde nun Tankreds Sohn Wilhelm im zarten Alter von sieben Jahren zum König ernannt. Die Verhältnisse im normannischen Königreich wurden in der Folge rasch chaotisch. Heinrich VI. zog mit einem gut ausgerüsteten Heer im Mai 1194 nach Süden. Genua und Pisa erklärten nach kurzen Verhandlungen ihre Unterstützung, da ihnen der Kaiser zusicherte, er würde nicht in Süditalien bleiben und den beiden Städten das Feld überlassen. Später konnte er sich an dieses Versprechen allerdings nicht mehr erinnern.

Das erneute Vordringen Heinrichs VI. wurde zu einem Siegeszug. Sogar Neapel verzichtete dieses Mal auf Widerstand, und der regionale Adel beeilte sich, dem Eroberer aus dem Norden seine Unterwerfung kundzutun. Ende November 1194 wurde der Kaiser im festlich geschmückten Palermo empfangen. Heinrich VI. gelang es auch, den Schatz der Normannen an sich zu bringen, der angeblich aus »unermesslichen Mengen von Gold und Silber« bestand. Er ließ ihn gleich nach Norden in die Reichsfeste Trifels schaffen. Es sollen immerhin 160 Maultiere für den Abtransport der Kostbarkeiten nötig gewesen sein.

Heinrich gab sich unerwartet versöhnlich und milde und ließ auch den kleinen »König« Wilhelm am Leben, übergab ihm sogar zwei Fürstentümer als Lehen. Zuvor hatte der kleine Wilhelm die Stufen zum Thron Heinrichs erstiegen und ihm die sizilianische Krone zu Füßen gelegt. Dann verzichtete er noch feierlich auf jeglichen Anspruch auf die Herrschaft in Sizilien. Zu Weihnachten 1194 war es dann soweit, und Kaiser Heinrich VI., der seit einiger Zeit auch Lehensherr von England war, wurde im Dom von Palermo zum König von Sizilien gekrönt. Seine Herrschaft umfasste nun zumindest nominell ein Gebiet von einer Größe, über das kein bisheriger deutscher Herrscher geboten hatte.

Heinrich VI. ließ schon bald seine freundliche Maske fallen und zeigte sein wahres Gesicht. Er lud den sizilianischen Adel zu einer Versammlung nach Palermo ein, um über die Zukunft des Landes zu beraten. In Wirklichkeit wurde nun aber ein Tribunal veranstaltet, auf das ein Blutgericht folgen sollte. Dem Kaiser waren Briefe in die Hände gefallen, aus denen eine Verschwörung gegen ihn abgeleitet werden konnte. Manche Chronisten behaupteten später, Heinrich VI. habe diese »Beweise« fälschen lassen. Doch niemand wagte es, mit dem Kaiser über die Echtheit der Beweise zu diskutieren. Alles lief sehr organisiert und brutal ab. Zudem wurden die Gräber des verstorbenen Königs Tankred und seines Sohnes Roger geöffnet und den Toten die Kronen vom Kopf gerissen. Außerdem wurde Tankreds Leiche sogar noch enthauptet. Viele Adelige und Bischöfe, die an der Krönung Tankreds und Wilhelms mitgewirkt hatten, wurden bei etwas »Glück« im Meer ertränkt, mussten aber bei weniger Glück einen langsamen Feuertod sterben. Einer wurde bei vollem Bewusstsein skalpiert, andere gepfählt oder lebendig begraben. Eine größere Anzahl »minder Belasteter« wurde geblendet und nach Deutschland abtransportiert. Auch der kleine »König« Wilhelm entkam dem Wüten Heinrichs nicht, denn er wurde geblendet und entmannt! Dann brachte man ihn in die Burg Hohenems im heutigen Vorarlberg, die im Besitz der Welfen war. Dort starb das arme Kind dann bereits nach fünf Jahren. Weibliche Angehörige der Familie Tankreds kamen in deutsche Klöster, während einige männliche Verwandte in deutschen Kerkern verschwanden, was sie nicht lange überlebten.

Kaiser Heinrich VI. hatte seinen neuen Untertanen ein erschreckendes Bild »teutonischer Barbarei« geboten, vor der sich schon immer alle gefürchtet hatten. Während all dieser schrecklichen

Vorgängen, die auch Angehörige ihrer eigenen Verwandtschaft betrafen, kam Königin Konstanze nieder und gebar dem »Barbaren« Heinrich einen Sohn. Dieser sollte später als der große Friedrich II. und als »das Staunen der Welt« in die Geschichte eingehen.

Der Kaiser berief wenige Monate nach den schrecklichen Ereignissen im März 1195 einen Reichstag in Bari ein. Der normannische Adel war durch Heinrichs Strafgericht gar arg dezimiert worden, weshalb er nicht allzu viele – und ziemlich eingeschüchterte – Vertreter entsenden konnte. Doch der neue Herrscher Siziliens hatte sowieso etwas Anderes im Sinn. Die Machtverhältnisse im Süden Italiens sollten auch im kleineren Bereich gänzlich geändert werden. Das Land wurde von nun an von der »Besatzungsmacht« regiert und sollte dem Reich gänzlich einverleibt werden. Die Deutschen erhielten nun die höchsten und auch geringeren Ämter. Ministeriale und teutonische Beamte sollten das Land von nun an unter Kontrolle halten. Dabei kamen einige verdienstvolle und fähige Leute zu Amt und Würden, es wurden aber auch viele zwielichtige und fragwürdige Existenzen mit Machtpositionen betraut, da die personelle Auswahl nicht übertrieben groß war. Viele der »Teutonen« taten dann in der Folge auch alles, um sich unbeliebt zu machen oder gar Angst und Schrecken zu verbreiten.

Offiziell wurde zwar Heinrichs Gemahlin Konstanze Regentin des Landes, womit man eine gewisse Kontinuität zeigen wollte, doch letztlich hatten sicher andere das Sagen. Das Herzogtum der Romagna und die Mark Ancona gingen als Erblehen an den treuen Markward von Anweiler, und der Bruder des Kaisers, Philipp, erhielt das Herzogtum Toscana und die Mathildischen Güter übertragen. Dieser Philipp wurde dann auch mit Irene, der Tochter des Kaisers von Byzanz, verheiratet, die zuletzt mit dem verstorbenen Sohn König Tankreds, Roger, verlobt gewesen war. Um sie mit dem Stauferprinzen zu verheiraten, hatte man sie anscheinend auch beim großen Gemetzel von Palermo am Leben gelassen.

Die Heirat des Staufers mit der Byzantinerin sollte auch zukünftige Ansprüche Heinrichs VI. auf Byzanz untermauern. Der staufische Kaiser dürfte zumindest jetzt mit Weltherrschaftsgedanken gespielt haben. Selbst der französische König sollte ihm schon bald den Lehenseid schwören. Sogar aus Tripolis und Tunis erhielt er nun Tributzahlungen und ein weiteres machtvolles Ausgreifen schien bevorzustehen. Die Idee von einer Expansion in den östlichen Bereich des Mittelmeeres scheint wohl auch wesentlich dabei Pate gestanden zu haben, als Heinrich VI. versprach, einen Kreuzzug ins Heilige Land in die Wege zu leiten. Die Wirren im oströmischen Reich, die dieses weitgehend lähmten, schienen dazu eine günstige Gelegenheit zu bieten. Durch die Eroberung Konstantinopels hätte man auch den alten Traum von der Wiederherstellung eines vereinten Imperium Romanum in die Tat umsetzen können.

Zur Einstimmung des deutschen Adels auf den geplanten Kreuzzug und um seine Macht in Deutschland zu festigen, kehrte Heinrich VI. im Juli 1195 ins Reich zurück. Er hielt im Dezember 1195 einen Reichstag in Worms ab, bei dem er auch den versammelten Fürsten mit Nachdruck vorschlug, seinen Sohn Friedrich, der damals erst ein Jahr alt war, zum deutschen König zu wählen. Der Kaiser hielt eine bewegende Rede und appellierte psychologisch nicht ungeschickt an die versammelten Fürsten. Diese lehnten das Vorhaben aber trotzdem ziemlich einhellig ab. Heinrich VI. gab nicht auf und präsentierte beim Hoftag in Mainz Ende Februar 1196 einen ganz und gar überraschenden Vorschlag. Ein neues Reichsgesetz sollte das deutsche Königtum erblich machen und damit die Reichskrone an die Staufer binden. Immerhin war ja auch die Krone Siziliens und die vieler anderer europäischer Mächte erblich, warum also nicht auch jene Deutschlands? Es lag auf der Hand, dass die Erblichkeit der deutschen Königskrone einige Vorteile für das Reich geboten hätte, auch wenn natürlich allen klar war, dass es dem Staufer nur um die Macht seines eigenen Hauses ging.

Dass dies niemals akzeptiert werden würde, wenn er nicht den Fürsten auch große Zugeständnisse machte, war dem schlauen Heinrich natürlich inzwischen klar. So bot er den Fürsten deshalb an, dass auch ihre Reichslehen erblich sein würden – und das sogar in weiblicher Erbfolge und für illegitime Nachkommen. Womit er eigentlich das klassische Lehensrecht aufgab. So mancher Entzug des Reichslehens eines unbotmäßigen Fürsten, wie es bei Heinrich dem Löwen geschehen war, wäre damit nicht mehr möglich gewesen. Damit die zahlreichen geistlichen Fürsten, Bischöfe und Äbte seinem Plan zustimmten, bot er ihnen den Verzicht des Kaisers auf die Spolien an, für die sich sein Vater noch so stark gemacht hatte.

So bestechend das Angebot war, die Fürsten witterten eine Falle und weigerten sich mit großer Mehrheit, diesem Erbreichsplan zuzustimmen. Der Kaiser übte natürlich alle Arten von Druck aus, um seine Vorstellungen durchzubringen. Deshalb erhielt er auch nach heftigem Ringen eine vorsichtige Zustimmung, die allerdings im Oktober 1196 wieder zurückgezogen wurde, als sich Heinrich VI. bereits in Italien aufhielt. Dort versuchte er, den Papst Coelestin III. für seinen Plan zu gewinnen, was letztlich ebenfalls erfolglos war. Um den Kaiser nicht ganz zu verstimmen, wählten die Fürsten zumindest dessen Sohn Friedrich im Dezember 1196 zum deutschen König. Damit hatte Heinrich VI. zumindest formal seine Nachfolge gesichert, bevor er sich dem Wagnis des Kreuzzuges aussetzte.

Im März 1197 betrat der Kaiser wieder den Boden Siziliens. Kurz darauf ordnete er in Palermo an, dass die Privilegien, die man dem sizilianischen Adel zugestanden hatte, allesamt zu überprüfen seien. Die drangsalierten und eingeschüchterten Adeligen nahmen die erneute Bedrohung wahr. Innerhalb kürzester Zeit bildete sich eine Verschwörung, die den Tod Heinrichs und die völlige Veränderung der Machtverhältnisse anstrebte. Die Macht des »Sturmes aus Schwaben«, wie Dante die Machtergreifung der Deutschen im Süden Italiens beschrieb, sollte wieder gebrochen werden.

Der Kreuzzug als erwartete Krönung des Lebenswerks Heinrichs VI. wurde sehr gründlich, man könnte sagen »mit deutscher Gründlichkeit«, vorbereitet. Dennoch konnte wegen einiger Probleme der ursprünglich geplante Termin im Dezember 1196 nicht eingehalten werden. Als nächster Aufbruchstermin wurde der Mai 1197 festgelegt. Doch es sollte auch hier anders kommen. Denn die Adeligen Siziliens, die weder die Herrschaft der Deutschen, noch den immer härter werdenden Steuerdruck mochten, hatten sich entschlossen, dem Regime Heinrichs VI. ein blutiges Ende zu bereiten. Der Kaiser sollte ermordet werden und ein Normanne wieder den Thron des Landes besteigen. Doch wie so viele Verschwörungen wurde auch diese im letzten Moment aufgedeckt, Heinrich VI. entging seiner Ermordung und konnte Gegenmaßnahmen einleiten. Die in der Nähe der Stadt Catania zusammengekommenen Aufständischen wurden ohne große Schwierigkeiten von Markward von Annweiler und Heinrich von Kalden überwältigt. Die Anführer der Adelsrevolte, die sich erfolglos in Castrogiovanni verschanzten, wurden auch bald gefangen genommen. Nebenbei soll der Kaiser erfahren haben, dass sowohl der Papst als auch seine Gemahlin in das Mordkomplott eingeweiht gewesen waren.

Was nun folgte, war wieder eines von Heinrichs VI. berüchtigten Strafgerichten. Heinrich zwang seine Gemahlin, die unter

Bewachung gestellt worden war, dazu, den Folterungen an den Anführern der Aufständischen zuzusehen. So wurde der Bruder Tankreds, Richard von Acerra, durch die Straßen von Capua geschleift und zwei Tage lang an seinen Füßen aufgehängt. Dann hängte der Hofnarr dem Geschundenen ein Gewicht um den Hals und erwürgte ihn. Graf Giordano, der wahrscheinlich ein Vertrauter Konstanzes war, wurde auf einen glühenden Thron aus Eisen gesetzt, wo man ihm eine glühende Krone an den Kopf nagelte.

Bei dieser Gelegenheit entledigte sich der Kaiser auch gleich einiger Mitglieder des alten sizilianischen Königshauses, die noch in Deutschland gefangen gehalten wurden. Den versammelten Kreuzfahrern aus verschiedenen Ländern bedeuteten diese Ereignisse zumeist wenig, denn sie brannten darauf, endlich ins Heilige Land zu gelangen, um die Ungläubigen zu massakrieren. Also zogen nach dieser erneuten Verzögerung viele von ihnen einfach auf eigene Faust los. Als sie in Palästina eintrafen, unternahmen sie alles, um den inzwischen erreichten Frieden zwischen Moslems und Christen wieder zu zerstören, wobei sie dabei sehr erfolgreich waren. Ansonsten erreichten sie kaum etwas.

Es scheint kaum zu glauben, dass folgender Minnesang mit allergrößter Wahrscheinlichkeit von Heinrich VI. stammt, einem Mann, dem man alles andere zugetraut hätte, als diese sanften Verse:

»Ich grüße singend die Süße,
die ich nicht missen will noch mag.
Seit ich ihr selber brachte die Grüße,
verfloss, wehe! so mancher Tag.
Wer immer dies Lied sing von ihr,
deren Anblick so sehr mir fehlt,
bringt, Frau oder Mann, ihr die Grüße von mir.«

Heinrich VI. war sicherlich einer der gebildetsten Staufer. Es gibt Berichte, dass er eine Bibliothek in seiner Pfalz in Hagenau angelegt und sich auch viel mit Philosophie beschäftigt habe. Allgemein wird angenommen, dass jeweils acht Minnesang Strophen, die unter dem Namen eines Minnesängers »Kaiser Heinrich« sowohl in der »Manessischen Liederhandschrift« als auch der »Weingartner Liederhandschrift« überliefert sind, wirklich auf Heinrich VI. zurückgehen. Der Kaiser hatte in seiner Umgebung einige gelehrte

Männer und einige Dichter wie Friedrich von Hausen, Bligger von Steinach und Bernger von Horheim.

Wie können wir uns Heinrich VI. von seinem Äußeren her vorstellen? Es gibt einige Beschreibungen seines Aussehens: »Bleich und gedankenvoll« wurde er beschrieben, »mit einem schönen, aber ziemlich hageren Antlitz, mittelgroß, mager und schwächlich.« »Stets war er von Sorgen in Anspruch genommen und jedem Vergnügen abgeneigt«, berichtete eine andere Quelle. Trotzdem gibt es auch Berichte, er wäre den »eitlen Dingen, zumal der Jagd und dem Vogelfang ergeben«. (Lehmann 1985, S. 189 f)

Kurz bevor Heinrich VI. starb, war in der Kölner Königschronik zu lesen: »Der Kaiser hält sich in Apulien auf. Dort hat er Fürsten, die ihn angeblich umbringen wollten, auf mancherlei Art hingerichtet. Man hört über ihn und die Kaiserin Konstanze verschiedene Gerüchte, er werde an Erfolgen gehindert, ja er schwebe oft in Lebensgefahr, und immer stecke die Kaiserin dahinter. Es herrscht großer Mangel an Futter- und Brotgetreide und großer Hunger…« (Borst 1981, S. 17)

Über Kaiser Heinrichs Todesursache gibt es viele Vermutungen, aber keine davon konnte wirklich bewiesen werden. So soll er im August 1197 bei einer Jagd im sumpfigen Tal des Nisi eiskaltes Quellwasser bei brütender Tageshitze getrunken haben. In der Nacht darauf sei er schwer erkältet gewesen und habe heftigen Schüttelfrost gehabt, wird berichtet. Gegen Ende September schien sich der Zustand des Kaisers wieder verbessert zu haben, doch dann starb er überraschend am 28. September 1197 in Messina. Er war nur 32 Jahre alt geworden.

Es gibt auch die Vermutung, dass der Kaiser an der Malaria starb, an der er möglicherweise schon während der Belagerung Neapels im Jahre 1191 erkrankte. Immerhin starben damals viele der Belagerer an einer »Seuche«. Andere Chronisten und spätere Biographen vermuteten eine Art von Sumpffieber oder die Ruhr. Der Verdacht bezüglich der Malaria scheint durchaus nachvollziehbar, da dies im mittelalterlichen Italien eine sehr häufige Todesursache darstellte. Ein Chronist meinte einfach, der Staufer sei Opfer des »sizilianischen Sommers« geworden. Wie man von ähnlich gelagerten Vorkommnissen weiß, war das Klima Italiens für deutsche Eroberer oft mit einem raschen Ableben verbunden. Der Tod Heinrichs VI. war jedoch so überraschend, dass bald auch das Thema Gift ins Spiel kam. Manche meinten sogar, dass seine

Gemahlin Konstanze ihn vergiftet habe. Dafür wäre zumindest das extrem schlechte Verhältnis der beiden Ehegatten zueinander ein gewisser Anhaltspunkt.

Heinrich VI. dürfte kurz vor seinem Ableben ein Testament verfasst haben. Darin verfügte er, wohl in Vorahnung des Zusammenbruchs des von ihm errichteten Machtgefüges, dass Konstanze und sein Sohn Friedrich, dem Beispiel der Normannenkönige folgend, den Papst als Lehensherrn Siziliens anzuerkennen hätten. Außerdem forderte er den Verzicht auf die von ihm annektierten Besitztümer der Kirche in Mittelitalien und auf andere vom Papst beanspruchten Gebiete. Anscheinend hat Konstanze dieses Testament nie persönlich gesehen, denn der Freund und treue Gefährte des Kaisers, der deutsche Truchsess Markward von Anweiler, soll dieses unterschlagen haben. Der Hauptgrund dafür dürfte gewesen sein, dass der Truchsess einige der Gebiete, die abgetreten werden sollten, selbst zu Lehen genommen hatte. Als Markward drei Jahre später eine Niederlage bei Monreale erlitt, wurde das Testament bei seinen Besitztümern gefunden. Da dieses Dokument dem Papst in jeder Beziehung zugutekam und eigentlich eine posthume Kapitulation des Staufers darstellte, scheint es nicht ganz unangebracht zu sein, die Echtheit des Testaments anzuzweifeln. Die Kirche hat sehr oft in ihrer Geschichte Dokumente »aufgefunden«, die ihr große Vorteile brachten.

Konstanze ließ ihren verstorbenen Gemahl fürs Erste in Messina beisetzen. Immerhin galt er seit der Gefangenschaft von Richard Löwenherz als exkommuniziert. Konstanze setzte nun alles daran, dass der Tote vom Papst vom Bann gelöst würde. Sie stieß dabei aber auf taube Ohren, und letztlich war es erst Innozenz III., der dies im Jahre 1198 durchführte. Heinrich VI. dürfte dann Anfang 1198 im Dom von Palermo beigesetzt worden sein, wo seine sterblichen Überreste in einem Porphyr Sarkophag zur Ruhe kamen.

Heinrichs Witwe übernahm in Sizilien die Regierung für den kleinen Friedrich. Sie hatte nichts dagegen, dass sich in dem Königreich und großen Teilen des Festlandes der Hass gegen die Deutschen entlud. Die von Heinrich eingesetzten landfremden neuen Herren hatten fast überall einen sehr schweren Stand. Konstanze selbst ging auch gezielt gegen die Deutschen vor. So verbannte sie die unerwünschten Eindringlinge mit ihrem Anführer Markward von Anweiler aus dem Königreich. Der Kanzler Heinrichs, Walter von Pagliara, wurde in den Kerker geworfen.

Es ging der Regentin vor allem darum, Sizilien wieder als normannisches Königreich herzustellen. Dessen Unabhängigkeit sollte für alle Zukunft gesichert und ihrem Sohn die Erbnachfolge garantiert werden. Den Papst konnte sie für ihr Vorhaben dadurch gewinnen, dass sie ihn als Vormund für ihren Sohn einsetzte. Ob sie dem kleinen Friedrich damit aber einen guten Dienst erwies, muss man dahingestellt sein lassen.

Konstanze hatte allerdings kein langes Leben mehr vor sich und starb bereits 1198. Nun wurde genau der Mann der Vormund ihres Sohnes, der das Weltreich der Staufer durch das Weltreich der Päpste ersetzen wollte, womit künftige Probleme eigentlich schon vorprogrammiert waren. Der von Heinrich VI. in die Wege geleitete Kreuzzug hatte inzwischen ohne die konsequente Führung durch eine starke Herrscherpersönlichkeit kaum nennenswerte Erfolge erzielt. Die Kreuzzugsidee war eigentlich schon hinfällig und wurde nur mehr zum machtpolitischen Spielball innereuropäischer Interessen. Friedrich II. sollte ihr schon bald den moralischen Todesstoß versetzen.

Heinrich VI. hat in nur sieben Jahren nach dem Tod Friedrich Barbarossas sehr viel an Macht, Größe und Einfluss erreicht, mehr als man jemals zuvor für möglich gehalten hätte. Dabei hatte ihm eine Mischung aus Glück, Skrupellosigkeit, Hinterlist und Gewalt geholfen. Er blieb aber immer im Schatten seines überragend großen Vaters und selbst wenn er wirklich Großes vorgehabt hatte, so konnte er sich in der kurzen Zeit, die ihm blieb, nicht davon lösen. Das Schicksal wollte es auch, dass durch seinen frühen Tod keine seiner Erfolge eine Fortsetzung finden sollte. Unter anderem deshalb schrieb wohl der Chronist Otto von Sankt Blasien: »Seinen Hingang mögen das Volk der Deutschen und alle Stämme Germaniens in Ewigkeit beklagen. Denn er hat ihren Namen durch die Reichtümer der übrigen Länder berühmt gemacht, hat allen Nationen ringsum durch seine kriegerische Tüchtigkeit Schrecken vor den Deutschen eingejagt und hätte ihre Überlegenheit über alle anderen Völker noch erwiesen und durch seine Tüchtigkeit und Tatkraft das Reich in seinem alten Glanze aufblühen lassen, wenn er noch länger am Leben geblieben wäre…« (Lehmann 1985, S. 208)

Die nationalistische Überlegenheit, die auch dem Mittelalter ganz und gar nicht fremd war, schimmert bei diesem Zitat durch, und Heinrichs VI. Streben nach der Weltherrschaft wurde später mit Napoleon und anderen Despoten verglichen. Niemand weiß, wie sich die Geschichte Heinrichs VI. weiterentwickelt hätte, wenn er einige Jahrzehnte länger gelebt hätte. Vielleicht wäre er als zweiter Karl der Große in die Europäische Geschichte eingegangen oder als größtes Scheusal der Geschichte, bis er von jenen des 20. Jahrhunderts übertroffen wurde.

So hinterließ er seinem kleinen Sohn Friedrich ein äußerst schwieriges und sehr gefährliches Erbe. Auch der Konflikt mit den Welfen flammte erneut auf, und Deutschland fand sich rasch wieder in einem Bürgerkrieg. Schon bald gab es in der Person Ottos IV. einen welfischen Gegenkönig. Das von einigen Historikern als die »furchtbarste Katastrophe in der mittelalterlichen Geschichte Deutschlands« angesehene frühe und unerwartete Hinscheiden Kaiser Heinrichs VI. hinterließ ein Chaos, das 15 Jahre andauern sollte. Heinrich VI. wird trotz seiner einmaligen kurzfristigen Machtvollkommenheit bis heute in der Geschichtsschreibung als eine Art von »Zwischenstation« zwischen Friedrich Barbarossa und Friedrich II. betrachtet, womit man ihm sicherlich Unrecht tut. Während es über seinen Vater und seinen Sohn eine Vielzahl von Biographien gibt, kommt Heinrich VI. bisher eigentlich fast nur in kurzen Sammelbiographien vor. Was von ihm blieb, war und ist in erster Linie die schlechte Nachrede. Unter den deutschen Fürsten waren so ziemlich alle froh, einen Herrscher wie Heinrich VI. losgeworden zu sein, an dessen Absetzung die meisten sowieso mehr als einmal gedacht hatten. Doch was dann für sie folgen sollte, war auf keinen Fall besser.

Philipp von Schwaben und Otto IV.

Der überraschende Tod Kaiser Heinrichs VI. war für die staufische Macht katastrophal. »Binnen Kürze hatte man mehrere Könige, dann Bürgerkrieg, Mord und Totschlag und, alles in allem, fünfzehn Jahre lang ein Interregnum, bei dem so ziemlich alles verlorenging, was Barbarossa und Heinrich VI. erreicht hatten.« (Lehmann 1978, S. 210)

Philipp von Schwaben

»Gerade als er an das Ziel seiner Unternehmungen gelangt war, wurde er ermordet.« (Ranke 1928, S. 328)

Philipp von Schwaben wurde im Februar oder März 1177 in oder bei Pavia als fünfter Sohn Friedrich Barbarossas und dessen Gemahlin Beatrix geboren. Da die Staufer bis dahin den Namen Philipp noch nie verwendet hatten, wurde angenommen, dass man dieses Mal einen Sprössling so nannte, weil der Kölner Erzbischof Philipp von Heinsberg ein wichtiger Verbündeter Barbarossas war und man ihn damit ehren wollte. Der kleine Philipp war für die geistliche Laufbahn vorgesehen. Es wurde ihm ein verhältnismäßig großes Maß an Bildung zuteil, und er wurde 1189 Propst des Marienstiftes in Aachen. Den Tod seines Vaters Friedrich Barbarossa und den Machtantritt seines Bruders Heinrich VI. erlebte Philipp von Schwaben als gewählter, aber noch nicht ordinierter Bischof von Würzburg. Doch wurde der geistlichen Laufbahn des jungen Staufers durch die massive Verschlechterung des Verhältnisses seiner Dynastie zum Papst ein Ende gesetzt. Nachdem er nicht Bischof von Würzburg werden konnte, verließ Philipp 1193 den geistlichen Stand. Man vermutet hinter diesem Schritt auch die Kinderlosigkeit seiner nächsten Verwandten. Philipp wurde damit ein potentieller Erbe der königlich/kaiserlichen Macht. Doch die Gattin Heinrichs VI., Konstanze, brachte schließlich doch noch im

Dezember 1194 einen Sohn zur Welt. Zu dieser Zeit war Philipp schon in der Umgebung seines kaiserlichen Bruders.

Heinrich VI. wollte seine Beziehungen zu Byzanz verbessern und organisierte die Vermählung Philipps mit der byzantinischen Prinzessin Irene von Byzanz. Philipp war dann auch in der Gesellschaft seines Bruders auf dessen Zug nach Sizilien. Bei dieser Gelegenheit erhob der Kaiser Philipp zu Ostern 1195 zum Herzog von Tuszien. Sehr zum Ärger des Papstes nahm der Staufer diese Funktion auch ernst und begann damit, seine Herrschaft in seinem neuen Herzogtum durchzusetzen. Papst Coelestin III. verhängte deshalb auch den Kirchenbann über Philipp. Seine letzte Urkunde als Herzog von Tuszien stellte Philipp am 3. Mai 1196 aus. Ab dann kümmerte er sich nach dem Tod seines Bruders Konrad um das für ihn wohl wichtigere Herzogtum Schwaben, mit dem er im August oder September 1196 belehnt wurde. Zu Pfingsten 1197 heiratete er in der Nähe von Augsburg die byzantinische Prinzessin Irene. Aus dieser Ehe sollten vier Töchter und allerdings kein für die Erbfolge so wichtiger Sohn hervorgehen.

Herzog Philipp reiste im September 1197 nach Apulien, um, wie mit seinem Bruder vereinbart, seinen kleinen Neffen Friedrich II. abzuholen, den er zur Krönung nach Aachen begleiten wollte. Er erfuhr in der Nähe von Viterbo vom Tod Kaiser Heinrichs VI. am 28. September. Nachdem er seinen ersten Schock überwunden hatte, unternahm Philipp alles für ihn Mögliche, um das deutsche Königtum für seinen Neffen zu sichern. So stellte er nach seiner Rückkehr nach Deutschland Urkunden aus, in denen er ausführte, dass er im Nahmen König Friedrichs handeln würde.

Durch den Tod Kaiser Heinrichs VI. brach die Herrschaft der Staufer auch in Reichsitalien rasch zusammen, und es kam auch nördlich der Alpen zu einem machtpolitisch völlig unklaren Zustand. Die Fürsten waren von der Situation weitgehend überfordert und vom Königtum des im Kleinkindalter befindlichen Friedrich II. nicht begeistert. Der Kölner Erzbischof Adolf begann rasch, die Gegner der Staufer um sich zu sammeln, mit dem Zweck, einen eigenen Kandidaten für das Königtum aufzustellen. Diese Gruppe einigte sich schließlich auf den Welfen Otto, der immerhin der Sohn Heinrichs des Löwen und Neffe den englischen Königs Richard Löwenherz war.

Der Staufer Philipp, der ja ursprünglich nur die Rechte seines kleinen Neffen auf die Königswürde vertreten wollte, sah sich nun in die Enge gedrängt. Er gab schließlich dem Drängen einiger verbündeter Fürsten nach und gab seine Bereitschaft zur eigenen Kandidatur bekannt. Er wurde schließlich am 6. März 1198 in Mühlhausen von den anwesenden deutschen Fürsten gewählt. Die Wahl war ein Bruch der mittelalterlichen Tradition. Besonders gravierend war, dass die Erzbischöfe von Mainz, Köln und Trier nicht anwesend waren. Dabei waren diese wichtigen geistlichen Fürsten normalerweise für eine deutsche Königswahl von essentieller zeremonieller Bedeutung. Auch die Stadt Mühlhausen hatte als Wahl Ort eines Königs keinerlei Tradition. Dem gegenüber hatte Philipps welfischer Gegner mit dem Wahlort Köln und der Anwesenheit der Erzbischöfe die besseren Karten.

Die Folge der chaotischen Verhältnisse war also die Wahl von zwei Monarchen im Jahr 1198, die den »deutschen Thronstreit« herbeiführten. Es gab mit einem Schlag zwei deutsche Könige – den Staufer Philipp von Schwaben und den Welfen Otto von Poitou. Beide beanspruchten die absolute Macht im Reich. Philipp versäumte es allerdings nach seiner Wahl, die Krönung rasch in die Wege zu leiten. Stattdessen zog er sich einige Zeit nach Worms zurück und gab seinem Konkurrenten Otto die Möglichkeit, sich am 12. Juli 1198 in Aachen krönen zu lassen. Auch zögerte Philipp sehr lange, ehe er seine ersten Königsurkunden ausstellte, während Otto bereits aktiv war. Philipp ging aber im Sommer 1198 ein Bündnis mit dem französischen König Philipp II. ein, was sich in der Folge sehr positiv für ihn auswirken sollte. Schließlich kam es dann doch am 8. September 1198 zu seiner Krönung in Mainz, die gegen alle Regeln der Erzbischof von Burgund durchführte. Obwohl er damit abermals gegen alle Gewohnheiten des Reiches verstieß, hatte Philipp die Mehrheit der Fürsten für sich. Für diese war es wichtig, dass Philipp Staufer war und damit neben seinem Besitz und seiner Persönlichkeit mehr Anrecht auf die Königswürde hatte als sein Gegenspieler Otto IV. Deshalb wurde auch ein Vermittlungsversuch, den der Erzbischof Konrad von Mainz 1199 unternahm, nicht nur von König Otto abgelehnt.

Nun kam die Stunde des Papstes Innozenz III., der heute den meisten Historikern als der bedeutendste Papst des Mittelalters gilt. Beide Seiten erwarteten möglichst bald von Innozenz III. die sakrale Anerkennung ihrer Herrschaft, die durch die Kaiserkrönung bestätigt würde. Der 1160 geborene Innozenz (»der Unschuldige«) war der Sohn eines italienischen Grafen, hatte in Paris und

Bologna studiert und einen raschen Aufstieg in der kirchlichen Hierarchie erfahren, ehe er am 8. Januar 1198 zum Papst gewählt wurde. Er galt als großer Kirchenrechtsgelehrter und sah den Papst als »geringer als Gott, aber größer als der Mensch«. Demnach war er über alle weltlichen Fürsten und den Kaiser gestellt und handelte auch dementsprechend. Innozenz III. war vor allem darum bemüht, die weltliche Macht des Papsttums und das Territorium des Kirchenstaates zu mehren. Kurz nach seiner Inthronisation rief er den Vierten Kreuzzug aus, der allerdings eine schreckliche Entwicklung nehmen und das Heilige Land niemals erreichen sollte.

Innozenz III. sah durch die deutschen Thronstreitigkeiten und die Existenz des kleinen Friedrich II. die Möglichkeit, seine Macht auszubauen. Er war nun die entscheidende Person für die Zukunft des Reiches und im Kampf zwischen Welfen und Staufern. Alle Parteien erwarteten von ihm eine Entscheidung, und der machtbewusste Papst ließ sich vorerst einmal Zeit. Währenddessen baute er seine Macht durch geschickte Familienpolitik und Nepotismus weiter aus, womit er in gewisser Weise bereits die Strategien der Borgias vorwegnahm.

Während die Vertreter beider Parteien bei ihm antichambrierten, pochte der Papst auf seine Lehensherrschaft über Sizilien und seine Ansprüche auf Mittelitalien. Der von ihm erwählte Kandidat sollte ein möglichst gehorsamer Sohn der Kirche sein. Schon bald zeichnete sich ab, dass Philipp gegenüber Otto bezüglich der Machtansprüche des Papstes weitaus zurückhaltender war. Da er neben 18 Reichsfürsten vier Erzbischöfe, 23 Bischöfe und 4 Reichsäbte hinter sich wusste, berief sich der Staufer auf diese eindeutige Mehrheit und kündigte etwas voreilig seinen Zug nach Rom zur Kaiserkrönung an.

Innozenz III. tat inzwischen so, als würde er die Kandidaten wirklich objektiv prüfen und legte die Gründe für die Entscheidung umständlich dar. Da seiner Meinung nach Friedrich II. wegen seines kindlichen Alters ausschied und Philipp seiner Ansicht nach der Abkömmling eines Geschlechts von Verfolgern der Kirche war, entschied er sich letztlich für Otto, dessen Vorfahren den Päpsten gegenüber immer treu gewesen waren. Otto hatte zudem am 8. Juni 1201 im Neusser Eid dem Papst bereits viele Zugeständnisse gemacht. Gleichzeitig mit seiner Entscheidung für den Welfen exkommunizierte der Papst auch Philipp von Schwaben. Dieses Urteil stieß im Reich mehrheitlich auf große Ablehnung und spornte die beiden Könige dazu an, ihre Anstrengungen zu verstärken, um ihre Position auszubauen. Innozenz III. sollte bald durch Otto IV. seine unliebsamen Überraschungen erleben.

Da es im Konflikt zwischen dem Staufer und dem Welfen im Reich kaum bedeutende Entscheidungsschlachten gab, wurde auf anderen Ebenen um die Vorherrschaft gekämpft. Es galt in erster Linie, möglichst viele Anhänger um sich zu scharen. Dazu gab es Geschenke, Versprechungen und eine durchdachte Heiratspolitik. Man musste auch repräsentieren und sein Königtum groß zur Schau stellen. Dabei war Philipp aber weniger eifrig als sein Konkurrent. Er feierte zwar 1199 das Weihnachtsfest mit großem Prunk in Magdeburg, war aber sonst eher zurückhaltend bei repräsentativen Festlichkeiten. Dieses genannte Fest war auch ein großer Hoftag und einige der anwesenden Fürsten nutzten die Gelegenheit oder wurden dazu gedrängt, dem staufischen König zu huldigen. Auch Walther von der Vogelweide war geladen und schilderte das große Fest in blühenden Farben.

Das nächste größere höfische Ereignis war die feierliche Erhebung der Gebeine der Kaiserin Kunigunde, die von Innozenz III. heiliggesprochen worden war, am 9. September 1201. Dieses Ereignis fand ebenfalls in Magdeburg statt. Bei der Heiratspolitik ging es Philipp in erster Linie darum, seine Macht im Reich zu stärken, dabei spielte auswärtige Politik für ihn kaum eine Rolle. Er versuchte allerdings im Jahre 1203, eine seiner Töchter dem Neffen des Papstes zur Frau zu geben. Das Unternehmen scheiterte aber, da Innozenz III. einige Zugeständnisse haben wollte, die ihm der Staufer nicht geben konnte.

Was Philipp von Schwaben seinen Parteigängern bieten konnte, waren allerdings auch Geschenke und Standeserhöhungen, zu denen Otto IV. in der Regel nicht bereit war. Ottokar I. von Böhmen erhielt für seine Dienste 1198 die Königswürde und auch der Graf von Jülich wurde reich beschenkt. Philipp profitierte von der ungeschickten Klientelpolitik seines welfischen Gegners, die dazu führte, dass sich viele Fürsten auf seine Seite schlugen. Einen besonderen Fall stellte der Landgraf Hermann von Thüringen dar. Dieser unterwarf sich am 17. September 1204 dem Staufer in demütiger Weise. König Philipp machte dem am Boden liegenden Landgrafen Vorhaltungen wegen dessen »Treulosigkeit und Dummheit«. Nachdem sich die anderen anwesenden Fürsten für den Landgrafen verwendet hatten, gab ihm der Staufer dann doch den Friedenskuss und verzieh ihm damit, dass er bereits mehrmals die Fronten gewechselt hatte. Landgraf Hermann durfte seine Stellung behalten und blieb in der Folge ein treuer Anhänger Philipps von Schwaben.

Einen bedeutenden Zugewinn an Macht stellte für Philipp der Übergang Heinrichs I. von Brabant und des Kölner Erzbischofs Adolf auf seine Seite im November 1204 dar. Er belohnte die beiden Fürsten dafür auch reichlich. Die Fürsten erwiesen sich generell immer mehr als käuflich, und Bargeld wurde zunehmend wichtiger als der Erhalt von Lehen. Damit einher ging immer mehr der Ausbau der Landesfürstentümer, welche die königliche Zentralmacht weiter schwächen sollten. König Philipp versuchte, dem gegenzusteuern, indem er zum Beispiel eine seiner Töchter 1207 mit dem Herzog von Brabant verheiratete. Es war auf jeden Fall ein großer Triumph für den Staufer, als er nach seiner Aussöhnung mit dem Kölner Erzbischof an einem Palmsonntag feierlich in Köln einziehen konnte. Damit erhielt seine Herrschaft endlich die feierliche Anerkennung, die so bedeutend für ihn als legitimen deutschen Herrscher war. Zudem schlossen sich immer mehr ehemals welfische Anhänger vom Niederrhein und aus Westfalen seiner Sache an.

»Ein Gemisch aus Drohungen, Versprechungen und Geschenken« (Krieb 2000, S. 55) soll es gewesen sein, das Philipp von Schwaben gegenüber seinem Konkurrenten so erfolgreich machte. Nachdem er sich mit dem Kölner Erzbischof ausgesöhnt hatte, legte der Staufer demonstrativ seine Krone nieder und wurde daraufhin in Aachen als »richtigem« Krönungsort vom »Coronator« Erzbischof Adolf neu gekrönt. Nun hatte nach mittelalterlichem Verständnis alles seine Richtigkeit, und Zweifel an der Legitimität des Stauferkönigs waren damit obsolet.

In der Schlacht bei Wassenberg am 27. Juli 1206 besiegte König Philipp ein Heer, das hauptsächlich aus Aufgeboten der Stadt Köln bestand. Bei dieser Gelegenheit, die das einzige Mal war, dass die Heere beider König aufeinander trafen, kam es zu einer ersten Begegnung der beiden feindlichen Könige. Man begegnete einander mit einer ziemlich unangepassten Vertraulichkeit und übertriebenen Rücksicht, um ja die gegenseitige Ehre zu wahren. Sie verhandelten ohne Ergebnis und schieden voneinander. Doch die Kirche hatte den Machtverlust Ottos bereits zur Kenntnis genommen. An der Wende 1207/08 suchte der Papst zunehmend die Annäherung an Philipp von Schwaben. Es gab auch schon Verhandlungen über eine eventuelle Kaiserkrönung des Staufers.

König Philipps Hof hatte für die Verhältnisse seiner Zeit bereits kaiserliche Ausmaße. Er umfasste mehr als 630 Personen, wovon besonders die Bischöfe von Speyer, Hildesheim, Eichstätt und Regensburg oft bei Philipp anzutreffen waren. Auch einige bedeutende weltliche Fürsten fanden sich oft in der Umgebung des Staufers. Diese waren besonders Ludwig von Bayern, Bernhard von Sachsen und Dietrich von Meißen. Diese Fürsten hatten durch den Sturz Heinrichs des Löwen ihre eigene Position stark verbessern können und fürchteten nun die Revanche der Welfen, die nun durch König Otto repräsentiert wurden. An Philipps Hof ging es verhältnismäßig kultiviert zu, und es wurde viel gedichtet. Walther von der Vogelweide widmete dem Staufer bereits 1199 einen eigenen Sangesspruch. Über eine große Bereitschaft zur Förderung kirchlicher Institutionen ist bei Philipp von Schwaben eigentlich nichts bekannt.

Der 21. Juni 1208 sollte eigentlich ein Freudentag sein, denn an diesem Tag heiratete Philipps Nichte Beatrix von Burgund den Herzog Otto VII. von Meranien. Nach der Hochzeit begab sich König Philipp in sein privates Gemach, wo er von Otto VIII. von Wittelsbach ermordet wurde. Der Täter und seine Gefolgsleute konnten danach ohne Probleme flüchten. Über den eigentlichen Grund und den Ablauf der Tat gibt es in den Quellen keine Übereinstimmung. Die meisten Zeitgenossen vermuteten als Motiv den Bruch eines Heiratsversprechens durch den Staufer. Philipp habe nach einem unerfreulich verlaufenen Kriegszug nach Thüringen im Sommer 1203 seine Tochter Kunigunde mit Otto von Wittelsbach verlobt, um dadurch einen zuverlässigen Kampfgenossen zu finden. Als er jedoch immer mehr Anerkennung für sein Königtum gefunden habe, hätte Philipp im November 1207 seine Tochter mit dem Sohn des Königs von Böhmen verlobt. Mit dieser für ihn attraktiveren Partie wollte der Stauferkönig die Unterstützung Böhmens für sich sichern. Durch diese Vorgehensweise soll sich der Wittelsbacher in seiner Ehre schwer verletzt und marginalisiert gefühlt haben. Nach mittelalterlichen Ehrbegriffen wäre unter diesen Umständen die Wiedererlangung der persönlichen Ehre durch eine Bluttat nicht so abwegig.

Zum ersten Mal seit der Zeit der Merowinger war wieder ein König ermordet worden. Etwa hundert Jahre später sollte dann der nächste deutsche König ermordet werden – Albrecht I. aus dem Hause Habsburg. Es konnte niemals geklärt werden, ob Otto von Wittelsbach wirklich als Einzeltäter gehandelt oder es eine größere Verschwörung gegeben hat. Sogar König Philipp II. von Frankreich oder der Herzog von Brabant wurden als Auftraggeber vermutet.

Der Ermordete wurde vorerst im Dom von Bamberg bestattet, wo auch Heinrich II. und Konrad III. ruhten. Um jede Schuld von sich zu weisen, leitete der Welfe Otto IV. die gnadenlose Verfolgung der Attentäter ein. Man gab dann auch in der Folge dem Welfen von kaum einer Seite die Schuld an der Ermordung des Staufers. Die Aufregung durch die Bluttat dürfte zu viel für die Gemahlin Philipps gewesen zu sein, denn Irene-Maria starb nur wenige Wochen später an einer Fehlgeburt. König Otto IV. verhängte im November 1208 über die Mörder des Staufers und ihre vermuteten Komplizen aus dem Hause Andechs-Meran die Reichsacht. Markgraf Heinrich IV. von Istrien und Ekbert von Bamberg verloren ihre Besitzungen und Ämter und waren weitgehend vogelfrei. Der eigentliche Mörder Otto von Wittelsbach wurde im März 1209 von Heinrich von Kalden in der Nähe von Regensburg gestellt und geköpft. Die beiden geächteten Brüder aus dem Hause Andechs-Meran wurden schon nach drei Jahren wieder rehabilitiert.

Friedrich II. ließ zu Weihnachten 1213 die Überreste Philipps von Bamberg nach Speyer überführen. Der wichtige Gedächtnisort der Salier und Staufer schien ihm der bedeutendere Ort für die Beisetzung des ermordeten Philipp, und außerdem legitimierte er sich dadurch selbst. Die berühmte Figur des »Bamberger Reiters« im Dom von Bamberg, die etwa 1235 entstanden sein dürfte, wurde später oft als Darstellung König Philipps interpretiert, was sich aber bis heute nicht beweisen lässt. Im Laufe der Zeit geriet Philipp von Schwaben im Gegensatz zu Staufer-Herrschern wie Barbarossa oder Friedrich II. immer mehr in Vergessenheit. Immerhin war seine Herrschaft niemals unumstritten, und er wurde auch nie zum Kaiser gekrönt.

In der Überlieferung wurde Philipp von Schwaben meistens als gütig, freigebig, leutselig, sanftmütig und milde gesehen, »als Mensch anziehend, als König den Besten und Tüchtigsten zuzuzählen«, eigentlich als »Zierde der Tugenden« (Arnold von Lübeck), während sein Gegner Otto in der Regel weitaus ungünstiger dargestellt wurde. Besonders Walther von der Vogelweide trug zu dieser Sicht der Dinge bei, als er den Staufer als »jungen suezen man« charakterisierte. Die Doppelwahl von 1198 wurde später und besonders im 19. Jahrhundert als schlimme Wende zum Machtverfall der deutschen Herrscher des Mittelalters gewertet. Man sah darin eine starke Aufwertung des Adels, der seine Herrschaft zu Ungunsten des Königtums ausbauen konnte. Der Historiker Karl Bosl sah noch 1950 darin »einen gewaltigen, wenn nicht vielleicht sogar den entscheidenden Rückschlag, den das deutsche Königtum bei seinem letzten Versuch, einen Staat aufzubauen, erlitt.« Selten jedoch gab man »dem besten aller Staufer« Philipp die Schuld an dieser Entwicklung, und der Historiker Wilhelm Grotefend repräsentierte mit seiner Meinung eine Minderheit, wenn er 1866 schrieb, König Philipp sei eine »unselbständige, schwächlich Persönlichkeit mit glatter Form und von anmutigem Äußern, aber ohne Adel der Gesinnung« gewesen, denn er habe nicht energisch genug um seine königliche Macht gekämpft, dem König Frankreichs Einfluss im Reich zugestanden und dem Papst und den selbstsüchtigen Fürsten zu viele Zugeständnisse gemacht. Die Wahrheit liegt dabei wohl vielleicht eher in der Mitte, und man muss einen Herrscher wie Philipp von Schwaben im Rahmen seiner wirklich vorhandenen Möglichkeiten betrachten.

Otto IV.

»Was wir bisher waren, was wir sind oder sein werden im Reich, verdanken wir nächst Gott ganz Euch (Papst Innozenz III.) und der römischen Kirche.« (Kaiser Otto IV.)

Der 1175 oder 1176 vermutlich in Braunschweig geborene Otto aus dem welfischen Haus wurde die Verkörperung des Herrschaftsanspruchs und letztlich auch des Scheiterns des Geschlechts Heinrichs des Löwen. Dieser Gegenspieler der Staufer hatte von 1198 bis 1218 das Amt eines römisch-deutschen Königs inne und war von 1209 bis 1218 Kaiser des Reiches. Allerdings wurde seine Herrschaft auch nach dem Tod seines staufischen Widersachers bereits seit 1211 massiv angefochten.

Die Heirat Heinrichs des Löwen und Mathildes, der Tochter des englischen Königs, im Jahre 1168 brachte ein enges Bündnis zweier großer europäischer Dynastien, der Plantagenets und der Welfen. Otto war der dritte Sohn des Paares, und wie bei den meisten seiner Zeitgenossen ist über seine frühe Kindheit und seine Erziehung kaum etwas bekannt. Als Heinrich der Löwe 1182 ins Exil an den englischen Hof ging, war Otto bei ihm. Das bedeutete, dass der Junge mehrere Jahre am Hof König Heinrichs II. in England und Frankreich verbrachte. Diese Zeit dürfte ihn auch in mancherlei Hinsicht geprägt und sein Verständnis von höfischer Lebensart und Herrschaft geformt haben. Manche Forscher meinen sogar, dass Otto durch seine Erziehung eher ein Plantagenet als ein Welfe wurde. Auch der neue König Englands, Richard Löwenherz, nahm sich nach dem Tod seines Vaters des jungen Welfen an, und die beiden hatten in der Folge eine sehr enge Beziehung. Als Richard Löwenherz 1192 von Leopold V. von Österreich gefangen genommen wurde, bot sich Otto sogar als Geisel für den Engländer an. Richard Löwenherz war dem jungen Mann für seine Unterstützung und Treue sehr verbunden, schlug ihn 1196 persönlich zum Ritter und belehnte ihn mit der Grafschaft Poitou, womit Otto auch Herzog von Aquitanien wurde. Während Heinrich der Löwe in seinem Testament Otto nur einen ziemlich wenig bedeutenden Erbteil zuerkannte, wollte ihn Richard Löwenherz als Nachfolger des schottischen Königs Wilhelm I. oder gar als seinen Nachfolger im Königreich England positionieren. Der junge Welfe wurde als »ein

Jüngling von außergewöhnlicher Tüchtigkeit und feiner Gestalt« (Radulf von Coggeshale) beschrieben.

Doch der unerwartete Tod des mächtigen Heinrich VI. veränderte alles. Philipp von Schwaben sah sich gezwungen, das Erbe des Kaisers anzutreten, während sich Heinrichs Sohn Friedrich als zweijähriges Kind in einer Art von Geiselhaft befand. Als die rivalisierenden Fürsten 1198 zwei Könige wählten, stand Otto IV. besonders in der Obhut des Erzbischofs Adolf von Köln, der sehr gute Beziehungen zu England unterhielt. Richard Löwenherz sah seinen Neffen Otto auch als idealen Königsnachfolger für Deutschland, der ihm ein wichtiger Verbündeter gegen seinen Erzfeind Philipp II. August von Frankreich werden sollte. Doch einige deutsche Fürsten, die vom Sturz Heinrichs des Löwen profitiert hatten, standen von Anfang an in Opposition zu den Welfen. Sie entschieden sich unter der Führung der Wittelsbacher für Philipp von Schwaben.

Obwohl der Welfe nicht zu den Reichsfürsten gehörte, Deutschland kaum kannte und nur ein Drittel des Braunschweiger Welfenerbes besaß, setzte sich der Kölner Erzbischof Adolf und sein niederrheinische-westfälischer Anhang für ihn ein. Am 9. Juni 1198 wurde Otto IV. in Köln zum König gewählt und vier Wochen später, nachdem die Stadt von staufischen Gefolgsleuten gesäubert worden war, in Aachen vom Kölner Erzbischof gekrönt. Dabei fehlten jedoch die Reichsinsignien, die sich im Besitz des Staufers Philipp befanden. Zur selben Zeit verlobte sich Otto mit der kindlichen Maria von Brabant, was ihm auch die Anwartschaft auf Niederlothringen einbrachte. Otto IV. teilte nun die welfischen Güter unter seine Brüder auf, wobei er sich wesentliche Teile vorbehielt.

Die Propaganda der Kreise rund um den welfischen König erklärte die Wahl des Staufers wegen des ungebräuchlichen Ortes, der Nichtanwesenheit der drei Erzbischöfe und des Pfalzgrafen bei Rhein für ungültig. Da Philipp von Schwaben offensichtlich zögerte, konnte ihm Otto auch bei der Krönung in Aachen zuvor kommen. Da aber dabei ebenso nicht alles den überkommenen Bedingungen gemäß ablief, konnte eigentlich nur eine Machtprobe bzw. der Papst entscheiden, wer nun der legitime König sei.

In der Folge bemühte sich Otto IV. sehr darum, Gegner und Unentschlossene auf seine Seite zu bringen, wobei er auch sehr großzügig mit Geschenken und Versprechungen war. Der Welfe wurde nach dem Tode von Richard Löwenherz von dessen Nachfolger Johann Ohneland finanziell unterstützt. Schien Philipp von Schwaben zunächst im Hintertreffen, so musste Otto IV. zunehmend um seinen Thron und seine Herrschaft kämpfen. Wichtig war für den Welfen genauso wie für den Staufer die Zustimmung des Papstes und die Anwartschaft einer künftigen Kaiserkrönung in Rom. Papst Innozenz zierte sich lange, ehe er sich wenig überraschend für Otto entschied, der seinen Zielen am ehesten genehm war. Der Welfe sprach dann auch bereitwillig im Juni 1201 den Eid, die päpstlichen Rechte in Italien zu wahren, womit er auf große Teile einer eigenständigen Italienpolitik verzichtete. Otto IV. war von nun an der Mann der Päpste. Die Kämpfe des Welfen gegen seinen staufischen Widersacher ereigneten sich in vielen Teilen Deutschlands, wobei die jeweiligen Vorstöße auf das gegnerische Territorium allerdings fast immer erfolglos verliefen und eine große Feldschlacht vermieden wurde. Es kam aber zu massiven Verwüstungen und Verheerungen in vielen Gebieten, was dem Ansehen Ottos nicht sehr zuträglich war. Der Welfe war mehr und mehr isoliert und konnte sich eigentlich nur mehr im Norden Deutschlands und am Niederrhein behaupten. Der starke und mächtige Süden war ihm weitgehend verschlossen. Sogar sein Bruder Heinrich wechselte wegen eines Streits in das Lager Philipps von Schwaben. Diesem Beispiel folgten auch einige andere Fürsten, die von Otto IV. enttäuscht waren.

Der Welfe weigerte sich im Frühjahr 1204, seinem Bruder, dem Pfalzgrafen Heinrich, die Stadt Braunschweig und die Burg Lichtenberg zu übergeben. Heinrich ging deswegen ins Lager des Staufers über. Dafür wurde er von Friedrich von Schwaben mit der Restituierung der Pfalzgrafschaft, der Vogtei Goslar und reichlich Geld entschädigt. Dieser Seitenwechsel des Pfalzgrafen führte zu einer Welle des Abfalls von Otto IV. Es fällt immer wieder auf, dass der Welfe auf Grund seiner mangelnden Großzügigkeit trotz aller seiner anderen Begabungen ins Hintertreffen geriet. Andererseits war er niemals bereit, derart bereitwillig Reichs- und Eigengut zu verschleudern, wie es wenig später der Staufer Friedrich II. tat.

Auch die zunehmende Bedrängnis seines Unterstützers Johann Ohneland, der schwere Niederlagen gegen die Franzosen erlitt, wirkte sich für Otto IV. negativ aus. Der Welfe musste erkennen, dass sein staufischer Widersacher viel geschickter mit einem »Gemisch aus Drohungen, Versprechen und Geschenken« agieren konnte. Otto IV. wurde bei heftigen Kämpfen mit seinen Gegnern mehrmals verwundet und entging 1206 nur knapp einer Gefangennahme. Der Welfe schien ziemlich am Ende und hatte eigentlich nur mehr den geschwächten englischen König und den Dänenkönig Waldemar II. als Verbündete aufzuweisen. Doch immerhin konnte er seine sächsischen Kernländer behaupten.

Den großen Umschwung für Otto IV. brachte die Ermordung seines Widersachers Philipp im Jahre 1208. Es wurde nie geklärt, ob und inwieweit der Welfe hinter diesem Mordanschlag, der für ihn ein Glücksfall war, stand. Otto IV. begann sofort damit, seine bisherigen Gegner unter Druck zu setzen und schon bald stellten sich viele auf seine Seite. Der Welfe machte den Überläufern nun auch große Zugeständnisse, und der Erfolg gab ihm Recht. Er wurde am 11. November 1208 in Frankfurt erneut zum König gewählt, verkündet einen allgemeinen Landfrieden und verfolgte auch die Mörder König Philipps. Otto IV. verlobte sich nun sogar mit der erst zehn Jahre alten Tochter Philipps, Beatrix und nahm die staufischen Güter und Herrschaftsinsignien in Besitz. Der Welfe fand nun die Anerkennung süddeutscher Fürsten, die ihm bisher verwehrt worden war, wobei besonders jene des Bayernherzogs für ihn wichtig war. Auch die Polen und Ungarn kannten 1209 den Welfen als ihren Lehensherrn an.

Ottos Hof galt als sehr glänzend und zog viele Gebildete und Kunstschaffende an. Auch der später so berühmte Walther von der Vogelweide war mit dabei. Die Künste und das Handwerk waren stark gefragt und erhielten neue Impulse. Otto IV. betätigte sich ebenso als Bauherr und Stifter, wobei besonders die Zisterzienser bevorzugt wurden. Seine Residenz war normalerweise Braunschweig, das eine bedeutende kulturelle Blüte erlebte. Die Bürger der welfentreuen Stadt wurden privilegiert, die Stadt wurde stark befestigt und auch vergrößert. Immerhin war Braunschweig auch der Rückzugsort des Welfen im Fall von Niederlagen, und es wurden in der Stadt auch glänzende Hoftage ausgerichtet. Nachdem Otto IV. dem Papst bedeutende Zugeständnisse gemacht und auf seinen Einfluss bei der Wahl von Bischöfen verzichtet hatte, stand seiner Kaiserkrönung nichts mehr im Wege.

Der welfische König brach im Juni 1209 mit großem Gefolge nach Italien auf, erreichte ohne große Schwierigkeiten Rom und wurde dort am 4. Oktober von Innozenz III. zum Kaiser gekrönt. Otto IV. versprach bei dieser Gelegenheit auch, einen Kreuzzug zu unternehmen. Der Papst war nun daran interessiert, dass der

Deutsche mit seinem Anhang Italien bald wieder verließ, doch Otto erfüllt diese Hoffnungen des Pontifex Maximus nicht und begann stattdessen damit, seine Herrschaft in Gebieten durchzusetzen, die eigentlich dem Papst versprochen worden waren. Beispielsweise erhob der Kaiser im Februar 1210 einen seiner Gefolgsleute zum Herzog von Spoleto. Auch folgte er gerne Hilferufen apulischer Adeliger, die ihn um Unterstützung gegen den Staufer Friedrich ersuchten.

Die Durchsetzung seiner herrschaftlichen Ansprüche brachte mit sich, dass Otto bald in eine Auseinandersetzung mit dem Papst geriet. Die Freundschaft des Welfen mit der Kurie war nun vorbei und durch eine immer heftigere Gegnerschaft ersetzt worden, da Otto IV. im Süden Italiens massiv Herrschaftspolitik betrieb. Er wollte auch Sizilien angreifen und erobern, was aber auf wenig Begeisterung bei seinen bedeutendsten Gefolgsleuten stieß. Die Gründe für diesen harten Konfrontationskurs gegen den ihm so lange wohl gesonnenen Innozenz III. sind nicht nachvollziehbar. Der Welfe könnte von der glanzvollen Machtentfaltung des verstorbenen Heinrichs VI. beeindruckt gewesen sein und wollte möglicherweise in dessen Fußstapfen treten. Außerdem ging es ihm anscheinend um die Ausschaltung des Staufers Friedrich, der eine ständige Gefahr für seine Herrschaft darstellte. Manche meinen auch, dass Otto IV. durch die Eroberung Siziliens in erster Linie seinen Kreuzzug vorbereiten wollte.

Otto machte jedenfalls den Fehler, die Entscheidung zur Eroberung Siziliens ohne den Rat seiner engsten Getreuen zu fassen. Das erboste dann einige seiner Gefolgsleute, da es auch gegen die üblichen Gewohnheiten verstieß, dass der Herrscher sich vor wichtigen Entscheidungen mit seinen wichtigsten Leuten beriet. Am meisten erschüttert war auf jeden Fall der Papst, der mit großer Bestürzung an den Bischof von Regensburg schrieb: »Das Schwert, das wir uns selbst geschmiedet haben, schlägt uns tiefe Wunden.« Innozenz III. erholte sich schließlich von seinem Schock, wurde aktiv und exkommunizierte den Kaiser am 18. November 1210. Dieser Ausschluss aus der Gemeinschaft der Kirche stellte die schärfste Waffe des Pontifex Maximus dar.

Otto IV. ließ sich von all dem nicht beirren und verbrachte den Winter von 1210 auf 1211 in Capua, von wo er über Neapel, Bari und Tarent nach Kalabrien weiter zog. Als er im September 1211 die Meerenge von Messina erreicht hatte und nach Sizilien übersetzen wollte, erhielt er die Nachricht, dass Friedrich II. in Deutschland zum König gewählt worden war. Kurz entschlossen kehrte der Welfe daraufhin in das Reich zurück, um seine Herrschaft zu sichern. Die inzwischen bekannt gewordene Exkommunikation Ottos förderte den Widerstand gegen ihn. Immer mehr Fürsten fielen von ihm ab, und im September 1211 wurde Friedrich II. in Nürnberg zum »anderen Kaiser« gewählt. Friedrich war sehr rasch zur Stelle und konnte das wichtige Konstanz seinem welfischen Gegner vor der Nase wegschnappen. Otto IV. setzte sich rasch in nördliche Gefilde ab, während Friedrich bedeutende süddeutsche Gebiete unter seine Kontrolle brachte.

Ottos Exkommunikation war seit Ende 1210 allgemein bekannt und bereitete ihm im Reich bald große Schwierigkeiten. Der Papst hatte simultan zur Exkommunikation die Fürsten zur Wahl eines neuen Königs aufgefordert. Einige bedeutende Fürsten, wie der Landgraf von Thüringen und der Erzbischof von Mainz, verließen das Lager des Welfen. Zu ihnen gesellten sich bald der König von Böhmen und die Herzöge von Bayern und Österreich. Sogar Ottos Kanzler Konrad von Speyer kündigte ihm die Gefolgschaft auf, da er angeblich in den Plänen des Welfen zur Besteuerung der Kirche eine große Gefahr sah.

Nachdem im September 1211 der Staufer Friedrich II. in Nürnberg vom böhmischen König Ottokar, dem Landgrafen von Thüringen und den Erzbischöfen von Mainz und Magdeburg zum »anderen Kaiser« gewählt worden war, sah sich Otto IV. mit noch mehr Widerstand konfrontiert. Doch der Welfe kämpfte zäh weiter und heiratete, nachdem er im März 1212 in Frankfurt einen Hoftag abgehalten hatte, am 22. Juli Beatrix von Nordhausen. Doch die Ehe währte selbst für mittelalterliche Verhältnisse nicht lange, da Beatrix schon nach drei Wochen verstarb. Sie war erst 13 oder 14 Jahre alt und soll an den Folgen ihrer Entjungferung durch den kräftigen Welfen verschieden sein. Es gibt Berichte über ähnliche Ereignisse nicht nur im Mittelalter, bei denen die kindlich/jugendliche Braut nach der Hochzeitsnacht verschied.

Die Trauer Ottos hielt sich wohl in Grenzen, denn er unternahm bald darauf einen Angriff auf den Landgrafen von Thüringen. Dabei scheint der Welfe auch auf Neuerungen in der Belagerungstechnik gesetzt zu haben. Er galt jedenfalls als fähiger Feldherr und konnte diesen Ruf bis zu seiner Niederlage bei Bouvines behaupten. Der Welfe heiratete am 19. Mai 1214 in Aachen Maria von Brabant, mit der er ja schon verlobt gewesen war. Otto sah sich durch das Bündnis der Staufer mit den Kapentingern in großer Gefahr und unternahm einen Einfall in französisches Gebiet. Frankreich sollte als Verbündeter Friedrichs II. rasch ausgeschaltet werden und ein Sieg seine Macht im Reich absichern. Außerdem wollte er seinem verbündeten Onkel, dem König Johann von England, einen Dienst erweisen. Dieser war in seinem Konflikt mit dem französischen König schwer in Bedrängnis geraten. Man vermutete auch, dass Otto IV. zudem darüber hinausgehende Pläne hatte und die Herrschaft der Kapetinger in Frankreich beenden wollte. Das Territorium der französischen Könige sollte dann angeblich aufgeteilt werden. Der Welfe soll auch die Absicht gehabt haben, König Philipp II. zu töten, wofür er auch einen Schwur geleistet habe. Es wird darüber hinaus über die Absicht beider Herrscher spekuliert, sich miteinander während der Schlacht in einem Duell zu messen. Dazu sollte es dann aber nicht kommen.

Das entscheidende Ereignis in der Laufbahn Ottos IV. wurde die Schlacht von Bouvines, die am 27. Juli 1214 stattfand. Der deutsche König zählte auf die Unterstützung einiger linksrheinischer Territorialherren, wovon die Herzöge von Lothringen, Brabant und Limburg die bedeutendsten waren. Dazu kamen noch andere Verbündete und Ottos sächsische Truppen. Es schien so, als hätten die Deutschen gegenüber den Franzosen König Philipps II. einige Vorteile und viele von Ottos Männern waren wohl auch zu siegesgewiss.

Otto IV. setzte auf eine gut ausgearbeitete Strategie, die ihm fast den Sieg brachte. Doch angeblich ließ er sich von seinen Beratern dazu verleiten, einen vorschnellen Angriff durchzuführen. Diese Entscheidung soll zu seinem Verhängnis und der völligen Niederlage beigetragen haben. Wie so oft im Mittelalter scheint eine gute Strategie am Angriffsgeist und der mangelnden Disziplin der Ritter gescheitert zu sein. Die Franzosen kämpften unerwartet verbissen und leisteten sehr großen Widerstand. Auch wenn nicht ganz klar ist, inwieweit Ottos Entscheidungen während der Schlacht zur Niederlage beitrugen, so entschied er sich jedenfalls, nachdem der Kampf nicht in seinem Sinne verlief, das Schlachtfeld zu verlassen. Die Ritter des Kaisers kämpften noch einige Zeit weiter, gaben aber schließlich auch auf. Viele von ihnen wurden in der Folge gefangen genommen.

Es scheint so gewesen zu sein, dass Otto im Kampf vom Pferd gefallen war und danach ein weiteres Tier bestiegen hatte, um die Flucht zu ergreifen. Zuvor war es aber schon zu Einbrüchen in die Front der Deutschen gekommen, als Kontingente aus Nordfrankreich unerwartet in die Schlacht eingriffen. Otto scheint Angst davor gehabt zu haben, auf Grund der seiner Meinung nach bereits verlorenen Schlacht in Gefangenschaft zu geraten. Mit großer Wahrscheinlichkeit wäre die Schlacht auch verloren gewesen, wenn der Welfe weiter auf dem Schlachtfeld ausgeharrt hätte. König Philipp schickte nach der Schlacht den Reichsadler als Feldzeichen des Kaisers an Friedrich II. Durch den Ausgang der Schlacht, die heute noch in Frankreich als eine der wichtigsten der Geschichte gilt, wurden die europäischen Machtverhältnisse verändert. Die französischen König konnten ihren Einfluss eindeutig vergrößern und ihr Reich zentralisieren, König Johann von England wurde weiter geschwächt und musste sich 1215 mit der »Magna Charta« das Wohlwollen seiner adeligen Untertanen sichern. Das hatte nachhaltige Bedeutung für die Entwicklung in England und letztlich für ganz Europa.

Für Otto IV. bedeutete die Niederlage natürlich eine große Katastrophe. Er war ziemlich isoliert und verlor König Johann als Unterstützer, was auch die Einstellung der englischen Subsidien bedeutete. Viele seiner Gefolgsleute wechselten ins Lager seines staufischen Gegners. Otto musste die Krönung Friedrichs am 25. Juli 1215 hinnehmen. Als der Welfe zum Vierten Laterankonzil Gesandte nach Rom schickte, welche die Aufhebung seines Kirchenbannes betreiben sollten, blieb dies erfolglos. Stattdessen musste er die Anerkennung des Papstes für Friedrich II. als Kaiser zur Kenntnis nehmen. Da sein Neffe Heinrich der Jüngere starb, konnte Otto IV. auch seine Nachfolge nicht regeln. Sein staufischer Gegner ging einer Entscheidungsschlacht aus dem Wege und verwüstete stattdessen welfisches Territorium. Otto musste sich immer mehr auf seine sächsischen Kernbesitzungen zurückziehen.

Die letzten Lebensjahre des gescheiterten welfischen Herrschers waren recht trist. Er war zur Inaktivität verurteilt und erkrankte im Frühjahr 1218 schwer. Als er merkte, dass es mit ihm zu Ende ging, gab er ein Schuldbekenntnis gegenüber der Kirche ab. Otto hoffte damit auf die Vergebung seiner Sünden und die Aufhebung des Bannes gegen ihn. Der Welfe ließ kurz vor seinem Ende zudem ein Testament erstellen, welches das erste derartige politische Dokument eines Kaisers des Mittelalters darstellt. Ottos Bruder Heinrich wurde Haupterbe und Vollstrecker seines Testaments. Er erhielt auch die Reichsinsignien, während der Welfe seinen Kaisermantel einem Kloster in Braunschweig stiftete.

Die Bestattung des kinderlosen Otto IV. verlief in eher kleinem Rahmen in Braunschweig. Während die Herrschaft an seinen Bruder Heinrich überging, stiftete seine Witwe Maria von Brabant ein Zisterzienserinnenkloster. Die Person und Herrschaft Ottos IV. wurde schon im Mittelalter von den Geschichtsschreibern nicht besonders gewürdigt, er verschwand nach seiner Niederlage von Bouvines fast völlig aus den Aufzeichnungen. Später warf man ihm mangelnde Herrschaftstugenden vor, er wurde als »hochmütig und dumm« bezeichnet und man bezweifelte seine Befähigung für das Königsamt. Man unterstellte ihm auch Geiz und einen engen Horizont. Besonders in Frankreich hatte Otto IV. keine gute Nachrede, man verglich ihm sogar mit Kaiser Nero. Die Italiener sahen in ihm aber einen wichtigen Gegenspieler der Staufer und somit einen »guten« Kaiser. Auch englische Geschichtsschreiber behielten den Welfen in guter Erinnerung. Aber sogar spätere welfentreue deutsche Historiker sahen in Otto IV. und seiner Herrschaft wenig Positives, und manche meinten, er habe der Dynastie massiv geschadet.

Auch in späteren Geschichtsbetrachtungen finden sich kaum gute Bewertungen Ottos IV. Man sah ihn als Schwächer der kaiserlich/königlichen Macht gegenüber den Päpsten an und hielt ihm seine »schmähliche« Flucht am Schlachtfeld von Bouvines vor. Erst in jüngster Zeit wird der gescheiterte Welfe etwas positiver betrachtet, und man betont sein Mäzenatentum und seine Förderung von Kunst und Kultur. Zuletzt gab man auch der Erziehung des einzigen welfischen Kaisers in England die Schuld an dessen letztlichem Scheitern. Dadurch sei er zu wenig mit der von englischen Verhältnissen stark differierenden Herrschaftspraxis im Reich vertraut gewesen.

Manchmal erscheint eine einfachere Erklärung die wahrscheinlichere: »Seine unberechenbare Haltung gegenüber dem Papst und sein maßloses Abenteuer in Sizilien hatten die Welfen um ihre Chancen als Kaiserdynastie gebracht.« (Hansert 2006, S. 93)

Friedrich II.
»das Staunen der Welt«

»... unter der Welt Fürsten der Größte, Friedrich, auch das Staunen der Welt und wundersamer Veränderer.« (Matthäus von Paris)

»Er war ein durchtriebener Mann, verschlagen, geizig, ausschweifend, boshaft und jähzornig. Gelegentlich aber zeigte er auch tüchtige Eigenschaften, wenn er willens war, seine Güte und Freigiebigkeit zu beweisen; dann war er freundlich, fröhlich, voll Anmut und edlen Strebens. Er konnte lesen, schreiben, singen und Kantilenen und Gesänge erfinden. Er war ein schöner, wohlgebauter Mann, wenn auch nur von mittlerem Wuchse. Ich habe ihn nämlich gesehen und eine Zeitlang auch verehrt.« (Salimbene von Parma)

»Friedrich II., als Erbe des normannischen Reiches in Italien erzogen, war seinem ganzen Wesen nach Südländer, nicht Deutscher. Geistreich, begabt, glänzend wie kaum einer seiner Vorgänger, hatte er doch für das deutsche Land keine Neigung und besann sich wenig, deutsche Interessen um Siziliens und Neapels willen zu vernachlässigen oder aufzuopfern.« (Müller 1905, S. 121)

Von allen Staufern ist die Person Kaiser Friedrichs II. die »bunteste« und bis heute noch umstrittenste. Ein »deutscher« Kaiser, der in Italien geboren wurde, dort aufwuchs und Sizilien und Apulien als seine Heimat betrachtete. Zudem ein christlicher Herrscher, der die meiste Zeit seiner Herrschaft den Auseinandersetzungen mit den Oberhäuptern der Christenheit, den Päpsten, widmete und dabei Energie und Ressourcen vergeudete. Trotzdem ist so vieles an Friedrich II. für die Verhältnisse des Mittelalters so »modern«, so ungewöhnlich, so erstaunlich und auch so genial, dass uns dieser Herrscher auch heute noch in seinen Bann zieht.

Dabei begann alles mit dem offensichtlich traurigen Schicksal eines Waisenjungen, der irgendwie zwischen die Fronten geraten war. »Ohne auch nur einen Schritt von der historischen Wirklichkeit abzuweichen, kann man die Geschichte ... wie ein Märchen erzählen. Es ist die Geschichte von einem Königskind, das fern vom königlichen Hof aufwuchs, das dann beide Eltern verlor und als Waisenkind herumgestoßen, in bitterster Armut lebte, während andere auf dem Thron saßen, der ihm zustand. Aber am Ende sollte er als Jüngster und Ärmster über alle triumphieren.« (Lehmann 1978, S. 222)

Jenseits aller Verklärung lagen die Fakten so, dass der am 26. Dezember 1194 in Jesi bei Ancona als Sohn Kaiser Heinrichs VI. und dessen Gemahlin Konstanze geborene Friedrich bereits vor seinem zweiten Geburtstag zum »König der Römer« gewählt worden war. Doch der Plan Heinrichs VI., seinen Sohn als Nachfolger zu etablieren, scheiterte am frühen Tod des Kaisers am 28. September 1197 und dem zarten Alter Friedrichs, der damals noch keine drei Jahre alt war. Letztlich war alles eine Machtfrage und der frühe Tod der Kaiserwitwe und Mutter Friedrichs, Konstanze, am 27. November 1198 machte den kleinen Friedrich nur noch wehrloser. Er kam unter die Vormundschaft des Papstes Innozenz III., der natürlich primär die Interessen der Macht der Kurie im Auge hatte. Die Zukunftsaussichten des kleinen Staufers schienen äußerst fragwürdig, zumal in Deutschland inzwischen der Welfe Otto IV. und Friedrichs Onkel Philipp von Schwaben um die Herrschaft im Reich kämpften.

Auf einem Hügel der Altstadt von Palermo steht der sogenannte »Palazzo dei Normanni«, eine wuchtige Anlage, deren Grundmauern auf die maurische Zeit des 9. Jahrhunderts zurückgehen. Später wurde sie von den Normannen festungsartig ausgebaut, um die Stadt zu beherrschen. In diesem düsteren Palast wuchs der kleine Friedrich zumindest zeitweilig auf. Das Palermo seiner Zeit war als Stadt viel bedeutender und eine der großen mittelalterlichen Metropolen mit angeblich 200.000 Einwohnern, die halb christlich, halb muslimisch gewesen sein soll. Später wurde vermutet, dass Friedrichs Wesen stark von dem multikulturellen und für europäische Verhältnisse äußerst toleranten Palermo geprägt worden sei. Der kleine Staufer soll oft in der Stadt herumgelaufen und dort mit allen Arten von Menschen in Kontakt gekommen sein. Dabei soll er auch seine Toleranz für die arabische Kultur und den Islam entwickelt haben. Doch war während Friedrichs Jugend die große Zeit der Toleranz bereits weitgehend vorbei und die Muslime wurden immer mehr zu einer verfolgten Minderheit. Kaiser Friedrich II., der lange Zeit als eine Art toleranter Herrscher dargestellt wurde, sollte später diese Entwicklung noch beschleunigen und mehr Araber töten, als alle Herrscher Siziliens zuvor. Trotzdem sollte er niemals Skrupel haben, sich der arabischen Bildung und ihres überlegenen Wissens zu bedienen. (Großbongardt / Pieper 2010, S. 110 f)

Als der kleine Friedrich sieben Jahre alt war, tauchte der bereits sattsam bekannte und gefürchtete Paladin Heinrichs VI., Markward von Annweiler, wieder auf und eroberte Palermo. Der kleine Staufer flüchtete sich in die Unterwelt des Königspalastes, wurde aber schließlich gefangen. Als er seinen Feinden gegenübertreten musste, zeigte Friedrich Mut und biss einen seiner Verfolger in den Arm. Außerdem zerriss er voller Wut seinen purpurnen Mantel. Das machte Eindruck bei den rauen Gesellen ringsum und wurde auch dem Papst zugetragen, der immerhin sein Vormund war. Der kleine »König Habenichts«, der »herumgestoßen, ausgenutzt, von niemandem wirklich geliebt, ohne Eltern« aufwuchs, musste stets aufpassen, denn »je älter er wurde, um so gefährlicher wurde sein Leben, denn wer ihn besaß, besaß die Krone Siziliens.« (Fischer-Fabian 1977, S. 310)

Der sizilianische Staufer erreichte schließlich trotz aller Gefahren das Alter von 14 Jahren und wurde dem Gesetz nach mündig und wirklicher König von Sizilien. Der Papst wollte ihn nun so rasch wie möglich mit einer der Kurie genehmen Frau verheiraten. Konstanze von Aragon wurde schließlich erwählt, sie war »nur« 11 Jahre älter als ihr Bräutigam und bereits Witwe, aber sie war die Schwester eines spanischen Königs. Friedrich leistete keinen Widerstand, da die Braut auch 500 kampfkräftige Ritter mitbrachte, die ihm mehr bedeuteten als Schätze aller Art. Unglücklicherweise wurden die Spanier innerhalb weniger Wochen fast restlos Opfer einer der vielen Seuchen, die im mittelalterlichen Süditalien grassierten.

Friedrichs Herrschaft in Sizilien war trotz seiner Vormundschaft durch den Papst kaum durch militärische Kraft oder finanzielle Mittel gesichert. Zumal plötzlich der Welfe Otto IV. mit vielen deutschen Rittern auftauchte und kurz davor stand nach Sizilien überzusetzen. Der junge König wollte schon mit einer Galeere nach Tunis fliehen, als sich Otto IV. mit seinem Anhang rasch zurückzog. Papst Innozenz III. hatte die Situation gerettet, indem er den Welfen gebannt hatte. Während Otto IV. nach Deutschland eilte, um seine Herrschaft gegen die abtrünnigen Fürsten zu retten, trat der schwäbische Adelige Anselm von Jungingen an den siebzehnjährigen Friedrich II. heran und machte ihm ein Angebot. Er solle nach Deutschland kommen, um die Krone des Reiches für die Staufer zu erobern und gegen die Welfen zu behaupten.

Der »Jüngling aus Apulien« war mit einem Schlag vom potentiellen Flüchtling zum Anwärter auf den Kaiserthron mutiert. Er soll darin später das Walten der göttlichen Vorsehung erblickt haben. Seine sizilianischen Höflinge rieten ihm zwar davon ab und meinten, dass auf die deutschen Fürsten und den Papst kein Verlass sei, doch Friedrich hatte seinen Entschluss bereits gefasst. Er meinte: »Alles auf Erden verliert seine Bedeutung gegen die Hoheit, den Glanz, die Herrlichkeit des Kaisertums. … Wir dürfen keine Gefahren scheuen, wenn Unsere und Unserer Vorfahren Ehre auf dem Spiel steht, wenn Völker wie Fürsten Uns zur Übernahme des größten Berufes auffordern.« (Fischer-Fabian 1977, S. 313)

Friedrich II. verließ im März 1212 Sizilien ohne großen Hofstaat und recht armselig auf einem Schiff, das er gemietet hatte. Aber so begann eines der großen politischen Abenteuer der Weltgeschichte. Der Staufer traf in Rom seinen ehemaligen Vormund Innozenz III., dessen Anspruch auf die päpstliche Universalherrschaft er niemals teilen sollte. Der Papst war gegenüber dem jungen Mann aber sehr freundlich, ja fast väterlich, als habe er vergessen, dass er sich vorgenommen hatte, die »Vipernbrut« der Staufer stets zu bekämpfen. Innozenz III. unterstützte sogar den jungen Friedrich mit einer größeren Geldsumme und erteilte ihm seinen Segen. Otto IV. hatte natürlich kein Interesse, dass der sizilianische Staufer nach Deutschland kam und setzte alles daran, ihn abzufangen. Doch Friedrich, der sich insgeheim bereits als Caesar fühlte, wich allen Gefahren geschickt aus, auch wenn er fast wie ein Dieb durch die Nacht schleichen musste. Um ein Haar wäre er den Mailändern in die Falle gegangen und konnte sich im Kampfgetümmel nur retten, indem er mit einem erbeuteten Pferd einen Fluss durchschwamm. Friedrich erreichte schließlich die Stadt Konstanz genau drei Stunden vor den Truppen der Welfen, womit er vorerst gerettet war.

Von nun an begann ein ziemlich fantastisch anmutender Siegeszug des jungen Staufers, der die Menschen rasch in seinen Bann zog. »Ein schöner Jüngling, strahlend, heiter, mit wahren Feueraugen, verklärt vom Ruf seiner Väter und von der Aura seiner südländischen Herkunft, ein Märchenprinz, so ritt er durch das Land…« (Fischer-Fabian 1977, S. 314) Wo der Charme allerdings nicht langte, da setzte der geschickte junge Staufer auch auf die

Verteilung seines väterlichen Krongutes und das Geld, das ihm der französische König schon bald zur Verfügung stellte. Er wollte auf keinen Fall dastehen wie sein Gegner Otto IV., der allgemein als Geizhals galt.

Der Staufer setzte auch auf die Macht der Dichtkunst und Deutschlands bedeutendster Minnesänger Walther von der Vogelweide war ihm zu Diensten. Dieser hatte den Welfen Otto als Mäzen bald abgeschrieben, der sich als wenig großzügig erwiesen hatte. Nun machte der Dichter massiv Propaganda für das »Kind aus Apulien« und Friedrich dankte es ihm schließlich durch die Verleihung eines kleinen Lehens. Selbst poetisch durchaus begabt, sah der Staufer diesen und andere Minnesänger nicht nur als Bereicherung des königlichen Hofes, sondern auch als wichtiges Element der Meinungsmache und emotionalen Mobilisierung.

König Philipp von Frankreich schloss mit Friedrich II. im November 1212 ein formelles Bündnis, das dem Staufer die gewaltige Summe von 20.000 Silbermark einbrachte. Friedrich verteilte das Geld rasch unter den Großen des Reichs, vorgeblich um sie für ihre bereits geleisteten Dienste zu belohnen, aber in erster Linie deshalb, um sich ihre Gefolgschaft zu sichern. Am 5. Dezember 1212 wählte eine große Anzahl von Reichsfürsten den Staufer in Frankfurt erneut zum König. Nachdem er vier Tage später im Dom zu Mainz durch Erzbischof Siegfried gekrönt worden war, verteilte Friedrich II. an seine Anhänger großzügig Privilegien. Das verstärkte zudem seinen Ruf der Großzügigkeit, welcher auch durch Walther von der Vogelweide gerühmt wurde, der wiederum auf den Geiz seines welfischen Konkurrenten abhob.

Doch noch war der Kampf um die Herrschaft im Reich nicht entschieden. Um die Kontinuität der Herrschaft der Salier und Staufer zu betonen und damit sein Recht auf die Krone zu legitimieren, ließ der Staufer Ende des Jahres 1213 die Überreste seines Onkels Philipp von Bamberg nach Speyer bringen. Friedrich II. agierte beim Sichern seiner Klientel geschickter als sein welfischer Gegenspieler, womit er auch zunehmend Unruhe in die Front seiner Gegner brachte. Otto IV. wurde in Sachsen immer mehr isoliert und verlor einen Bundesgenossen nach dem anderen.

Doch der Welfe war noch immer ein gefährlicher Gegner. Auch wenn Friedrich II. recht bald alle Länder zwischen Böhmen und Burgund in seiner Hand hatte, so konnte er Otto IV. nicht aus dessen Stammlanden vertreiben. Der Welfe galt als Soldat von wildem

Mut und als begabter Truppenführer und auch sein Heer war weiterhin durchaus schlagkräftig. Als sich Friedrich II. in sächsische Gebiete vorwagte, musste er bald Hals über Kopf den Rückzug antreten. Es schien fast so, als würde das Reich geteilt in ein Stauferund ein Welfenland, regiert von zwei Königen bzw. Kaisern. Doch der Konflikt wurde schließlich außerhalb Deutschlands entschieden. Denn parallel tobte auch die Auseinandersetzung zwischen England und Frankreich. Man könnte fast den Kampf Friedrichs gegen Otto als Stellvertreterkrieg betrachten, da Frankreich die Staufer und England die Welfen unterstützte. Als Otto IV. schließlich gemäß seiner Bündnispflicht mit England gegen den französischen König zu Felde zog, ereilte ihn in Flandern bei Bouvines die Niederlage. Der französische König schickte dem Staufer den auf dem Schlachtfeld erbeuteten Reichsadler. Dessen Schwingen waren zerbrochen, was nicht nur das Ende der Welfen als gleichberechtigte Macht bedeutete, sondern die Macht der Deutschen, die so lange jene Frankreichs in den Schatten gestellt hatte.

Die Schlacht von Bouvines hatte zur Folge, dass ab 1214 auch der deutsche Thronstreit endgültig entschieden wurde und die Macht Ottos IV. dahinschwand. Friedrich II. konnte sich somit 1215 in Aachen zum König krönen lassen. Es scheint aber niemals sein Interesse gewesen zu sein, sich allzu sehr in die Politik des Reiches zu vertiefen. Sizilien lag ihm immer näher, auch wenn ihm der Papst anderes unterstellte. Immerhin verbrachte der Staufer von seinen 56 Lebensjahren nur acht Jahre in Deutschland. Dabei leitete er aber Entwicklungen ein, die für die Zukunft des deutschen Königtums entscheidend werden sollten. Denn Friedrich II. war in Deutschland um fast jeden Preis zum Frieden bereit, da er sich den Rücken für seine Pläne in Italien freihalten wollte. Deshalb erhielten die weltlichen und geistlichen Landesherren von ihm weitreichende Privilegien und er nahm die im Aufstieg befindlichen Königsstädte unter seinen Schutz. Die Regentschaft in Deutschland übergab der Staufer dem Erzbischof von Köln und dem Großmeister des Deutschen Ordens, Hermann von Salza.

Nach seiner Krönung in Aachen war Friedrich II. vor die Menge getreten und hatte erklärt, dass er einen Kreuzzug unternehmen werde und die Anwesenden es ihm gleich tun sollten. Dieser Entschluss scheint ohne Konsultation mit seinen engsten Ratgebern und dem Papst getroffen worden zu sein. Innozenz III. verhielt sich deshalb auch reserviert, da er auf Grund seines Anspruches auf

Allmacht einen Alleingang des Staufers nicht gutheißen konnte. Immerhin hatte sich Friedrich II., der nun 20 Jahre alt war, bereits zu vielen Zugeständnissen gegenüber dem Papst und der Kirche bereit erklärt. Vieles was von den deutschen Königen und Kaisern in heftigen Kämpfen gegen die Päpste erreicht und verteidigt worden war, hatte er bereitwillig aufgegeben, um sich der Unterstützung der Kurie zu versichern. Da er auch sehr viele Zugeständnisse an die Fürsten und den Adel gemacht hatte, sahen ihn spätere Historiker bereits als »Präsidenten einer Fürstenrepublik«. Diese Entwicklung konnte später nicht mehr umgekehrt werden und hat sicherlich das deutsche Königtum entscheidend geschwächt.

Man darf bei der Beurteilung Friedrichs II. als »deutschem« Herrscher nicht außer Acht lassen, dass er eigentlich Kind einer fremden Kultur war und anfangs die deutsche Sprache nur bedingt beherrschte. Ein Glücksfall für den Staufer, der ihm vorerst weiteren Ärger mit dem Papsttum ersparte, war der Umstand, dass Innozenz III. am 16. Juli 1216 starb.

Innozenz III.

Dieser Papst, den die meisten Historiker für den bedeutendsten Papst des Mittelalters halten, hat wie der ihm ziemlich wesensverwandte Innozenz IV. großen Einfluss auf die Geschichte des Geschlechts der Staufer genommen. Der etwa 1160 in einem Kastell in der Nähe Roms geborene Lotario di Segni war der Sohn eines Grafen und studierte in Paris und Bologna. Er machte bald Karriere in der Kirche, wurde 1187 Subdiakon und drei Jahre danach Kardinaldiakon. Der streitbare Kleriker galt als der bedeutendste Kirchenrechtler seiner Zeit und betonte in seinen Schriften den Vorrang des Klerus vor den Laien.

Lotario wurde am 8. Januar 1198 im verhältnismäßig jungen Alter von 37 Jahren zum Papst gewählt und nahm daraufhin den Namen Innozenz III. an. Von nun an betrieb der neue Papst die rechtliche Fixierung des Papsttums und seine Anerkennung als weltliche Macht. Im Zuge dessen versuchte er auch, die Ausweitung des kirchenstaatlichen Territoriums voranzutreiben. Dabei hatte er besonders die Toskana, die Mark Ancona und das Herzogtum Spoleto im Visier. Im Inneren betrieb er wie so viele Päpste Nepotismus zur Absicherung seiner Macht. So war der spätere Papst Gregor IX. sein Neffe und wurde von ihm massiv gefördert.

Der von Innozenz III. ausgerufene Vierte Kreuzzug sollte das Heilige Land nie erreichen und nach der Plünderung von Zara 1202 zur Eroberung von Konstantinopel führen, was die eigentliche Kreuzzugsbewegung völlig pervertierte, zum endgültigen Schisma mit der orthodoxen Kirche führte und Byzanz letztlich das Rückgrat brach. Besonders wichtig für die Politik von Innozenz III. war der Thronstreit im Heiligen Römischen Reich, da er auch aus der Doppelwahl von Philipp von Schwaben und Otto IV. massiv machtmäßiges Kapital schlagen konnte. Außerdem sicherte ihm die Vormundschaft über den kleinen Sohn Heinrichs VI. zusätzlichen Einfluss. Geschickt agierte Innozenz III. zwischen dem Welfen und dem Staufer, neigte sich zunächst Otto zu, um dann den aufstrebenden Philipp zu bevorzugen. Nach dessen Ermordung krönte er dann doch Otto IV. 1209 zum Kaiser, bannte ihn jedoch ein Jahr später, als er seine Versprechen brach. Innozenz unterstützte in der Folge die Stauferpartei und erreichte, dass ihm

Friedrich II. enorme Zugeständnisse machte. In der »Goldenen Bulle von Eger« wurde der Kirchenstaat in seiner bestehenden Form voll anerkannt. Friedrich II. musste auch Sizilien formell an seinen Sohn Heinrich übertragen. Diese Vereinbarung wurde mit dem Tod von Innozenz III. allerdings hinfällig.

Innozenz III. hatte sich durch seinen Einsatz zur Stärkung der Kirche theoretisch auch als Oberlehensherr von Portugal, Aragon, Sizilien, Bulgarien und England etabliert. Der Kampf gegen die Häresie war ein wichtiger Pfeiler der Politik dieses Papstes. So begann unter ihm die massive Verfolgung der Katharer, die zu einem äußerst blutigen Kreuzzug im Süden Frankreichs führte, der schätzungsweise einer Million Menschen das Leben kostete. Im November 1215 rief Innozenz III. beim Vierten Laterankonzil zum Fünften Kreuzzug auf und verabschiedete 70 kirchengeschichtlich bedeutende Edikte. Er starb schließlich am 16. Juli 1216 im Alter von 55 Jahren auf einer Reise. Als er in der Kathedrale von Perugia aufgebahrt wurde, raubten Unbekannte den Leichnam aus und die sterblichen Überreste des einst so mächtigen Papstes lagen nackt und nach Verwesung riechend in der Kirche. Die Gebeine von Innozenz III. wurde erst 1891 nach Rom überführt.

Der neue Papst hieß Honorius III. und sollte sich in Denken und Wirken erheblich von seinem Vorgänger unterscheiden. Der ehemalige Leiter der päpstlichen Kanzlei war zwar niemals ein Freund des Staufers Friedrich, aber auch nicht dessen erklärter Feind. Während er versuchte, seine Lehenshoheit über England zu wahren und einen Kreuzzug gegen die heidnischen Preußen voranzutreiben, förderte er weiterhin den Genozid an den Katharern, die von der Kurie Albigenser genannt wurden. Friedrich II. verließ im Herbst 1220 Deutschland und überließ es weitgehend seinen Fürsten. Es zog ihn wieder in den Süden, den er als seine eigentliche Heimat ansah. Deutschland sollte er erst 15 Jahre später wieder besuchen.

Obwohl das Verhältnis zwischen Friedrich II. und Honorius III. wegen des Hinauszögerns des versprochenen Kreuzzuges und der eigenständigen Bistumsbesetzungen in Sizilien belastet war, krönte der Papst den Staufer am 22. November 1220 zum Kaiser. Friedrich II. war nicht davor zurückgeschreckt, den Fuß des Papstes zu küssen und ihm den Steigbügel zu halten. Er hatte dem Papst auch versprochen, die Ketzer erbarmungslos zu verfolgen. Auch wenn ihm religiöse Abweichler wohl ziemlich gleichgültig waren, so fußte sein Staat auf dem katholischen Christentum und alle Ketzer waren deshalb auch politische Rebellen. Friedrich II. hatte wohlweislich vermieden, an dem ohne ihn begonnenen Kreuzzug von Damiette teilzunehmen, der 1221 im Nildelta scheiterte. Honorius III. verpflichtete ihn später, bis spätestens 1227 einen weiteren Kreuzzug in die Wege zu leiten. Doch sollte der Papst dessen (gescheiterten) Aufbruchsversuch nicht mehr erleben.

Als der Kaiser in sein Königreich Sizilien zurückkehrte, fand er es zerrüttet und unter Kontrolle von Baronen und Prälaten. Friedrich II. war in seinen Handlungsmöglichkeiten zunächst recht eingeschränkt, setzte aber gezielt auf die Entzweiung und Ausschaltung lokaler Machthaber, entzog zu Unrecht erworbene Rechte, zerstörte illegal errichtete Burgen und setzte alte Rechte wieder in Kraft. Auch die Juden und Moslems erhielten durch ihn einen gewissen Schutz, der aber mit den großen Zeiten der Toleranz unter den Normannen nicht vergleichbar war. Als wichtige wirtschaftspolitische Maßnahme vertrieb der Staufer die Pisaner und Genuesen, die sich den sizilianischen Seehandel gesichert hatten. Stattdessen förderte er den Bau einer eigenen Flotte. Da er einigen allzu eigenständigen Adeligen nicht anders beikommen konnte, belagerte und zerstörte er deren Burgen. Die Masse der Bevölkerung billigte sein Vorgehen und jubelte schon bald dem König, der so lange abwesend gewesen war, begeistert zu.

Dann begab sich der Kaiser auf einen Kriegszug, den er wohl schon lange geplant hatte. Im wild zerklüfteten Inneren der Insel gab es mehrere Stämme von Sarazenen, die sich niemals wirklich unterworfen hatten und einen ständigen Kern der Unruhe bildeten. Friedrich II. unternahm nun einen zähen und für beide Seiten verlustreichen und brutalen Kleinkrieg, um die verbissen kämpfenden Sarazenen aus ihren Felsenburgen herauszutreiben und zur Kapitulation zu zwingen. Während der Kämpfe wuchs auch der Zorn des Staufers, der sich dann am Führer des Widerstands, Emir Ibn-Abbad entlud. »Der Kaiser aber war, wohl weil sich Ibn-Abbad an seinen Boten vergriffen hatte, so aufgebracht, dass er, als der Emir das kaiserliche Zelt betrat und sich zu Boden warf, ihm so mit dem Fuß gegen den Leib stieß, dass er ihm mit seinem scharfen Sporn die ganze Seite aufriss.« (Fischer-Fabian 1977, S. 320)

Es wurde nun allgemein erwartet, dass Friedrich II. die Unterworfenen allesamt umbringen würde, doch er entschied sich überraschenderweise anders. 16.000 Gefangene wurden auf das

Festland gebracht und in Lucera nahe der Stadt Foggia angesiedelt. Dort revoltierten die Sarazenen noch einige Male, wurden aber schließlich treue Untertanen ihres Bezwingers. Immerhin durften sie in Lucera ihrer Religion und Kultur weiter nachgehen und sich auch selbst verwalten. Der Papst war darüber entrüstet und wollte die Ungläubigen bekehren lassen, was aber scheiterte. Friedrich II. hatte den militärischen Wert der zähen Kämpfer kennengelernt und es gelang ihm, aus den Sarazenen eine treue und ergebene Elitetruppe zu bilden. Dieses kleine Heer aus Reitern und Bogenschützen sollte später auf bis zu 12.000 Mann anwachsen und hatte den Vorteil, dass die Moslems nicht von Exkommunikation und päpstlichem Bann getroffen werden konnten. Spätestens in der Schlacht bei Cortenuova im Jahre 1237 erwies sich der militärische Wert der Sarazenentruppe. Hier konnte der Kaiser endlich die Mailänder vernichtend schlagen und somit späte Rache für die Demütigung seines Großvaters Barbarossa nehmen.

Der Kaiser gründete nun auch die Universität von Neapel, um genügend Juristen und Beamte für seinen Staatsapparat heranzubilden. Das sizilianische Reich wurde nun nach und nach zu jenem »modernen« Musterstaat, der später immer wieder im Zusammenhang mit dem Staufer geschworen wurde. Doch Friedrich II. wollte auch endlich in der Lombardei die kaiserlichen Rechte wieder herstellen. Allerdings konnte er dem mächtigen Städtebund nur gut gerüstet entgegentreten, wofür er natürlich viel Geld brauchte. Da seine erste Gemahlin Konstanze von Aragon schon 1222 verstorben war, sah er sich nach einer neuen passenden Partie um. Dabei fungierte der Papst als Vermittler und legte ihm die Eheschließung mit Isabella von Brienne, welche die Krone von Jerusalem besaß, nahe. Papst Honorius III. hoffte natürlich dabei auch darauf, dass der Staufer nach seiner Heirat auch Jerusalem wieder für das Christentum erobern würde.

Nachdem er im November 1225 die blutjunge Isabella geheiratet hatte, verkehrte Friedrich nicht mit seiner Braut, sondern schlief mit deren verführerischer Kusine, was für böses Blut sorgte. Der Vater der Braut musste jedenfalls 50.000 Mark Silber als Mitgift bezahlen und auf seine Rechte als Regent der kleinen Königin verzichten. Der Staufer wollte den Titel eines »Königs von Jerusalem« natürlich für sich haben. So wie seine anderen Gemahlinnen hatte auch Isabella keinen Einfluss auf Friedrich und sie durfte auch keine politischen Aktivitäten entwickeln. Es gab nichts Partnerschaftliches in den Beziehungen Friedrichs II., Frauen waren für ihn Lustobjekt und / oder »Produzentinnen« von Nachwuchs. Die Gemahlinnen des Kaisers mussten auch alle Arten von Nebenfrauen und sarazenischer »Haremsdamen« erdulden. Es wurde immer wieder berichtet, dass sich der Staufer Orgien mit mehreren Gespielinnen hingab. Das gefiel natürlich der Kirche und ganz besonders dem Papst nicht und sollte später gegen Friedrich verwendet werden.

»Um Friedrich II. gab es keinen Boden, in dem eine Frau wurzeln konnte. Alle seine Gemahlinnen starben nach wenigen Jahren der Ehe und selbst seine Geliebten, sowie wir sie kennen, teilten dies Los: keine hat ihn überlebt. In der dünnen Luft dieser glanzerfüllten, spannungsgeladenen Höhe konnte eben kein Wesen als er, auf die Dauer auch keiner der Freunde, am wenigsten aber eine Frau, atmen.« (Ernst Kantorowicz) Auch einigen seiner Söhne sollte der übermächtige Staufer als Vater geschadet haben. Insbesondere dem unglücklichen Heinrich VII., den er verstieß, zu lebenslangem Kerker verdammte und in den Tod trieb.

Immerhin brachte es die Ehe mit Isabella von Brienne mit sich, dass Friedrich II. erkannte, dass sich mit einem Male die Interessen der Kirche mit seinen deckten. Er beschloss also, sich auf einen Kreuzzug zu begeben. Doch nun starb der relativ verträgliche Honorius III. und am 19. März 1227 wurde ein Mann zum Papst gewählt, der sich für den Stauferkaiser als ziemliche Katastrophe erweisen sollte. Gregor IX. war etwa 60 Jahre alt, hatte eine glänzende Karriere in der Hierarchie der Kirche hinter sich und war auch einige Jahre als Legat in Deutschland gewesen. Er war ein unerbittlicher Verfolger von allem, was er für Häresie hielt und führte das Verbrennen der Verurteilten als übliche Strafe ein. Unter ihm wurden auch die Inquisitoren zu unabhängigen Sonderbeauftragten, er selbst veranstaltete blutige inquisitorische Maßnahmen in der heiligen Stadt Rom. Die deutschen Bischöfe hielt er diesbezüglich für zu lax und ermahnte sie deshalb mehrmals.

Der Kern des Pontifikates von Gregor IX. war allerdings der Konflikt mit Kaiser Friedrich II. Er war nie ein Freund der Staufer gewesen und betrachtete Friedrich II., dessen Politik und Lebensstil als große Gefahr an. Als der Kaiser wegen einer Erkrankung 1227 den versprochenen Kreuzzug kurzerhand verschob, exkommunizierte ihn der Papst am 29. September 1227. Gregor IX. dachte wohl, dass er damit den Staufer vernichten und endlich die päpstliche Weltherrschaft antreten könnte. So wurde es jedenfalls schon von Zeitgenossen vermutet. Der von einem fast alttestamentarischen Hass besessene Papst schloss auch Verträge mit den stauferfeindlichen Lombarden und entband jeden Untertan von seiner Verpflichtung gegenüber dem Kaiser. Außerdem streckte Gregor IX. seine Fühler nach Deutschland aus, um dort die Absetzung Friedrichs herbeizuführen.

Der Kaiser war jedoch nicht davon abzubringen, den Kreuzzug dennoch durchzuführen, obwohl es das erste derartige Unternehmen war, das durch einen Exkommunizierten durchgeführt wurde. Er ging auch das Risiko ein, seine Territorien für einige Zeit weitgehend schutzlos sich selbst zu überlassen. Der papsthörige Klerus in Palästina tat inzwischen alles, um Friedrich II. zu sabotieren und man intervenierte sogar bei den Führern der moslemischen Gegner, um Stimmung gegen den verhassten Staufer zu machen. Doch Friedrich II. landete in Akkon, ignorierte die Feindseligkeit der Kleriker, zu denen sich auch die Templer und Johanniter gesellt hatten, und machte sich ans Werk. Er nahm Kontakt zum ägyptischen Sultan Al-Kamil auf und trat mit diesem in geheime Verhandlungen. Man tauschte Geschenke aus, doch Jerusalem gehörte zum Territorium des in Damaskus sitzenden Bruders und die Situation schien verfahren.

Doch nun kam dem Staufer das Schicksal zu Hilfe und Al-Kamils Bruder starb, woraufhin Jerusalem an diesen fiel. Manche Historiker meinen, dass der Sultan dem Kaiser in seiner Persönlichkeit ähnlich gewesen sei, Gedichte geschrieben, die Rechtwissenschaft und andere Fächer studiert und sich mit Künstlern und Gelehrten umgeben habe. Jedenfalls verstanden sich die beiden Machthaber und der Sultan war nach einigem Zögern bereit, dem christlichen Kaiser entgegenzukommen. Friedrich II. hatte es mit einem Male auch sehr eilig, denn seine Truppen waren nicht stark genug, um Jerusalem im Alleingang zu erobern und es erreichten ihn immer mehr Nachrichten über die schlimme Situation im bedrohten sizilianischen Königreich, das vom Papst und dessen Verbündeten angegriffen wurde.

Letztendlich kam es dann doch zu einer Übereinkunft und Kaiser Friedrich II. konnte am 17. März 1229 Jerusalem einnehmen, ohne dass es zu großem Blutvergießen gekommen war. Der Vertrag mit dem Sultan garantierte den Christen einen zehnjährigen Frieden und sicherte ihnen außer Jerusalem auch Bethlehem und

Nazareth sowie einen Korridor zur Küste zu. Der Kaiser verfasste ein Manifest, in dem er Gott für seine Hilfe dankte, aber auch auf seine eigenen Verdienste hinwies. Doch auch hier in der Heiligen Stadt wurde Friedrich II. mit dem Hass und Zorn des Papstes und der Kleriker konfrontiert. Da ihn der Patriarch von Jerusalem boykottierte, krönte sich der Staufer selbst in der Kirche des Heiligen Grabes zum König von Jerusalem. Etwas Ähnliches sollte erst später wieder von Napoleon berichtet werden. Ein fahrender Sänger, der dabei war, schrieb: »Gott und Kaiser haben befreit ein Grab und allen Christen Trost gebracht. Da er das Beste hat getan, sollte man ihn lösen aus dem Bann; vielleicht, dass es die Pfaffen nicht wollen: denn ohne ihre Erlaubnis Gutes schaffen, das hätte nicht Bestand…« (Fischer-Fabian 1977, S. 329 f)

Friedrich II. hatte durch seinen denkwürdigen Kreuzzug Papst Gregor IX. mehr oder weniger in Zugzwang gebracht, den Bann gegen ihn aufzuheben. Doch der Papst ließ sich damit Zeit und es kam schließlich erst 1230 dazu, nachdem der Kaiser schon lange zurückgekehrt war und auch militärisch reinen Tisch gemacht hatte. Im Heiligen Land hatte der Patriarch von Jerusalem inzwischen die heiligen Stätten in Jerusalem mit dem Interdikt belegt und wider besseres Wissen behauptet, dass der Vertrag mit den Sarazenen nur Nachteile für die Christen bringen würde. Außerdem legten die Diener Gottes noch nach, indem sie behaupteten, dass Friedrich II. die Tochter des Sultans und 50 Sarazeninnen geheiratet habe, an denen er sich allesamt »fleischlich verging«. Außerdem erhielt Friedrich Briefe seiner »Brüder in Christo« zugespielt, die dem Sultan Hinweise gaben, wie und wo er Friedrich gefangennehmen oder töten könnte.

Friedrich II. rächte sich unter anderem an Gebieten seines Königreiches, die während seiner Abwesenheit zum Feind übergegangen waren. Die Stadt Gaeta diente dabei als Exempel. Der Staufer ordnete an: »Nach der Einnahme der Stadt werdet ihr den Angehörigen der höheren Stände und des Adels, wenn ihr sie gefangen habt, die Augen ausbrennen, sie der Nasen berauben und nackt aus der Stadt peitschen. Auch den Frauen schneidet die Nasen ab, lasset sie dann aber unbehelligt ziehen, damit sie ihre Schande verkünden. Die Jünglinge, die ihr vorfindet, werden kastriert, aber in der Stadt belassen. Außer Kirchen und Pfarrhäusern sollt ihr die Mauern, die Türme, die Häuser vernichten, auf dass die Kunde von diesem Strafgericht sich über den Erdball verbreite und jeder Verräter bis ins Mark erbebe.« (Friedrich von Raumer)

Allerdings war mit der Aufhebung des Bannes die Feindschaft zwischen dem unerbittlichen Papst und dem Kaiser nicht aus der Welt geschafft. Der Staufer hatte dem Papst nur seine Stärke gezeigt, als es ihm gelang, nach seiner Rückkehr das Königreich Sizilien rasch wieder unter seine Kontrolle zu bringen. Gregor IX. hatte einiges an Ansehen eingebüßt, da man erkannte, dass er mit allen Mitteln an der Erlangung Siziliens gearbeitet hatte und auch nicht davor zurückgeschreckt war Gerüchte vom Tod Friedrichs II. in die Welt zu setzen. So wie viele andere Päpste bis hin zu den Borgias, schreckte der christliche Oberhirte auch dieses Mal vor keiner Skrupellosigkeit zurück.

Der Staufer war für einen Mann wie Gregor IX. nicht nur eine weltliche Bedrohung, sondern vor allem auch ein Ketzer, dem man unter allen Umständen das Handwerk legen musste. Da der Kaiser nicht nur den Machtanspruch der Kirche anzweifelte, was ihn als gemeinen Mann allein schon für den Tod als Ketzer prädestiniert hätte, sondern er auch noch im Heiligen Land ein völlig unorthodoxes Verhalten an den Tag gelegt hatte, sich eines nicht sehr christlichen Lebensstils in Sizilien befleißigte und einem aufgeklärten Skeptizismus huldigte, konnte er vom Papst nur als schrecklicher Ketzer qualifiziert werden. Friedrich II. hatte zudem innerhalb von zehn Jahren 200 profane Gebäude errichten lassen, während er nur eine einzige Kirche bauen ließ.

Dazu kam, dass der Kaiser bald in den 1232 ausgearbeiteten »Konstitutionen von Melfi«, das Gottesurteil verbot, wobei er sich auf die Naturgesetze berief. Im gleichen Jahr wurde auch kolportiert, der Staufer habe Zweifel an der Ewigkeit der Welt und der Unsterblichkeit der Seele geäußert. Das ist natürlich nur die Spitze des Eisbergs jener Vielzahl von Aussagen, bei denen sich der Kaiser anscheinend den Ruf des Ketzers und Kirchenkritikers erworben hat. Man unterstellte ihm eine Vorliebe für den Islam, die Behauptung, er habe Jesus und Moses als Betrüger bezeichnet und auch den reinen Atheismus. Dazu wurde aber zunehmend in der moderneren Geschichtswissenschaft darauf hingewiesen, dass die meisten dieser angeblichen Bekenntnisse Friedrichs diesem eigentlich von der päpstlichen Propaganda und anderen Gegnern in den Mund gelegt wurden. In Wahrheit habe sich der Staufer durchaus als christlicher Herrscher verstanden und auch den Islam in Sizilien stark zurückgedrängt. Sich selbst soll er nach byzantinischem Vorbild als Stellvertreter Gottes auf Erden verstanden haben, was ihn natürlich in Konflikt mit dem Papst bringen musste. Seine einzige wirkliche »Ketzerei« soll darin bestanden haben, dass er die Demut und Einfachheit der Urchristen für gottgewollter hielt, als die päpstliche Kirche seiner Zeit. Friedrich II. dürfte ein großer Freund des Zisterzienserordens gewesen sein, da ihn dessen asketische Strenge und gelebte Einfachheit faszinierte. Deshalb ließ sich der Kaiser wohl vor seinem Tod, als Ketzer vom Papst mit dem Kirchenbann belegt, in die graue Kutte des Ordens hüllen und starb wie ein Mönch des Zisterzienserordens.

Eine der größten Leistungen Kaiser Friedrichs II. liegt nicht auf politischem oder militärischem Gebiet, sondern in seinem legendären Falkenbuch »De arte venandi cum avibus« (Von der Kunst, mit Vögeln zu jagen). Dieses Werk verfasste er zwischen 1241 und 1248 und sein Sohn Manfred versah es mit Anmerkungen. Die Jagd mit Falken und anderen Raubvögeln war Teil der mittelalterlichen höfischen Kultur, und wurde wie so vieles aus dem arabischen Raum übernommen. Am normannischen Königshof in Palermo maß man der Beizjagd große Bedeutung bei und es entstanden mehrere Abhandlungen darüber, die teilweise auf ältere Bücher zurückgingen. Das Revolutionäre an Kaiser Friedrichs Falkenbuch ist allerdings neben seinem Umfang der umfassende Anspruch. Hier wird erschöpfend neben einer allgemeinen Vogelkunde über die Aufzucht, Dressur und Verwendung der Falken Auskunft gegeben. Mehr als 900 Bilder stellen ca. 80 unterschiedliche Vogelarten dar. Bei diesen Illustrationen werden die jeweiligen Haltungen der Vögel, aber auch die Falkner bei der Arbeit mit ihrer Ausrüstung dargestellt. Friedrichs Buch sollte bis weit in die Neuzeit hinein das Standardwerk über die Falkenjagd sein. Noch heute beeindruckt es durch seine systematische Gestaltung und seine fast naturwissenschaftliche Exaktheit. Es finden sich Beispiele von Empirie darin, die weit über mittelalterliche Verhältnisse hinausgehen. Der Kaiser trachtete stets, Erfahrungen durch Experimente zu gewinnen. Durch seine Versuche erweiterte Friedrich das ornithologische Wissen seiner Zeit gewaltig und er wagte schließlich sogar Kritik am damals als unfehlbar angesehenen Aristoteles. Auch wenn das originale Manuskript während der Belagerung Parmas im Jahre 1248 verloren ging, so wurden der Text und die Bilder in ausreichendem Maße überliefert, was dazu führte, dass das Buch auch Jahrhunderte nach Kaiser Friedrichs II. Tod durch die neue Drucktechnik vervielfältigt und letztlich in viele Sprachen übersetzt werden konnte.

»Unsere wahre Absicht ist, sichtbar zu machen die Dinge, die sind, wie sie sind.« (Kaiser Friedrich II.)

Es dürfte allen Beteiligten klar gewesen sein, dass der Friede, den der Kaiser 1230 mit dem Papst geschlossen hatte, die Zugeständnisse, die er ihm gemacht hatte, die ausgetauschten Friedensküsse und alle Beteuerungen, die aus dem viel beschworenen »Antichristen« mit einem Male einen »geliebten Sohn der Kirche« machten, nur einen Waffenstillstand auf absehbare Zeit bedeuteten. Ein Mann wie Gregor IX. würde niemals aufgeben, seine Pläne zu verfolgen, deren wichtigster die Vernichtung des Staufers war. Die Gelegenheit dazu schien sich nach einiger Zeit durch die wiederaufflammenden Kämpfe Friedrichs II. mit den immer aufständischen Lombarden zu ergeben.

Der Kaiser hielt im August 1235 einen großen Reichstag in Mainz ab, der einen der glanzvollen Höhepunkte seines Wirkens in Deutschland darstellte. Dabei kam es auch wieder einmal zu einer Versöhnung zwischen den Staufern und den Welfen, wozu Friedrichs Ehe mit Isabella aus dem welfenfreundlichen England beitrug. Der König Frankreichs war über diese Entwicklung wenig erfreut, da er seine Macht dadurch gefährdet sah. Der Enkel Heinrichs des Löwen, Otto von Lüneburg, beugte vor dem Kaiser das Knie und gab sich in dessen Hand, wobei beide beteuerten, dass der alte Hass und Hader ihrer Vorfahren damit beendet sei. Der Welfe ging bei dem Geschäft nicht leer aus und wurde zum Reichsfürsten ernannt. Er erhielt auch das Herzogtum Braunschweig-Lüneburg, das man eigens geschaffen hatte. Der Kaiser verkündete auch das Mainzer Landfriedensgesetz, welches historisch gesehen in erster Linie dadurch bedeutend ist, dass es das erste Reichsgesetz war, welches nicht nur in Latein, sondern auch in Deutsch abgefasst wurde. Das Landfriedensgesetz sollte die Verhältnisse ordnen und die verbliebenen Rechte des Kaisers absichern, ohne die Privilegien der Fürsten allzu sehr zu beschneiden.

Ein wichtiger Punkt und der vielleicht wichtigste für Friedrich II. war die Unterstützung gegen die Lombarden, die er von den Deutschen erwartete. Der Kaiser drängte die Fürsten so lange, bis diese einstimmig zustimmten, sich im darauffolgenden Jahr an einem Feldzug gegen die Lombarden zu beteiligen. Friedrich II.

erklärte 1236 den Reichskrieg gegen die lombardischen Städte und verlangte, dass der Lombardische Bund aufgelöst werden müsse. Außerdem müssten die Städte alle Rechte anerkennen und Truppen für das Heilige Land zur Verfügung stellen. Wie nicht anders zu erwarten, weigerten sich die Städte und der nun folgende Krieg zog sich bis 1237 hin, ohne dass eine wirkliche Entscheidung herbeigeführt werden konnte. Am 27. November 1237 kam es schließlich bei Cortenuova zu einer großen Schlacht, die der Kaiser mit Hilfe der ihm treuen Stadt Cremona gewann. Das Lombardenheer wurde vernichtend geschlagen, doch Mailand war auch jetzt gemeinsam mit den vier weiteren verbliebenen Bundesmitgliedern nicht bereit, sich bedingungslos zu unterwerfen. Als der Staufer zur Belagerung der Städte schritt, konnte er keine Erfolge verbuchen. Der Krieg zog sich weiterhin schleppend, bis 1248 das Heer des Kaisers bei Parma eine Niederlage erlitt. Danach sah es nach einem Patt aus und die Situation wurde letztlich mit dem Tod Friedrichs II. insofern aufgelöst, als die Herrschaft der Staufer in Reichsitalien kollabierte und sich der Lombardenbund daraufhin mangels Gegner auflöste.

1236 kam es auch zu einer Auseinandersetzung mit dem österreichischen Herzog Friedrich dem Streitbaren, der seinem Namen alle Ehre machte und auch vor einem Konflikt mit dem Kaiser nicht zurückschreckte. Am Höhepunkt der Auseinandersetzung ächtete der Kaiser den aufsässigen Herzog 1236 und machte Wien für ein paar Jahre zur freien Reichsstadt. Doch Herzog Friedrich konnte sich in einigen Rückzugsgebieten halten und militärisch behaupten. 1239 sah sich der Kaiser gezwungen, Frieden zu schließen, da er den Herzog nun als wichtigen Bündnispartner brauchte. Man verhandelte sogar über die Königswürde für Friedrich den Streitbaren, die Erhöhung der Stadt Wien zum Bischofssitz und die Heirat der Nichte des Herzogs mit Friedrich II. Doch der Kaiser lehnte schließlich ab, da er meinte, hier keine gute Partie zu machen.

Bei allen Streitigkeiten und Auseinandersetzungen, die sich in Europa abspielten, achtete niemand darauf, dass sich aus den Steppen Asiens eine fürchterliche Gefahr auf den mit sich selbst beschäftigten Kontinent zubewegte. Während sich der Papst und der Kaiser erbittert bekämpften, erschienen im Jahr 1240 die, von den Europäern Tataren genannten, Mongolen, unter der Führung des Enkels von Dschingis-Khan, Batu Khan, an den Grenzen Russlands, Polen und Ungarns. Jeder Widerstand gegen die brutal und disziplinierten kämpfenden Reiterkrieger schien aussichtslos und so wurden Russland, Polen, Ungarn und Schlesien unter extrem hohen Verlusten und der Zerstörung bedeutender kultureller Werke überrannt. In der Schlacht bei Liegnitz am 9. April 1241 versuchte ein deutsch-polnisches Aufgebot unter dem Herzog von Niederschlesien Widerstand zu leisten und wurde fast gänzlich vernichtet.

Kaiser Friedrich II. soll die Vorgänge mit großer Aufmerksamkeit verfolgt haben, unternahm jedoch nichts. Das führte dazu, dass seine Gegner behaupten konnten, er stehe mit dem Tataren in einem geheimen Bündnis, um die Christenheit zu vernichten. Dabei muss man allerdings die Situation des bedrängten Kaisers zu jener Zeit verstehen, der es nicht wagen konnte, Italien zu verlassen. Der Staufer wusste, dass ihm seine Feinde unter der Führung des Papstes sofort in den Rücken fallen würden. Als bereits Mähren verwüstet worden war und Herzog Friedrich der Streitbare in der Nähe Wiens mit den Mongolen kämpfte, zogen sich diese plötzlich wieder zurück. Der Großkhan lag im Sterben und die Führer der Mongolen wollten sich an der Wahl des neuen Herrschers beteiligen. Dass sie niemals wiederkamen ist sicherlich kein Verdienst der europäischen Fürsten, die sofort wieder zur Tagesordnung der internen Fehden übergingen. Niemand schien darüber nachzudenken, dass ein erfolgreicher Angriff der Mongolen auf Europa möglicherweise die Geschichte des christlichen Abendlandes völlig verändert hätte.

»Friedrichs II. weitere Geschichte gehört fast ausschließlich Italien, nicht Deutschland an, das er nur noch einmal (1242) auf kurze Zeit betrat.« (Müller 1905, S. 123)

Der Niedergang der Staufer

»Der Stern des Kaisers beginnt zu sinken. Er, der der Hammer sein wollte, ist nun doch Amboss, auf den die Schläge des Schicksals herniedersausen.« (Fischer-Fabian 1977, S. 348)

Der Niedergang der Staufer begann bereits während der Herrschaft des »großen« Friedrich II. Er manifestierte sich nicht nur durch die schier endlosen Konflikte mit den Päpsten und vielen anderen Gegnern, sondern ganz besonders in seinen Nachkommen, die keine große Hoffnung für die Zukunft der staufischen Herrschaft zuließen. Die wohl größte Enttäuschung für den Kaiser stellte sicherlich sein Sohn Heinrich VII. dar, der mit seinem Vater in einen Konflikt geriet, der ein Ende nahm, das schon an antike Tragödien erinnert.

Heinrich VII.

»Eine sehr merkwürdige Haltung nach innen und außen, die Heinrich einnahm: allein der vereinigten Macht des Papstes und des Kaisers konnte er nicht widerstehen.« (Leopold von Ranke)

Der junge, 1211 in Sizilien geborene Heinrich wurde als lebensfroh und kunstsinnig beschrieben, Walther von der Vogelweide nannte ihn aber auch ein »selbstbewusstes Kind«. Friedrich II. war wenige Jahre nach der Geburt Heinrichs mit siebzehn Jahren zu seiner Krönung nach Deutschland gereist. Vier Jahre später hatte er Konstanze mit seinem Sohn nachkommen lassen, wo dann auch der erst vierjährige Heinrich zum deutschen König gekrönt wurde. Die folgenden vier Jahre verbrachte der kleine König mit seinen beiden Eltern, danach ritt Friedrich II. nach Rom, um dort zum Kaiser gekrönt zu werden. Der erst achtjährige Heinrich blieb allein zurück und verbrachte seine weitere Kindheit unter kaiserlichen Ministerialen, die ihm keine Nestwärme schenken konnten. Heinrich VII. sah seine Mutter niemals wieder und seinen Vater erst 12 Jahre später. Zwischendurch war der junge Staufer im Alter von

14 Jahren mit einer viel älteren Braut verheiratet worden – der 21jährigen Tochter Herzog Leopolds VI. von Österreich.

Heinrich VII. übernahm 1129 mit 18 Jahren offiziell die Herrschaft, wobei ihn Walther von der Vogelweide etwa zu jener Zeit als ziemlich unreif und von schwierigem Charakter schilderte: »Wildwachsen Kind, du bist zu krumm, da niemand grad dich biegen kann. Du, für die Rute leider allzu groß, fürs Schwert noch allzu klein, so schlaf und halt dich ruhig, ich halte selber mich für dumm, dass ich dich je so hoch geschätzt.« (Lehmann 1978, S. 282 f)

Der junge König, der stets von einem überragenden Vaterbild verfolgt wurde, setzte alles daran, seine eigenständige Politik zu gestalten. Er war dabei nicht immer sehr konsequent, aber gewisse Grundlinien lassen sich doch erkennen. Um sich nicht von den deutschen Fürsten abhängig zu machen, setzte Heinrich VII. auf die Städte und den niederen Adel. Er veränderte aber wenig an der grundlegenden Situation, sondern benutzte seine Verbündeten in erster Linie dazu, Opposition gegen die deutschen Fürsten zu betreiben. Kaiser Friedrich II. war nicht begeistert über die Aktivitäten seines Sohnes, der ihm in mancherlei Hinsicht in den Rücken fiel. Trotz seiner Pläne konnte sich Heinrich VII. dann auch nicht wirklich gegen die Fürsten durchsetzen, sondern musste beim Hoftag von Worms im Mai 1231 diesen sogar noch mehr Rechte zugestehen. Schon Friedrich II. hatte den deutschen Fürsten 1220 eine bis dahin unerhörte territoriale Selbständigkeit zuerkannt, um die Wahl seines Sohnes zum König zu betreiben. In der Folge konnten die Fürsten ihre eigenständige Macht noch weiter ausbauen, was bei Heinrich VII. auf großen Unwillen stieß. Vor allem konnte ihm nicht Recht sein, dass die aufstrebenden deutschen Städte, auf die er setzte, dabei machtmäßig leer ausgingen, was ihre Situation damit auch dramatisch von jenen in Italien unterschied. Vor allem musste Heinrich VII. erkennen, dass er mit seiner Politik gescheitert war.

Die Situation zwischen Vater und Sohn verschlechterte sich in der Folge immer mehr. Nachdem es in Ravenna nicht zu einem geplanten Reichstag gekommen war, wurde Heinrich VII. von seinem Vater zu Ostern 1232 zum Reichstag von Aquileja vorgeladen. Er durfte allerdings die Stadt nicht betreten, sondern musste im in der Nähe gelegenen Cividale ausharren, wobei Friedrich II. mit seinem Sohn über Boten verkehrte. Dabei behandelte er ihn nicht wie sein eigen Fleisch und Blut, sondern wie einen Fremden.

Heinrich wurde zur Annahme von Bedingungen gezwungen, die sehr demütigend für ihn waren und praktisch seine Absetzung bedeuteten.

Friedrich II. bezeichnete die Fürsten als seine »Augäpfel« und sein Sohn musste schwören, nichts mehr gegen sie zu unternehmen. Außerdem musste er schwören, in Zukunft allen Befehlen seines kaiserlichen Vaters nachzukommen. Um dem Ganzen noch etwas draufzusetzen, musste Heinrich auch schwören, im Falle seines Ungehorsams die Fürsten selbst aufzufordern, sich gegen ihn aufzulehnen. Doch selbst das war dem unerbittlichen Kaiser noch nicht genug, und Heinrich musste auch noch einen Brief an den Papst schreiben, in dem er diesen bat, ihn automatisch zu exkommunizieren, falls er seinen Schwur brechen sollte. Nachdem er allem zugestimmt hatte, durfte Heinrich VII. nach vielen Jahren wieder seinem Vater persönlich gegenüber treten.

Der rachsüchtige Kaiser hätte eigentlich erkennen müssen, dass sein Sohn kein richtiger Staufer wäre, wenn er nun nicht wirklich offen rebelliert hätte. Heinrich VII. war sehr enttäuscht und verletzt – und er handelte dann eben wie ein richtiger Staufer. Er setzte seine Opposition gegen die Fürsten, die auch eine gegen seinen Vater war, weiter verbissen fort. Außerdem ging er nun auch massiv gegen die schreckliche Ketzerverfolgung im Reich, die der krankhafte Inquisitor Konrad von Marburg bis zum Exzess betrieb, vor. Jetzt zeigten sowohl der Papst als auch der Kaiser ihren Unwillen. Es war aber dann Friedrich II. selbst, der 1234 beim Papst die Exkommunikation des eigenen Sohnes in die Wege leitete.

Man unterstellte dem verzweifelten Heinrich später »knabenhaften Trotz«, als er gegen seinen Vater ein Bündnis mit dessen erbitterten Feinden, den Lombarden, einging. Der Kaiser beschloss nun eine Strafaktion gegen seinen ungeliebten Sohn und zog im Frühjahr 1235 nach Deutschland, wobei er statt eines großen Heeres bedeutende Geldsummen mit sich führte, um seine Anhänger bei der Stange zu halten. Eine große Anzahl von Fürsten erwartete den Kaiser, der mit prunkvollem Gefolge anreiste, in Regensburg. Friedrich wusste, wie man die Deutschen beeindrucken konnte: Neben vielen Wagen, die mit Gold und Silber und anderen wertvollen Stoffen beladen waren, hatte er auch noch andere Überraschungen bei sich: »Er führte mit sich Kamele, Maultiere und Dromedare, Affen und Leoparden, auch viele Sarazenen und dunkle Äthiopier, die sich auf mancherlei Künste verstanden und als

Wache dienten für Geld und Schätze.« Sogar eine Giraffe soll der Staufer dabei gehabt haben. (Lehmann 1978, S. 285)

Als Friedrich II. in der Pfalz in Wimpfen einzog, wollte sich Heinrich VII. seinem Vater vor die Füße werfen, doch der Vater blieb unerbittlich. Heinrich wurde in den Kerker geworfen und soll am Morgen noch gesungen, am Abend jedoch bereits geweint haben. Anfang Juli hielt der Kaiser dann in Worms Gericht über seinen Sohn. Es stand auch ein Todesurteil im Raum. Man brachte Heinrich in Anwesenheit vieler Edler des Reiches vor den Thron seines Vaters, wo er sich zu dessen Füßen warf. Der Kaiser ließ seinen Sohn lange dort liegen und war erst auf das Bitten einiger Fürsten bereit, ihn sich erheben zu lassen. Heinrich durfte nun im Stehen sein Urteil hören. Es lautete auf lebenslange Haft.

Der erst 24jährige wurde einige Zeit in Heidelberg gefangen gehalten, ehe man ihn nach Apulien transportierte, wo er nacheinander in verschiedenen Kerkern untergebracht wurde. Heinrich war verzweifelt und dürfte bereits mit seinem Leben abgeschlossen haben. Als man ihn sieben Jahre nach seinem Sturz in ein neues Gefängnis brachte, beging er offensichtlich Selbstmord. Offiziell stürzte sein Pferd und der 31-Jährige starb am 12. Februar 1242. Später wurde berichtet, er sei vom Pferd in eine Schlucht gesprungen. Man bestatte ihn im Dom von Cosenza, wobei er in einen königlichen Mantel gehüllt wurde.

Interessanterweise soll der Kaiser bei der Nachricht vom Tode seines Sohnes zutiefst bestürzt gewesen sein und viele Tränen vergossen haben. Friedrich II. schrieb in einem Brief: »Das Leid des liebenden Vaters hat die strenge Stimme des Richters verstummen lassen. Tief müssen wir das Geschick unseres erstgeborenen Sohnes Heinrich betrauern, und die Natur trieb eine Flut von Tränen aus unserem Innersten, die bisher der Schmerz über die Kränkung und die Starre der Gerechtigkeit zurückgehalten hatten… Wir gestehen, dass wir, der wir durch des lebenden Königs Übermut nicht gebeugt werden konnten, durch den Sturz dieses unseres Sohnes gerührt sind. Wir sind jedoch weder die ersten noch die letzten, die durch die Übergriffe von Söhnen Schaden erlitten und nichtsdestoweniger an ihrem Grabe weinen…« (Lehmann 1978, S. 286)

Das Verstoßen, Einkerkern und sogar Töten des eigenen Sohnes ist im Laufe der Geschichte bei den unterschiedlichsten Dynastien vorgekommen. Man könnte fast Parallelen im staufischen Vater-Sohn-Konflikt zur Auseinandersetzung Friedrich Barbarossas mit Heinrich dem Löwen ziehen. Sowohl der Löwe als auch Heinrich VII. richteten ihre Politik auf Deutschland und das Reich aus und versuchten, die Fürsten und den Adel machtmäßig zurückzudrängen. Friedrich Barbarossa und sein Enkel Friedrich II. agierten hingegen vollkommen anders. Sie setzten auf ein römisches Universalkaisertum und legten ihre Politik auf das im Verhältnis zum damaligen Deutschland viel wohlhabendere Italien aus. Damit war aber der Konflikt mit den Päpsten vorprogrammiert und dieser sollte letztlich massiv zum Untergang der Dynastie beitragen.

Nachdem er 1235 seinen Sohn Heinrich zu lebenslänglicher Haft verurteilt hatte, verblieb Friedrich II. nur noch ein legitimer Erbe männlichen Geschlechts. Es war dies der damals sieben Jahre alte Konrad, mit dem er nach Deutschland gekommen war. Dessen Mutter Isabella von Brienne war bereits 1228, nur sechs Tage nach Konrads Geburt gestorben. Seitdem war der Kaiser Witwer, wurde aber von verschiedenen Seiten, darunter auch vom Papst, gedrängt, sich wieder zu verheiraten. Dabei hatte der erotischen Genüssen nicht besonders abgeneigte Staufer zu jener Zeit bereits eine Vielzahl illegitimer Nachkommen. Bereits bei seinem ersten Aufenthalt in Deutschland dürfte Friedrich sechs dieser »linkshändigen Kinder« gezeugt haben, von denen zumindest zwei namentlich bekannt sind. Eines davon ist sein Sohn Heinz, der mit seinem italienischen Namen Enzio in die Geschichte einging. Auch der Lieblingssohn des Kaisers, der 1232 geborene Manfred, war kein legitimes Kind des Kaisers. Dazu gab es noch eine Tochter, die wie Manfred aus Friedrichs Beziehung zu Bianca, der Tochter des Markgrafen von Piemont, stammte. Diese wurde Konstanze genannt, machte später sogar Karriere als Kaiserin von Byzanz und starb im für damalige Verhältnisse sehr hohen Alter von 77 Jahren.

Der Stauferkaiser schloss seine dritte Ehe nur sechs Wochen, nachdem er seinen Sohn Heinrich verurteilt hatte. Der Papst hatte ihm diese Braut ausgewählt, sie dürfte allerdings eine recht attraktive Partie gewesen sein. Isabella von England war die Tochter des bereits verstorbenen umstrittenen Königs Johann Ohneland und zählte 21 Jahre. Das englische Königshaus investierte in der Folge große Summen in Ausstattung und Aussteuer der Braut. Isabella wurde daraufhin mit großem Gefolge fast wie in einem wochenlangen Triumphzug bis nach Köln gebracht. Das Pikante war, dass die englische Königstochter eigentlich ursprünglich als Frau für den armen verdammten Heinrich VII. vorgesehen war. Aber das war nun kein Thema mehr. Die Ehe des 40 Jahre alten Friedrichs II. und Isabellas wurde am 15. Juli 1235 im Beisein fast aller bedeutenden Würdenträger des Reiches im Dom von Worms geschlossen.

Der erotisch sehr aktive Staufer war dann in der Folge nicht nur vom Aussehen, sondern auch »von den Freuden des Ehebettes« mit Isabella begeistert. Er war sich auch nach einer Prophezeiung der Hofastrologen sicher, dass er sie bereits bei der ersten Vereinigung geschwängert hatte. Natürlich mit einem Knaben verstand sich. Allerdings sollte es dann ein Jahr dauern, bis die Braut ihr erstes Kind bekam – eine Tochter noch dazu.

Der Kaiser hielt nach orientalischer Tradition seine Frau wie ihre Vorgängerinnen von der Öffentlichkeit fern und ließ sie in einer Art von Harem von Eunuchen bewachen. Die Päpste und andere Gegner des Kaisers sahen darin ein »sündiges Labyrinth«. Man bedauerte die kaiserlichen Gattinnen als Gefangene in einem Kerker, der allerdings recht luxuriös ausgestattet war. Isabella litt allerdings nicht lange unter den Verhältnissen, denn sie starb 1241 im Kindbett. Allerdings wurde sofort behauptet, sie wäre keines natürlichen Todes gestorben, sondern vergiftet worden. Ein »normaler« Tod schien vielen bei einer Gemahlin des »Ketzerkaisers« nicht sehr wahrscheinlich. Friedrich II. hatte auch bei sich eine Art von orientalischem Hofzeremoniell eingeführt. Wer sich ihm näherte, musste ihm die Füße küssen. Er schätzte exotische Speisen aller Art und erfreute sich gerne an den Darbietungen sarazenischer Tänzerinnen.

Friedrich II. war nicht nur beim Hofzeremoniell für mittelalterliche Verhältnisse unkonventionell und experimentierfreudig, sondern unternahm sogar Menschenversuche im Dienste der »Wissenschaft«. So ließ er Babys in einen Turm einsperren und sie von jeder Sprache fernhalten. Er wollte sehen, wie sie sich nach einiger Zeit automatisch verständigen würden. Selbstverständlich siechten die Kinder dahin und starben bald. Der Kaiser ließ auch zwei zum Tode Verurteilten viel zu essen geben. Danach musste einer schlafen und der andere längere Zeit laufen. Anschließend wurden sie getötet und der Magen geöffnet. Friedrich wollte wissen, wer von den beiden besser verdaut hatte. Er unternahm auch andere Versuche, die weniger grausam waren, getrieben und einem unstillbaren Wissensdrang. Während des letzten Jahrzehnts hielt sich Friedrich II. fast nur noch in Apulien auf, nach Sizilien kam er nur mehr selten. Das berühmte Castel del Monte kündet heute noch von dieser Vorliebe.

Papst Gregor IX. kämpfte bis an sein Lebensende fanatisch und mit zunehmender Erbitterung gegen den Kaiser. So erneuerte er den Bannfluch gegen Friedrich II. im März 1239. Er klagte den Staufer an, er habe den Katharer Kreuzzug behindert und die römische Bevölkerung in ihrer Empörung gegen die Kurie unterstützt. In einer Bulle stellte der Papst den Kaiser auch als apokalyptisches Tier und Ketzer dar. Friedrich schlug zurück und verhaftete die anreisenden Teilnehmer eines von Gregor IX. für Ostern 1241 in Rom einberufenen Konzils. Darüber hinaus drang er erneut in den Kirchenstaat ein, um auch den Papst in seine Gewalt zu bringen. Doch am 22. August 1241 machte der Papst, der auch ein erbitterter und brutaler Ketzerverfolger gewesen war, seinen letzten Atemzug.

Nach dem nur 17 Tage dauernden Pontifikat Cölestins IV. kam es zu einer längeren Vakanz des Stuhles Petri. Ganze eineinhalb Jahre dauerte ein Tauziehen zwischen dem Kaiser und den Kardinälen. Es ging in erster Linie um die Lösung Friedrichs II. vom Bann Gregors IX. und außerdem um die Freilassung zweier Kardinäle, die der Staufer gefangen genommen hatte. Schon bald war klar, dass nur ein neuer Papst den Bann gegen den Kaiser aufheben konnte. Friedrich hoffte nun, mit der Kirche seinen Frieden schließen zu können. Er wollte stets ein Imperium mit einem Cäsar an der Spitze, aber dazu brauchte er als mittelalterlicher Herrscher auch einen Vertreter Gottes, der das geistliche Schwert schwingen konnte.

Am 25. Juni 1243 wurde in Anagni ein neuer Papst gewählt. Der Genueser Kardinal Fieschi nahm den Namen Innozenz IV. an, was darauf hindeutete, dass er die Politik von Innozenz III. fortsetzen wollte. Friedrich II. hätte gewarnt sein müssen, war allerdings zunächst der Meinung, der neue Papst sei ihm freundlich gesonnen. Schon bald zeigte sich, dass man mit Innozenz IV. nicht leicht wegen eines Friedens zwischen Kaiser und Papst verhandeln konnte. Der neue Heilige Vater wollte auch über die Lombarden verhandeln, was Friedrich aber ablehnte. Als sich auch noch Viterbo gegen den Kaiser erhob, belagerte Friedrich die rebellische Stadt, erlitt aber eine schwere Niederlage. Der Kaiser verhandelte dennoch weiter und konnte am 31. März 1244 eine Vereinbarung mit dem Papst treffen. Diese sah die Rückgabe aller besetzten Gebiete an den Papst, die Herausgabe aller Gefangenen und weitere empfindliche Bestimmungen für Friedrich II. vor. Dieser hoffte natürlich nun, vom Kirchenbann gelöst zu werden, und plante, bei einem Hoftag in Verona den Konflikt endgültig zu bereinigen. Doch schon bald sah er sich enttäuscht, denn in den weiteren Verhandlungen stellte Innozenz IV. immer striktere Forderungen. Obwohl weiter verhandelt wurde, floh der Papst schließlich mit seinen meisten Kardinälen in seine Heimatstadt Genua, bevor er nach Lyon weiterreiste.

In der Diktion blieb Innozenz IV. seinen Vorgängern treu. Man spürt geradezu den erbitterten Hass, wenn man die, gegen den Kaiser gerichteten päpstlichen Manifeste liest: Dieser sei ein »aus dem Stachel seines Schwanzes Gift spritzender Skorpion« und »eine Bestie, die ihren Rachen nur zu Lästerungen des göttlichen Namens aufreißt«, sowie »ein rasender Jäger der Unzucht vor dem Herrn, der nur Worte der Lüge liebt, nur Ruchlose als Diener hat« und ein »Fürst der Tyrannei, Umstürzer des kirchlichen Glaubens, Meister der Grausamkeit und Verwirrer des Erdenrunds.« Denn »die Nacken der Könige und Fürsten haben sich den Knien der Priester zu beugen und christliche Kaiser haben sich dem römischen Pontifex zu unterstellen.« (Fischer-Fabian 1977, S. 347)

Als ihn die Nachricht erreichte, dass Jerusalem wieder in die Hände der Moslems gefallen war, hoffte Friedrich II. auf das Einlenken des Papstes. Immerhin galt es jetzt, einen gemeinsamen Feind zu bekämpfen. Doch Innozenz IV. stellte weiter unannehmbare Forderungen und berief schließlich für den 24. Juni 1245 ein Konzil nach Lyon ein. Als zentrales Thema wurde nicht die Lage im Heiligen Land beschlossen, sondern der Konflikt des Papstes mit dem Kaiser. Das recht schlecht besuchte Konzil wurde von den meisten deutschen Bischöfen boykottiert. Friedrich II. ließ dem Papst ein Friedensangebot unterbreiten und schlug ihm die gemeinsame Bekämpfung der Mongolen vor. Doch Innozenz IV. hatte bereits seinen Entschluss gefasst – er wollte den ihm verhassten Kaiser unter allen Umständen vernichten. Er verkündete ohne Absprache mit den wichtigsten Kardinälen am 17. Juli 1245 die Absetzung des Staufers. Friedrich protestierte gegen diese Entscheidung und verlangte einen allgemeinen Konzilsbeschluss.

Der Kaiser war außer sich: »Lange war ich Amboss«, schimpfte er, »jetzt will ich Hammer sein.« Seinen Hass auf die Kirche versteckte er nun nicht mehr, sondern er kritisierte offen den Prunk, die Prachtentfaltung und die Machtpolitik der Päpste und der

Kardinäle, die er in Anlehnung an die Politik der Franziskaner als Verrat am Geist der Urkirche ansah. Ein großes Fest, das zu Ostern 1246 in Grosseto stattfinden sollte, wurde von ihm als Demonstration gegen den Papst gedacht. Doch zuvor erhielt er eine alarmierende Nachricht aus Sizilien. Eine Verschwörung war aufgedeckt worden, die seine Ermordung während des geplanten Festes und einen allgemeinen Aufstand zum Ziel hatte. Friedrich II. wusste nur zu gut, wer hinter der Verschwörung steckte, und er begab sich rasch nach Sizilien. Dort ließ er ein Strafgericht veranstalten, das an seinen grausamen Vater erinnerte. Er ließ den gefassten Verschwörern die Augen ausbrennen und sie zur Einschüchterung von Ort zu Ort transportieren, ehe sie gemeinsam mit Giftschlangen in Ledersäcke eingenäht wurden. Die Frauen und Verwandten der Verschwörer wurden zu lebenslangem Kerker verdammt. Heinrich VI. hätte seine Freude daran gehabt.

Friedrich II. machte seinem Ärger über Innozenz IV. Luft, der scheinbar vor gar nichts zurückschreckte: »... die ewige Vorsehung hat für die Erde zwei Herren vorgesehen, den Priester und den Kaiser... aber der da sitzt auf dem Stuhl, von seinen Genossen gesalbt mit dem Öl der Bosheit, er maßt sich an, wider diese Ordnung zu freveln. Den Glanz Unserer Majestät sucht er zu verdunkeln, er, der seit seiner Erhebung nicht der Barmherzigkeit das Wort geredet hat, sondern der Zwistigkeit, nicht der Tröstung, sondern der Verwüstung. Er selbst ist der große Drache, der die Erde verschlingen will, der Antichrist, der für Geld Gedungene, der Fürst der Finsternis. Und weil er nicht aufhört, Uns zu schaden und zu verfolgen, sind Wir zur Vergeltung gezwungen...« (Fischer-Fabian 1977, S. 347) Der Kampf ging weiter.

Die Dinge waren nicht spurlos an Friedrich vorübergegangen, er soll mit Anfang 50 wie ein Sechzigjähriger gewirkt haben. Angeblich ging er gebeugt, seine Sehkraft ließ nach, und er litt unter Kopf- und Gliederschmerzen und Schlaflosigkeit. Seine Launen dürften rasch und ziemlich unberechenbar gewechselt haben. Der Kaiser hatte auch zunehmend Probleme, seinen Jähzorn unter Kontrolle zu halten. In seiner Umgebung fürchtete man sich immer mehr vor seiner Unberechenbarkeit und übertriebenen Strenge. Das Jahr 1249 brachte den Höhepunkt dieser Entwicklung und wurde zu Friedrichs speziellem Unglücksjahr.

Der Staufer wurde im letzten Moment vor einem Mordversuch mit Gift gewarnt, den sein Leibarzt durchführen wollte. Dieser brachte ihm einen Becher, den der Kaiser trinken sollte, doch Friedrich forderte den Arzt auf, zuerst zu trinken. Dieser täuschte ein Stolpern vor und verschüttete das Getränk. Doch ein Schluck verblieb im Becher, den der Kaiser einen verurteilten Kriminellen trinken ließ. Dieser starb sofort auf qualvolle Weise. Der Arzt wurde natürlich hingerichtet. Nun erfuhr Friedrich II. auch noch, dass sein Vertrauter und Freund Petrus de Vinea, der unter ihm eine große Karriere gemacht hatte und zum Leiter der Kanzlei des Kaisers geworden war, ziemlich korrupt geworden und sich stark bereichert hatte. Auch hier ging der Kaiser recht brutal vor. Petrus de Vinea wurden die Augen ausgestochen und er sollte im Land zur Abschreckung herumgeführt werden. Doch der Gefangene tötete sich rechtzeitig, indem er mit dem Kopf gegen die Wand des Kerkers rannte. Eine weitere Katastrophe für Friedrich wurde dann die Gefangennahme seines geliebten Sohnes Enzio.

Enzio

Der etwa 1220 geborene Heinz, der als »Enzio« in die geschichtliche Überlieferung eingegangen ist, war ein unehelicher Sohn Friedrichs II. und einer seiner Lieblingssöhne. Das Schicksal sollte ihn zum König von Sardinien machen, ihm aber letztlich jahrzehntelange Gefangenschaft und einen Tod im Kerker bescheren. Manche Quellen berichten, dass Enzio seinem Vater im Charakter und Aussehen sehr ähnliche gewesen sein soll. Immerhin teilte er mit ihm auch die Vorliebe für die Dichtkunst und andere schöngeistige Bereiche. Hervorgegangen aus der Liaison des Kaisers mit der schwäbischen Adeligen Adelheid erhielt Enzio eine gute Erziehung und wurde 1238 von Friedrich II. zum Ritter geschlagen. Der illegitime Kaisersohn heiratete im selben Jahr die Tochter eines ranghohen sardinischen Adeligen, der eine Art von Kleinkönig war. Dadurch erhielt Enzio die Anwartschaft auf zwei der vier sardinischen Kleinkönigreiche. Friedrich II. ernannte seinen Sohn 1239 zum König von ganz Sardinien und zum Generallegaten von Mittel- und Oberitalien. Letztere Stellung brachte es mit sich, dass Enzio in einigen Teilen Italiens militärisch gegen aufständische Guelfen vorging. Enzio bereitete auch die Gefangennahme bedeutender Bischöfe vor, die im Auftrag Gregors IX. in Rom die Exkommunikation des Kaisers betreiben sollten. Ebenso kämpfte er in der Folge gegen stauferfeindliche Städte in Oberitalien. Dabei wurde er 1245 von den Mailändern gefangen genommen, man tauschte ihn aber bald gegen gefangene Guelfen aus. Im Jahr 1247 war Enzio an der unglücklichen Belagerung Parmas beteiligt und schloss nach seiner Scheidung von seiner sardinischen Gattin eine zweite Ehe mit einer Tochter Henricus III. von Verona.

Kurz nach seiner zweiten Eheschließung wurde Enzio am 26. Mai 1249 nach der Schlacht bei Fossalta von den Bolognesern gefangen genommen. Trotz der ultimativen Forderung Friedrichs II., seinen Sohn sofort freizulassen, beschlossen die Bologneser, Enzio bis zu seinem Tod in Gefangenschaft zu behalten. Der Tod seines kaiserlichen Vaters führte dazu, dass der unglückliche Enzio mehr als 22 Jahre in Gefangenschaft verbringen musste. Er verbrachte die restliche Zeit seines Lebens im »Palazzo Nuovo« in Bologna, verfasste melancholische Verse über sein tragisches

Schicksal und den Untergang der Staufer und hinterließ der Nachwelt einige interessante Dichtungen und Fragmente, die ihm einen gewissen literarischen Rang zuordnen. Der unglückliche Sohn des großen Staufers, dessen Schönheit, Tapferkeit und Bildung allgemein große Anerkennung fand, inspirierte später einige Autoren zu tragisch-heroischen Dichtungen. Letztlich war Enzio eine von mehreren schicksalhaft gescheiterten Figuren während des Niederganges des staufischen Geschlechts.

Zu Beginn des Jahres 1250 gab sich der Kaiser recht optimistisch und wollte schon bald mit einer schlagkräftigen Armee in Oberitalien in die Offensive gehen, um die Rebellion zu beenden. Als jedoch die Nachricht vom schmählichen Scheitern des französischen Königs Ludwig IX. bei dessen Kreuzzug ins Nildelta kam, beschloss der Staufer, dem Gescheiterten bei Bedarf Hilfe zukommen zu lassen, und blieb in Sizilien, während er einen Teil seiner Truppen in die Lombardei schickte. Nicht nur Friedrich II. beschuldigte in der Folge den Papst, am Scheitern des französischen Kreuzzugs Schuld zu sein, da er dem Kaiser nicht die Absolution erteilt hatte, wie es auch König Ludwig IX. immer wieder gefordert hatte. Friedrich II. scheint während seines letzten Lebensjahres die Ruhe gesucht zu haben und hielt sich die meiste Zeit in Foggia oder in Lagopesole auf. Ob dafür seine möglicherweise bereits geschwächte Gesundheit die Ursache war, lässt sich nicht eruieren.

Gegen Ende November 1250 erkrankte Friedrich II. schwer – vermutlich an der Ruhr oder an Typhus. Man brachte ihn in das in der Nähe gelegene Castel Fiorentino bei Lucera. Nach einigen Tagen schien es so, als würde sich seine gesundheitliche Situation wieder verbessern, doch dann ging es rasch dem Ende entgegen. Der große Staufer starb am 13. Dezember zwei Wochen vor seinem sechsundfünfzigsten Geburtstag. Er trug dabei die Kutte des Zisterzienser-Ordens, in den er angeblich schon kurz nach seiner Krönung in Aachen aufgenommen worden war.

Einer der Anhänger des Papstes sah im Tod des Kaisers das grässliche Ende eines Gottlosen, der, wie von bösen Dämonen besessen, »mit den Zähnen knirschend und mit schäumendem Mund, sich selbst in Stücke reißend und brüllend« elend sein Leben aushauchte. (Stürner 2000, 2/S. 587) Der angeblich mit Dämonen ringende Sterbende war jedenfalls noch in der Lage gewesen, sein Testament abzufassen. Darin machte er seinen Sohn Konrad IV. zu seinem Erben im Reich und im sizilianischen Königreich. Sollte

Konrad kinderlos sterben, so hatten ihm Heinrich und diesem Manfred zu folgen. Letzterer sollte in Abwesenheit Konrads das Königreich verwalten und erhielt zudem noch einige Fürstentümer. Des Kaisers Sohn Heinrich sollte Jerusalem oder das Königreich Arelat erhalten, während sein Enkel Friedrich (der Sohn Heinrichs VII.) Österreich und die Steiermark erhalten sollte. Außerdem verfügte der sterbende Kaiser, dass man der Kirche ihre Rechte und Besitzungen wiederzugeben hätte, wenn die Ehre und das Recht des Reiches gewahrt würden. Mit diesem Testament wollte Friedrich II. die Herrschaftsstellung seiner Nachkommen sichern. Er forderte aber auch von seinen Erben, sie sollten die Position des Reiches gegenüber der Kirche und den feindlichen Lombarden behaupten, was er eigentlich selbst nie wirklich geschafft hatte. Seine Söhne sollten umso mehr daran scheitern.

Nach dem Tod des Kaisers unterrichtete Manfred die Bürger Palermos, wo Friedrich II. gemäß seinem Wunsch bestattet werden sollte. Dann forderte er seinen Bruder Konrad IV. auf, möglichst rasch ins sizilianische Königreich zu kommen, um seine Regierung anzutreten. In einem großen Trauerzug wurde der Leichnam des großen Kaisers über Land und Wasser nach Messina transportiert. Nachdem der Verstorbene unterwegs noch zur Schau gestellt worden war, erreichte der Zug schließlich Palermo, wo Friedrich II. am 25. Februar 1251 mit einem überaus aufwändigen Zeremoniell beigesetzt wurde. Der Kaiser ruht seitdem in einem Porphyr Sarkophag, den er schon 1215 als seine Grablege bestimmt hatte.

Während Friedrichs II. Söhne, Vertraute und Anhänger von tiefer Trauer erfüllt waren, brach Papst Innozenz IV. in großen Jubel aus. Er trachtete nun danach, die Situation möglichst rasch auszunutzen und das Werk des »Antichristen« und seiner Nachkommen völlig zu vernichten. Letztlich waren der unerbittliche erste Diener Gottes und seine Nachfolger dann auch sehr erfolgreich in der Bekämpfung der »staufischen Brut«. Das Motto wurde nach dem Tod von Innozenz ganz unverhohlen verkündet: »Rottet aus Namen und Leib, Samen und Spross dieses Babyloniers!«

König Konrad IV.

»Das Leben König Konrads war zu kurz, als dass man seine Persönlichkeit mit einwandfreien Maßstäben werten könnte. Das steht fest: Er war ein treuer Sohn seines kaiserlichen Vaters.« (Bogislaw von Selchow)

Der am 25. April 1228 in Apulien geborene Konrad war der einzige Sohn Kaiser Friedrichs II. aus dessen zweiter Ehe mit Isabella von Brienne. Da seine Mutter bei seiner Geburt starb, erbte der Kaisersohn deren Anspruch auf den Thron von Jerusalem, was Friedrich II. schon ein Jahr später nutzen sollte, um sich beim Fünften Kreuzzug in Jerusalem selbst zum König zu krönen. Der kleine Konrad blieb bis 1235 am Hof seines Vaters in Italien, wurde aber dann nach Deutschland mitgenommen. Da sein um 17 Jahre älterer Halbbruder Heinrich VII. vom Vater ausgeschaltet worden war, sollte der siebenjährige Konrad nun als Nachfolger im Reich aufgebaut werden. Doch die deutschen Fürsten verweigerten die Wahl des kleinen Staufers zum König.

Erst beim Hoftag in Wien im Februar 1237 konnte der Kaiser die Wahl durchsetzen, wobei der Papst das Ergebnis allerdings nicht anerkannte. Konrad wurde so zwar zum König gewählt, aber nicht gekrönt und führte deshalb den Titel »der zum König der Römer Gewählte«. Während sich sein Vater wieder seinen Konflikten mit den oberitalienischen Städten und dem Papst zuwandte, beließ er seinen Sohn in Deutschland, um ihn dort zu vertreten. Dem kindlichen König standen nacheinander der Erzbischof von Mainz, der Landgraf von Thüringen und der König von Böhmen zur Seite. Ungefähr ab 1240, also mit etwa 12 Jahren, begann der junge König, selbständig Politik zu betreiben und Unterstützung für seinen kaiserlichen Vater zu organisieren.

Mit 18 Jahren heiratete Konrad IV. am 1. September 1246 die bayerische Prinzessin Elisabeth, die Tochter Herzog Ottos II. des Erlauchten. Damit erreichten die Wittelsbacher eine Rangerhöhung und wurden zu wichtigen Verbündeten der Staufer. Nach der Absetzung und Exkommunikation des Kaisers durch Innozenz IV. wechselte der Landgraf von Thüringen, Heinrich Raspe, der zuvor Parteigänger der Staufer gewesen war, die Seite und wurde 1246 auf Betreiben der Stauferfeinde zum Gegenkönig gewählt.

Raspe besiegte zwar in der Schlacht bei Nidda am 5. August 1246 seinen ehemaligen Schützling, konnte sich aber als »Pfaffenkönig« in Deutschland nicht durchsetzen. Nachdem er im Kampf bei Reutlingen verwundet worden war, zog sich der Thüringer auf die Wartburg zurück und starb am 16. Februar 1247. Doch schon 1248 wurde in der Person Wilhelms von Holland der nächste Gegenkönig gewählt und Konrad IV. musste weiterhin um die Macht im Reich kämpfen. Anfangs stark in der Defensive gelang es dem jungen Stauferkönig schließlich, den Vormarsch des neuen Gegenkönigs zum Stehen zu bringen.

Nach dem Tod seines kaiserlichen Vaters sah sich Konrad IV. in einer sehr schwierigen Situation. Offiziell zum Haupterben Friedrichs II. eingesetzt, sah er sich wieder gegenüber Wilhelm von Holland in der Defensive. Es schien fast eine Art von Flucht, als Konrad IV. 1252 nach Italien aufbrach. Hier konnte er zunächst militärisch einige Erfolge erzielen. Im Oktober 1253 eroberte er mit seinem Heer Neapel, doch der stauferfeindliche Papst erkannte seine Herrschaft weder in Deutschland noch in Italien an. Eigentlich auch in Italien in hoffnungsloser Lage starb Konrad IV. am 21. Mai 1254 in seinem Heerlager bei Lavello. Wie so viele Deutsche im Italien des Mittelalters starb auch der damals erst 26 Jahre alte Konrad IV. vermutlich an der Malaria.

Man setzte das Herz und die Eingeweide des jungen Königs in Melfi bei, während sein Leichnam in die Kathedrale von Messina gebracht wurde. Dort kam es dann zu einem gespenstischen Geschehen, als ein Blitz einschlug und der aufgebahrte Staufer noch vor seiner Beisetzung komplett verbrannte. Natürlich wurde dieses Ereignis vom Papst und seiner Klientel als Zeichen Gottes gedeutet. Der unglückliche Konrad IV. hinterließ einen kleinen zweijährigen Sohn, der später Konradin genannt wurde und den er niemals zu Gesicht bekommen hatte. 1252 war Konrad IV. auch Vater eines unehelichen Sohnes geworden, der ebenfalls Konradin genannt wurde und mit seinem legitimen Halbbruder auch das Schicksal teilen sollte, hingerichtet zu werden. Mit dem unglücklichen kleinen Konradin wurde das letzte Kapitel der Staufer-Tragödie eingeleitet.

»Das Ende der Staufer aber war ganz anders gewesen als der Glanz des Mythos. Denn während der letzte Stauferkaiser schon bald nach seinem Tode zur Legende wurde, ging der Kampf des Papstes gegen die Staufer unvermindert weiter.« (Lehmann 1978, S. 357)

KONRADIN ODER DAS ENDE MIT SCHRECKEN

»Wie eine Rosenknospe hüllet
Ein junges Purpurkleid ihn ein,
Und unter einer Krone quillet
Sein Haar von güldenem Schein.« (Edmund Miller 1897)

Konrad, der später als Konradin in die Geschichte einging, wurde am 25. März 1252 auf Burg Wolfstein bei Landshut geboren. Er war der letzte legitime männliche Erbe der staufischen Dynastie und sollte im Laufe seines kurzen Lebens eine Vielzahl von Titeln führen. So wurde er mit dem eines Herzogs von Schwaben, eines Königs von Jerusalem und eines Königs von Sizilien geschmückt, wobei diese Titel wenig über seine wirkliche – kaum jemals vorhandene – Macht aussagen.

Konradins Vater König Konrad IV. starb bereits am 21. Mai 1254, als der kleine Stauferprinz erst zwei Jahre alt war. Seine Mutter Elisabeth von Wittelsbach, die ihn um fünf Jahre überleben sollte, hatte großen Einfluss auf den Knaben, heiratete allerdings vier Jahre nach dem Tod Konrads IV. den Grafen Meinhard II. von Görz und Tirol, mit dem sie eine neue Familie gründete und dem sie eine größere Anzahl Kinder schenkte.

Konradin war schon bald nach seiner Geburt der letzte »echte« Staufer, da die beiden Söhne Heinrichs VII. 1251 und Konrads jüngster Bruder Heinrich 1953 gestorben waren. Außer ihm lebten noch drei Halbbrüder seines Vaters: Enzio als lebenslanger Gefangener in Bologna, Friedrich von Antiochien (der bereits 1258 starb) als Reichsvikar der Toskana und Manfred als Reichsvikar in Sizilien.

Die Vormundschaft über den Knaben übernahmen seine beiden Onkel, die Herzöge Ludwig II. von Bayern und Heinrich XIII., der ab 1255 als Heinrich I. Niederbayern regierte. Herzog Ludwig II. sollte nicht nur als Vormund eine wichtige Rolle im Leben Konradins spielen, die allerdings recht zwiespältig betrachtet wird. Dieser aufbrausende und unbeherrschte Mann, der sogar seine

Gemahlin aus Eifersucht töten ließ, sollte dem jungen Konradin ritterliche und herrscherliche Tugenden beibringen, gab jedoch in mancherlei Hinsicht ein schlechtes Beispiel dafür ab. Der Herzog wahrte die Rechte seines Neffen zwar weitgehend, hatte dabei aber immer seinen eigenen Vorteil und den seiner eigenen Dynastie, die letztlich ihren Aufstieg den Staufern verdankte, im Auge.

Als Wilhelm von Holland als neuer »Pfaffenkönig« im Januar 1256 von den Friesen erschlagen wurde, setzte sich Herzog Ludwig II. schon im eigenen Interesse für die Wahl seines Neffen Konradin zum neuen König ein. Auf Konradin lastete jedoch schon seit seiner Geburt die Feindschaft Roms und der Hass der Päpste auf das staufische Geschlecht. Papst Alexander IV. forderte deshalb alle Adeligen und Lehensleute im Herzogtum Schwaben dazu auf, sich von Konradin loszusagen. Bei der Königswahl von 1256/1257 verbot der Papst, bei Strafe der Bannung, die Wahl Konradins. Der mächtige König Ottokar II. von Böhmen war aus eigenem Interesse auch gegen Konradin als König. Herzog Ludwig sah die Aussichtslosigkeit seiner Bemühungen ein und gab letztlich der Marionette Richard von Cornwall seine Stimme, allerdings unter der Bedingung, dass Konradin das schwäbische Herzogtum und das staufische Erbe behalten dürfe. Außerdem forderte er die Zahlung von 12.000 Mark und die Vermählung mit einer Nichte des englischen Königs. Trotzdem kam es zu einer Doppelwahl, da von einem Teil der Fürsten König Alfons X. von Kastilien gewählt wurde, der immerhin ein Urenkel Friedrich Barbarossas war. Letztlich war die Wahl dieser zwei »deutschen Könige« ohne große Bedeutung, da Alfons nie und Richard selten deutschen Boden betreten hatten und auch beide keinerlei wirkliche Macht ausüben konnten.

Der bayerische Herzog hatte für den kleinen Konradin lange die Verhandlungen mit dessen Onkel Manfred in Sizilien geführt und diesen auch immer wieder mit bedeutenden Rechten ausgestattet. Doch das wurde letztlich von Manfred wenig gedankt, der unter einem Vorwand und gar nicht legitim die Macht im sizilianischen Königreich an sich riss. Konradin war noch viel zu jung, um dabei in irgendeiner Form eingreifen zu können. Die zukünftige dramatische Entwicklung im Süden Italiens zeichnete sich hier bereits ab.

Im Jahre 1262 durfte Konradin, der damals erst zehn Jahre alt war, sein angestammtes Herzogtum Schwaben offiziell übernehmen, wobei er dabei unter der Vormundschaft des Konstanzer Bischofs Eberhard II. stand, der auch die laufenden Geschäfte für ihn erledigte. Die Mächtigen im Herzogtum waren bezüglich der »Herrschaft« des kindlichen Herzogs eher gespalten. Während die hohen Geistlichen und die Reichsritterschaft sofort auf der Seite des jungen Staufers waren, zeigten sich die großen Grafen, wie die Zollern und die Württemberger, eher reserviert, da sie Angst vor der Schmälerung ihrer nicht unbedeutenden Macht hatten.

Konradin stand zu jener Zeit stark unter dem Einfluss seines Erziehers Volkmar von Kemnat, der die Verkörperung aller ritterlichen Tugenden und der ganzen Bildung seiner Zeit darstellte. Sein Einfluss dürfte, vor allem verglichen mit jenem des großen und unbeherrschten Wittelsbachers, als positiv zu betrachten sein. Herzog Ludwig II. hat übrigens zu jener Zeit erneut und ebenso erfolglos versucht, Konradin als deutschen König zu etablieren. Der Papst hatte wieder mit Banndrohungen eingegriffen und alle potentiellen fürstlichen Wähler abgeschreckt.

Doch interessanterweise wandte sich der Papst, als er 1264 stark unter dem Druck König Manfreds stand, direkt an Konradin, dem er damit zum ersten Mal den Titel eines Herzogs von Schwaben zuerkannte. Konradin sollte zur Rettung des Papstes deutsche Truppen bereitstellen, was dieser auch tat, nicht ahnend, dass er damit aber die Machtergreifung Karls von Anjou in Süditalien ermöglichte. Nach Manfreds Niederlage und Tod »entsann« sich der Papst wieder seines Hasses auf den jungen Staufer.

Im September 1266 wurde Konradin »per procurationem« mit der erst acht Jahre alten Sophia, der Tochter des Markgrafen Dietrich von Landsberg verheiratet. Dies war keine besonders gute Partie für einen künftigen König, und der junge Gatte sollte seine Gemahlin auch niemals persönlich kennenlernen. Im Oktober 1266 lud »König« Konradin zu einem Hoftag in Augsburg, zu dem eine größere Anzahl deutscher Fürsten kam. Die Mitte und der Norden Deutschlands waren allerdings kaum vertreten. Auch wenn Konradin noch etwa fünf Monate zur Erreichung seines 15. Geburtstages fehlten, wurde er nun mündig gesprochen. Als Termin für den Beginn der geplanten Romfahrt und der darauf folgenden Rückeroberung seines sizilianischen Erbes wurde der Herbst des kommenden Jahres festgelegt.

Da die Anhänger der Staufer im Reich keine Möglichkeit sahen, Konradin als wirklichen König zu installieren, setzte man darauf, ihm sein Erbe im Süden Italiens zu verschaffen. Der junge Staufer und sein engster Kreis brannten sowieso schon lange darauf, ins

»gelobte Land« Italien aufzubrechen, das schon so vielen seiner Vorfahren großes Unglück gebracht hatte. Konradin wollte rasch das Erbe seiner großen Vorfahren antreten, das nun auch das Erbe des tragischen Königs Manfred war.

König Manfred

Der 1232 bei Venosa geborene Manfred war der Liebling des Kaisers Friedrich II. Er sah ihn stets gerne in seiner Nähe. »Des Kindes Liebreiz war so groß, dass Friedrich ihn allen seinen Söhnen vorzog. Die Natur hatte ihn zum Inbegriff der Anmut gemacht. Dem stets in fürstlichem Luxus Heranwachsenden hielt väterliche Liebe die zarten Glieder vom Druck der Waffen fern.« (Sporhan-Krempel 1974, S. 23)

Manfreds Mutter war die piemontesische Adelige Bianca Lancia, mit der sich Friedrich II. noch am Sterbebett trauen ließ, womit er Manfreds Geburt als legitim erklären wollte. Dieser erhielt das Fürstentum Tarent und das Amt als Verweser Siziliens und Reichsitaliens während der Abwesenheit seines Halbbruders Konrad IV. Die Beiden hatten kein sehr gutes Verhältnis zueinander, weshalb Konrad auch 1251 aus der für ihn nicht gerade rosigen Lage in Deutschland nach Italien zog, um dort seine Ansprüche wahrzunehmen. Als jedoch Konrad IV. 1254 gestorben war, übernahm Manfred aufs Neue die Verweserschaft in Italien, dieses Mal allerdings für den kleinen Sohn des Königs, Konradin. Nebenbei versuchte er eine Versöhnung mit Papst Innozenz IV. herbeizuführen, dem er im Oktober 1254 das Geleit nach Neapel gab.

Manfreds Bemühungen blieben erfolglos, und der unversöhnliche Papst belehnte schließlich Edmund, einen Sohn König Heinrichs III. von England, mit Sizilien. Obwohl die Engländer kaum etwas unternahmen, um ihre Ansprüche durchzusetzen, sah sich Manfred zum Rückzug nach Lucera gezwungen, von wo aus er auch mit Hilfe sarazenischer Truppen bald ganz Neapel und Sizilien zurückeroberte. Viele Italiener sahen in König Manfred einen konsequenten Nachfolger Kaiser Friedrichs II., der auch im Wesentlichen dessen Politik fortsetzte. Deshalb wurde er auch von den meisten Adeligen in Sizilien und auch den staufertreuen Städten in Mittel- und Norditalien als rechtmäßiger Herrscher anerkannt.

Obwohl der Papst betonte, er habe das Recht, Manfred regieren zu lassen, »da das ganze sizilische Reich schlechthin dem Apostolischen Stuhl gehört und auch dessen Herrschaft zugefallen ist« (Breuers 2000, S. 549), kümmerte sich dieser wenig darum. Manfred war sogar bereit, dem Papst Steigbügeldienste zu leisten, wusste er sich doch im sicheren Besitz seiner Länder. Dann kam das Gerücht auf, Konradin sei gestorben, womit natürlich auch dessen Ansprüche auf das Königreich Sizilien erloschen gewesen wären. Inwieweit Manfred selbst dieses Gerücht gezielt verbreiten ließ, ist nicht ganz klar. Er nutzte jedenfalls die Gunst der Stunde und ließ sich 1258 feierlich in Palermo krönen. In Rom war man äußerst erbost, und mit dem kleinen, doch nicht verstorbenen Konradin bzw. dessen Anhängerschaft herrschte nun offene Feindschaft.

Zudem wollte Manfred noch seinen Herrschaftsbereich ausweiten und ließ sich zum Senator von Rom wählen. Er verheiratete seine Tochter mit dem Thronfolger von Aragon und brachte den Papst immer mehr in Bedrängnis. Konradins Abgesandten ließ er bestellen, dass dieser erst nach seinem Tod die Regierung in Sizilien antreten könne. Manfreds Königreich war seit 1259 mit dem Interdikt und er selbst mit einem päpstlichen Bann belegt, doch er kümmerte sich wenig darum und ging in die Offensive. Nachdem er am 4. September 1260 die Florentiner besiegt hatte, konnte er ganz Tuscien unter seine Herrschaft bringen. Rom allerdings konnte er nicht erobern, was sich für ihn letztlich als fatal erweisen sollte.

Der seit 1261 amtierende Papst Urban IV. setzte nun auf den französischen König, den er davon überzeugte, in Süditalien einzugreifen. Der Franzose schickte seinen Bruder Karl von Anjou vor, um Manfred aus Sizilien zu vertreiben und selbst dort die Herrschaft anzutreten. Auch der auf Urban IV. folgende Papst Klemens IV. betrieb die Verbindung mit Karl von Anjou weiter, war er doch selbst Franzose. Obwohl er entsetzt über die Gräueltaten der französischen Soldateska war, setzte der Papst voll auf den französischen Prinzen, um endlich den verhassten Manfred loszuwerden.

Manfred selbst nahm lange genug die Gefahr nicht allzu ernst, sondern widmete sich seinen Neigungen, gab sich als Lebemann, hatte stets eine größere Anzahl von Troubadouren um sich und widmete sich seinen Jagdfalken. Er war fast zu sehr Sohn seines Vaters, träumte auch von einem Großreich am Mittelmeer, war oft auf der Jagd, fand aber auch immer genug Zeit, für umfassende Lektüre.

Im Januar 1266 marschierte ein weitgehend französisches Heer von Rom aus los, um Manfreds Königreich zu erobern. Nach einigen Scharmützeln kam es am 26. Februar 1266 zur Schlacht bei Benevent, bei der es anfangs recht gut für Manfred aussah. Doch ein Teil seiner Truppen ging während der Schlacht zum Feind über, und letztlich nutzte nun auch die persönliche Tapferkeit Manfreds und seiner ihm verbliebenen Ritter nichts. Die Schlacht ging verloren, und der stolze Staufer suchte jetzt erfolgreich den Tod im Kampf. Man fand seine nackte Leiche erst einige Tage später. Da er unter Bann stand, wurde Manfred nicht in geweihtem Boden, sondern in einem Felsental beim Fluss Garigliano begraben. Sein Tod war das definitive Ende der staufischen Herrschaft im Süden Italiens, auch wenn es nicht der staufischen Tragödie letzter Teil in Italien war.

Stauferfeindliche Kreise haben Manfred immer wieder beschuldigt, er hätte Kaiser Friedrich II. ermordet. Da er Ambitionen auf den Thron gehabt hätte, soll Manfred während der Erkrankung des Kaisers befürchtet haben, dieser könnte wieder gesund werden und dessen Ermordung beschlossen. Er soll einen Diener Friedrichs II. bestochen haben, um Zugang zu den kaiserlichen Gemächern zu erhalten, wo er seinen Vater mit einem Kopfkissen erstickte. Diese Legende, die auf den Chronisten Giovanni Villani aus Florenz zurückgehen soll, wurde eifrig weiter verbreitet, scheint aber keinerlei wirkliche Grundlage zu haben.

Karl von Anjou

»Nun herrschte der finstere und grausame Karl von Anjou über das eroberte Land.« (Müller 1905, S. 125)

Fast jede gute Geschichte kennt auch einen argen Schurken, der vor nichts zurückschreckt. Beim Untergang Manfreds, Konradins und des Geschlechtes der Staufer hatte Karl von Anjou diese Rolle inne und er spielte sie ziemlich genial.

Karl von Anjou wurde im März 1227 als jüngster Sohn des französischen Königs Ludwig VIII. »des Löwen« geboren. Bereits in jungen Jahren erwies sich Karl als tüchtiger Befehlshaber und führte beispielsweise 1245 ein Aufgebot in die Provence, um dort den französischen Einfluss zu sichern. Er heiratete eine der Töchter des Grafen von Provence und leistete seinem königlichen Bruder den Lehenseid, obwohl das Gebiet eigentlich dem römisch-deutschen Kaiser lehenspflichtig war. Doch Kaiser Friedrich II. hatte zu jener Zeit ganz andere Probleme und konnte nicht eingreifen. Somit hatte sich Karl von Anjou aber schon recht früh als Feind des Reiches und auch der Staufer positioniert.

Als Karl 1246 mit Anjou und Maine belehnt wurde, kam es auch noch zu einem Konflikt mit der englischen Plantagenet-Dynastie, welche diese Grafschaften ursprünglich als Lehen erhalten hatten. Karl von Anjou brach 1248 gemeinsam mit seinem Bruder Ludwig IX. zum 6. Kreuzzug auf, der nach Ägypten führte. Das unter keinem guten Stern stehende Unternehmen endete nach einigen Erfolgen, bei denen sich Karl auszeichnete, letztlich mit einem Desaster. Am 8. April 1250 geriet Karl beim Rückzug gemeinsam mit seinem königlichen Bruder in die Gefangenschaft der Mameluken. Er wurde aber bald freigekauft und vertrat den abwesenden König im französischen Regentschaftsrat. In der Provence musste er eine Revolte gegen die verhasste französische Herrschaft niederschlagen. Später wurde er immer wieder mit Aufständen der Bevölkerung konfrontiert, was sicher einiges über seinen Herrschaftsstil aussagt.

Karl versuchte, in der Folge während des flämischen Erbfolgekrieges seine Macht auszubauen, indem er in dem Konflikt Partei ergriff. Er bewies dabei einiges militärisches Geschick und viel Skrupellosigkeit und geriet fast in Krieg mit dem deutschen König Wilhelm von Holland. Doch König Ludwig IX. kehrte aus dem Heiligen Land zurück und erzwang ein Ende des Konflikts. Karl ging bei der folgenden Neuverteilung Flanderns, abgesehen von einer finanziellen Ablöse, leer aus. In der Folge betrieb Karl die Erweiterung seiner Herrschaft in der Provence und erweiterte seine Machtstellung auf Kosten des Fürsten von Orange und des Grafen von Savoyen. Als der Papst ihm 1254 für sein Eingreifen gegen die Staufer im Süden Italiens die Herrschaft in Sizilien anbot, lehnte Karl von Anjou vorerst ab, da sein Bruder diesen Konflikt nicht wollte.

Doch der König änderte seine Meinung nach der Thronbesteigung Manfreds in Sizilien, da er dies als Unrecht betrachtete. Nachdem auch noch der Versuch König Ludwigs IX., Manfred zu einem Bündnis gegen die Muslime zu bewegen, gescheitert war, erhielt Karl von Anjou 1263 grünes Licht für einen Feldzug in Italien. Der französische König sah in dem Krieg eine Art von Kreuzzug gegen den vom Papst gebannten Manfred und unterstützte seinen Bruder nun auch finanziell recht großzügig. Nachdem der Franzose mit seinen Rittern in Rom eingezogen war, wurde er am 28. August 1265 von Papst Clemens IV. mit Sizilien belehnt und am 6. Januar 1266 feierlich gekrönt. Danach wandte er sich mit seinen Truppen gegen den unglücklichen König Manfred, was dessen Ende bedeutete.

Karl von Anjou, der als »hart, machtgierig, asketisch, geizig und frömmlerisch« (Lehmann 1978, S. 359) geschildert wurde, womit er sich vielleicht gar nicht so sehr von einem Staufer wie Heinrich VI. unterschied, stellte seinen üblen Ruf unter Beweis, als er die Witwe Manfreds, die 24jährige Helena von Epirus, mit ihren fünf Kindern auf der Flucht ergreifen ließ und ihnen allen bis auf eine Tochter einen üblen langwierigen Tod durch teilweise jahrzehntelange Kerkerhaft bereitete. Es war dies Teil einer Ausrottungspolitik gegen die Staufer und deren Nachkommen, bei welcher der Franzose sehr gründlich war.

Karl von Anjou baute in Sizilien eine neue, sehr modern anmutende, zentralisierte Verwaltung auf. Wie seinerzeit die Staufer stützte er sich dabei vor allem auf französische Beamte, die sich bei den Sizilianern bald sehr unbeliebt machten. Nachdem er 1268 auch noch den jungen Konradin ausgeschaltet hatte, konnte er eine schwere Revolte auf Sizilien niederwerfen und seine Macht weiter zementieren. Auch als der Papst in schwere Bedrängnis geriet und aus Rom vertrieben wurde, hielt Karl zu ihm.

Der neue König Siziliens hatte große Pläne und wollte ein großes Mittelreich etablieren, das natürlich unter seiner Herrschaft stehen sollte. Er griff deshalb auch in die byzantinischen Thronstreitigkeiten ein und konnte einige griechische Territorien unter seine Kontrolle bringen. Doch dann musste er sich dem erneuten Kreuzzug seines Bruders Ludwig IX. anschließen, den er jedoch gegen Tunis umlenkte. Immerhin war der Sultan von Tunis einmal der Vasall der Herrscher Siziliens gewesen. Als jedoch Ludwig IX. vor Tunis starb, versuchte Karl von Anjou das Oberkommando zu übernehmen, konnte sich aber nicht durchsetzen. Zumindest konnte er einen Friedensvertrag mit dem Sultan schließen, der ihm einen hohen Profit einbrachte. In der Folge betrieb Karl weitere Expansionspläne, so eroberte er Teile Albaniens und versuchte, den Papst zu einem Eintreten für die Wahl eines Franzosen zum neuen deutschen König zu überreden. Doch dieser entschied sich für Rudolf von Habsburg. Karl musste in der Folge weitere Rückschläge einstecken und verlor einige seiner Eroberungen wieder an Byzanz. Auch versuchte er, eine Front gegen das Königreich Aragon aufzubauen, und strebte die Königswürde von Jerusalem an. Er konnte sich schließlich in Akkon festsetzen und agierte von dort aus weiter gegen Byzanz.

Karl konnte trotz einer Niederlage gegen die Byzantiner in Albanien ein großes Heer und eine Flotte von immerhin 400 Schiffen aufstellen und sah sich wohl schon als neuer Herr des byzantinischen Reiches. Doch dann brach unterwartet ein heftiger Aufstand gegen ihn aus. Ab März 1282 erhob sich ein großer Teil Siziliens gegen die Herrschaft des Franzosen, und Karl von Anjou verlor rasch die Kontrolle über große Gebiete. Ende August 1282 landete der König von Aragon, Peter III. in Sizilien und ließ sich zum König ausrufen. Man kann die »Sizilianische Vesper« als späte Rache der überlebenden Staufer an Karl von Anjou betrachten, denn immerhin war Peter III. mit Manfreds Tochter Konstanze verheiratet. Daraus leitete der König Aragons seine Ansprüche auf Sizilien ab. Außerdem hatten alle überlebenden Reste der italienischen Stauferfamilie in Barcelona Zuflucht gefunden. Die »Italienische Vesper« als letztes Nachbeben der Staufertragödie sollte große Bedeutung für die Geschichte des Mittelmeerraumes erlangen, da dadurch die Machtverhältnisse wesentlich verändert wurden.

Karl von Anjou war schwer in der Defensive und er bot Peter III. ein Duell als »Gottesurteil« an, bei dem 100 Ritter beider Seiten gegeneinander kämpfen sollten. Doch der Papst verhinderte diese sehr mittelalterliche Auseinandersetzung, und im Juli 1283 wurde Karls Flotte zudem bei Malta vernichtend geschlagen. Es folgten weitere Niederlagen, und auch Karls Sohn geriet in Gefangenschaft. Karl von Anjou verteidigte verbissen den Rest seiner Besitzungen und plante einen »Kreuzzug« gegen die Aragonesen. In dieser bedrängten Situation verstarb er am 7. Januar 1285 in Foggia. Seine Pläne waren letztlich weitgehend gescheitert, doch er konnte immerhin die Vernichtung der »italienischen« Staufer als »Erfolg« verbuchen und seinen Nachkommen ein kleines Königreich im Süden Italiens hinterlassen. Der Franzose ging aber in erster Linie als »Henker der Staufer« in die Geschichte ein und konnte seinen üblen Ruf niemals loswerden.

Konradin zieht in den Tod

»Die Geschichte der Deutschen kennt – trotz des Sturzes in unserem Jahrhundert – keine schmerzlichere Erinnerung als den Untergang des staufischen Strebens, des staufischen Stammes.« (Cyran 1986, S. 459)

Wie können wir uns den jungen Konradin kurz vor seinem Italienzug nun vorstellen? Dazu eine etwas blumige Beschreibung: »In Konradin war noch einmal die ganze Fülle staufischer Schönheit, staufischen Edelmuts und Tatendrangs lebendig geworden. Herangereift ... fühlte er sich als den letzten Träger des gewaltigen Namens seines königlichen Geschlechts. Ein Jüngling, rein und schlicht, empfänglich für alles Gute und Große, ohne den nagenden Ehrgeiz seines Gegners Karl, nur von dem einen Wunsch beseelt, nicht unwürdig zu sein der großen Vorfahren. Ein Kind noch fast, wenn er, ein letzter Nachläufer der großen Minnesänger, singt: Ich weiß noch nicht, was Liebesfreuden sind. Mich lässt die Holde sehr entgelten, dass ich an Jahren bin ein Kind.« (Selchow 1928, S. 258)

Alle Quellen sind sich einig, dass er ein groß gewachsener, schöner und gut gebildeter Jüngling gewesen sei. Wie viele seiner Vorfahren aus dem staufischen Haus hatte er offensichtlich Interesse an der Dichtkunst und wohl auch eine gewisse Begabung dafür. Er hatte auf jeden Fall Kontakt mit verschiedenen Minnesängern, und es wurden ihm auch Gedichte gewidmet. Es gibt zwei Minnelieder, die Konradin zugeschrieben werden, obwohl auch die Möglichkeit besteht, dass sie noch von seinem Vater Konrad IV. verfasst wurden. Falls die Lieder von ihm sind, so kann man dem jungen Konradin sicherlich eine gewisse Reife nicht absprechen. Es ist unter Historikern umstritten, inwieweit der junge Staufer eigenständige Entscheidungen getroffen hat. Manche sehen ihn nur als Spielball und Werkzeug seiner »Berater« und des staufischen Lagers. Da er nach den Berichten über ihn schon sehr früh eine gewisse »mannhafte und würdige« Ausstrahlung hatte, dürfte er vielleicht doch in höherem Maße Herr seiner Entscheidungen und seines Schicksals gewesen sein. Durch seinen frühen Tod ist es ungewiss, wie sich die Persönlichkeit des letzten wirklichen Staufers entfaltet hätte, wäre ihm ein längeres Leben beschieden gewesen. Man könnte durchaus annehmen, er hätte die Anlagen gehabt, ein zweiter Barbarossa zu werden. Doch das Schicksal wollte es anders.

Natürlich nannte sich der junge Staufer selbst nicht »Konradin« oder wurde von seiner Umgebung so genannt. Der Name, mit dem er schließlich in die Geschichte eingehen sollte, geht auf die ironische Verkleinerungsform »Corradino« zurück, mit welcher der italienische Volksmund den jungen Staufer bedachte. Einige romantische Legenden ranken sich um Konradins engsten Freund Friedrich, der mit ihm alles teilte, stets in seiner Nähe war und mit ihm auch nach Italien in den Tod zog.

Dieser Friedrich von Baden-Österreich, der 1249 geboren worden und somit etwa drei Jahre älter als Konradin war, war der Sohn des Titular-Markgrafen von Verona und Baden, Hermann VI., der auch als Anwärter auf das Herzogtum Österreich galt. Die Mutter Friedrichs war Gertrud von Babenberg, eine Nichte Herzog Friedrichs des Streitbaren von Österreich, mit dessen Schlachtentod das Geschlecht der Babenberger im Mannesstamm erloschen war. Hermann VI. konnte seinen Anspruch auf Österreich auf Grund seiner schwachen Position niemals durchsetzen und starb bereits im Alter von 25 Jahren.

Friedrichs Mutter Gertrud versuchte nach dem Tod ihres Gatten, ihre Ansprüche in Österreich, in dem eine Art von Interregnum herrschte, durchzusetzen, musste aber vor König Ottokar II. von Böhmen, der wegen seiner Gemahlin, die ebenfalls eine Babenbergerin war, und auch Ansprüche auf Österreich erhob, die Flucht ergreifen. Gertrud von Babenberg setzte sich in die Steiermark ab, wo ihr im Frieden von Ofen im Jahre 1254 Teile dieses Herzogtums zuerkannt wurden. Sie residierte dann in Judenburg und Voitsberg und übergab ihren Sohn Friedrich der Obhut Herzogs Ulrichs III. von Kärnten. Als dieser zum jungen Mann herangereift war, was im Mittelalter ja im Allgemeinen recht früh geschah, ging Friedrich nach Bayern, wo er in Kontakt mit dem jungen Staufer Konradin kam.

Konradin und Friedrich wurden spätestens 1266 enge Freunde, die für den kurzen Rest ihres Lebens Freud und Leid miteinander teilen sollten. Beide hatten einiges gemeinsam, waren sie doch recht früh ihres Vaters verlustig gegangen und hatten durch die widrigen Umstände den Großteil ihres Erbes verloren. Die Freundschaft der beiden sollte später vielfach in die Staufer-Literatur eingehen und dort einen sehr romantischen Beiklang erhalten.

Dazu eine schöne blumige Beschreibung: »Zwei deutsche Fürstensöhne, denen ein Böhme, ein Spanier und ein Franzose die angestammten Erblande geraubt, fanden sich so in einer Freundschaft, die all die schweren Stunden, die ihr junges Leben verdunkelten, immer wieder durchleuchtete, reinigte und verklärte.« (Selchow 1928, S. 258) Bei so viel romantisch idealisierter Freundschaft der beiden, die immer wieder durch die Stauferliteratur geistert, nimmt es nicht Wunder, wenn Konradin und Friedrich später zu Ikonen der Homosexuellenbewegung wurden.

Der junge Staufer versammelte im September 1267 bei Augsburg sein – überschaubares – Heer. Er hatte sich durch eine Belehnung noch die Unterstützung des Grafen Rudolf von Habsburg erkauft, der schon bald der deutschen Geschichte eine neue Wendung geben sollte. Konradin setzte alles daran, möglichst keine Feinde in Deutschland zurückzulassen, was weitgehend gelang. Bevor er loszog, nahm der junge Staufer in Hohenschwangau Abschied von seiner Mutter, die ihren Sohn niemals wiedersehen sollte. Danach zog Konradin gemeinsam mit Herzog Ludwig II. von Bayern, seinem Stiefvater Graf Meinhard II. von Görz-Tirol und einigen anderen Fürsten hoffnungsvoll nach Italien. Die italienischen Parteigänger der Staufer bekundeten ihr Wohlwollen, waren dann aber in der Folge geizig mit ihrer Unterstützung.

»Aus dem Stamme des Drachen ist ein giftiger Basilisk entsprossen. Schon verpestet er mit seinem Hauch Toscana. Durch raffinierte Lügen putzt er seinen Flitter auf; die einen sucht er durch Bitten, die anderen durch Geld vom Wege der Wahrheit abzulenken. Dies ist der unbesonnene Knabe Konradin, Enkel Friedrichs, einstmaligen Kaisers der Römer, des von Gott wie von seinem Vikar durch gerechtes Urteil Verworfenen.« (Kohlrausch 1935, S. 251) Mit diesen Worten begrüßte Papst Clemens IV. den jungen Staufer, nachdem dieser über die Alpen gekommen war. Er belegte Konradin am 18. November 1267 zudem mit dem Kirchenbann.

Es war nicht gerade die Elite der deutschen Ritterschaft, die mit Konradin aufgebrochen war, um das sagenhafte Königreich Sizilien zu erobern. Es waren sehr viele Abenteurer darunter und sehr viele, die sich nur einen guten Sold und eventuell fette Beute erwarteten. Immerhin hatte Konradin den größten Teil der ererbten Ländereien an seinen Onkel verpfändet, der dabei offensichtlich gar kein schlechtes Gewissen hatte, damit den Sold seiner Leute zu bezahlen.

Bis Verona verlief der Vormarsch Konradins recht gut, doch dann schien das Unternehmen ins Stocken zu geraten. Ein Angriff auf die Stadt Brescia schlug fehl, und der Geldmangel machte sich zunehmend bemerkbarer. Viele der deutschen Abenteurer verkauften ihre Pferde und Waffen und setzten sich ab. Auch Konradins Stiefvater und seine beiden Onkel fanden nun »Gründe«, um das Heer zu verlassen. Graf Rudolf von Habsburg, der stets ein Gefühl für den richtigen Zeitpunkt hatte, nahm ebenfalls bald die Gelegenheit wahr, um sich abzusetzen. Wahrscheinlich haben sie alle auch dem jungen Konradin geraten, das Unternehmen abzubrechen. Doch dieser dachte in seinem jugendlichen Leichtsinn nicht daran. Außerdem hatte er fast seinen gesamten Besitz verpfändet und konnte nicht einfach ohne Erfolg zurückkehren. Zudem glaubte er in seinem Sendungsbewusstsein sicherlich, dass die Menschen im Süden Italiens auf ihre »Rettung« warteten. Womit er vermutlich teilweise sogar Recht hatte, denn Karl von Anjous Herrschaft wurde von vielen als arge Tyrannei empfunden. So schrieb ein Beamter der Kurie: »Oh, König Manfred, für einen reißenden Wolf unter den Schafen dieses Königreiches hielten wir dich, aber der Vergleich mit dem jetzigen Herrscher, den wir, unbeständigen Sinnes und verführt durch die Vorspiegelung künftigen Glücks, ängstlich erwarteten, zeigt deutlicher: du warst ein zartes Lamm!«
(Breuers 2000, S. 552 f)

Als schon alles verloren schien, erhielt Konradin weitere fast schon unerwartete Sympathieerklärungen, Hilferufe, aber auch Zusagen militärischer und finanzieller Unterstützung. So zog er entschlossen weiter nach Süden, hoffte er doch – als christlicher Fürst –auf die Unterstützung durch die Sarazenen. Außerdem schien Sizilien kurz vor einem Aufstand gegen die französische Herrschaft zu stehen. Sogar der Emir von Tunis hatte dem Staufer Unterstützung gegen Karl von Anjou zugesagt. Konradin musste zwar seine restlichen Rechts- und Besitzansprüche als Herzog von Schwaben an den Bayern-Herzog verpfänden (»Konradinische Schenkung«), konnte aber weiterziehen. Schließlich kam er über Pavia, Pisa und Siena, zwischenzeitlich einige Verstärkung erhaltend, nach Rom. Hier wurde er von Heinrich von Kastilien, einem Abenteurer, der sich auf die Seite des Staufers geschlagen hatte, als Senator von Rom empfangen. Der Papst hatte zuvor erklärt: »Fürchtet Euch nicht! Wir wissen, dass dieser Jüngling von nichtswürdigen Menschen wie ein Lamm zur Schlachtbank geführt wird, und die Gewissheit ist groß, wie es nächst den Glaubensartikeln keine andere mehr gibt.« (Breuers 2000, S. 553) Der Papst tat auch alles, wozu ihn sein Amt befähigte, um Widerstand gegen die Stauferinvasion zu leisten. Er wiederholte seine Bannsprüche, alle Priester und Bettelmönche predigten ohne Unterlass gegen Konradin, und unter Androhung aller Qualen der Hölle wurden die Gläubigen zum Kreuzzug gegen den von der Kirche gehassten Staufer aufgefordert.

Doch die Bevölkerung Roms bereitete dem heldenhaften Jüngling einen begeisterten Empfang, und Konradin erlebte wahrscheinlich den größten Tag seines kurzen Lebens. »Die Massen sahen einen König. Dieser König war jung und war Sieger. Des Feierns war kein Ende.« (Selchow 1928, S. 262) Einer der Gründe für die Begeisterung der Römer dürfte auch gewesen sein, dass der Papst alles andere als beliebt war. Heinrich von Kastilien verstärkte nun Konradins Truppen und schloss sich ihm persönlich an.

Der Staufer zog schließlich mit einem Heer von ca. 4.800 Mann und einem viel zahlreicheren Tross über die Abruzzen in Richtung Süden. Auch wenn man das genaue Ziel des Marsches nicht kennt, so dürfte es wohl der Kontakt zu stauferfreundlichen Teilen des sizilianischen Königreiches bzw. zu den Sarazenen gewesen sein, den Konradin anstrebte. Karl von Anjou, der die Stadt Lucera belagerte, brach die Belagerung sofort ab und zog Konradin entgegen. Er beschloss, den staufischen Jüngling abzufangen und ihm eine Falle zu stellen. Doch sein erster Versuch, Konradin zur Schlacht zu stellen misslang, da die staufischen Truppen bei Carsoli nach Norden auswichen und über Pietrasecca und Leonfreni über die Abruzzen ins Salto-Tal zogen. Das Heer marschierte flussaufwärts und kam nach Magliano am Rand der Palentinischen Ebene. Hier kam es zwischen den Orten Magliano und Albe zur Entscheidungsschlacht.

Die Schlacht, die allerdings als jene bei Tagliazzo am 23. August 1268 in die Geschichte einging, ist sicherlich eine der wichtigsten in der mittelalterlichen Geschichte. Karl von Anjou war offensichtlich zahlenmäßig unterlegen, hatte aber mehr berittene Einheiten zur Verfügung und war wohl auch der strategisch geschicktere Heerführer. Zudem waren seine Leute disziplinierter als die heterogene Streitmacht Konradins, und der Franzose schreckte auch vor keiner Kriegslist zurück. Viele von Karl von Anjous Rittern hatten an den

Kreuzzügen teilgenommen und die arabische Taktik der Scheinflucht kennengelernt.

Beide Heere hatten eine Aufstellung ein »Drei Treffen«, wobei sich Konradin wegen seiner Jugend gemeinsam mit seinem Freund Friedrich nur im dritten Glied befand. Den eigentlichen Oberbefehl hatten Heinrich von Kastilien und der deutsche Marschall Konrad Kropf von Flüglingen. Karl von Anjou ging von Anfang an listenreich vor und verbarg etwa 1.000 französische Ritter hinter einem Hügel. Es kam dann auch wie von ihm geplant. Die ersten beiden Treffen der Franzosen wurden von den Leuten Konradins verlustreich überwältigt und flohen. Die Ritter des Staufers nahmen siegessicher die Verfolgung auf, während Karl mit seiner Reserve überraschend das dritte staufische Treffen mit Konradin angriff. Einige der von der Verfolgung zurückkehrenden staufischen Ritter griffen zwar wieder in das Gefecht ein, aber manche der Franzosen starteten eine weitere Scheinflucht und lockten viele der Männer Konradins erneut weg. Der Kampf wurde schließlich durch die konsequente Führung Karls von Anjou und dem Chaos im Heere Konradins entschieden. Die Schlacht wurde sehr erbittert und äußerst verlustreich geführt und endete damit, dass etwa 4.000 Männer auf dem Schlachtfeld blieben. Karl von Anjou behauptete das Feld, und Konradin floh gemeinsam mit seinem Freund Friedrich und weiteren Getreuen, um sein Leben zu retten. Der Franzose ließ gefangene Anhänger des Staufers gleich auf dem Schlachtfeld hinrichten, denn er wollte gezielt reinen Tisch machen.

Als Konradin erneut in Rom einzog, dieses Mal aber als Geschlagener, wehte ihm ein eisiger Wind entgegen. Ziemlich ratlos ließ der junge Staufer, der zu dem Zeitpunkt wohl noch 500 Männer um sich hatte, einige Tage verstreichen, ehe er beschloss, sich nach Sizilien durchzuschlagen, um neue Anhänger zu finden. Als Konradin mit einigen Getreuen südlich von Antium die Küste erreichte, hoffte er, von hier aus per Schiff zu entkommen. Doch er geriet erneut in eine Falle, wurde überwältigt und an Karl von Anjou ausgeliefert. Während einige der Gefangenen rasch gehenkt oder geblendet wurden, veranstaltete man gegen Konradin und seine engsten Anhänger eine üble Art von Scheinprozess, der erwartungsgemäß mit einem Todesurteil endete.

Der Historiker Leopold von Ranke schrieb darüber folgende eindringliche Darstellung: »Man machte es ihm zum todeswürdigen Verbrechen, dass er Klöster angezündet habe. Ein großer

Gerichtshof ward berufen. Robert von Bari klagte Konradin an, dass er Kirchen zerstört, dass er widerrechtlich den Titel König angenommen und gegen den rechtmäßigen König Krieg unternommen habe. Guido von Suzara erwiderte, Konradin sei kein Schuldiger, er sei ein Kriegsgefangener. Viele der französischen Barone waren dafür, dass man ihn am Leben erhalten oder sogar mit ihm in Friedensverhandlungen eintreten müsse. Die Italiener hielten sich still. Ob er ein Rebell gegen die Kirche sei oder ein König, war die Frage. Ein provenzalischer Jurist sprach das Todesurteil aus.« (Ranke 1928, S. 464)

»Als ihnen das Todesurteil verkündet wurde, waren sie (Konradin und Friedrich) beim Schachspiel. Kein Zug des Schreckens oder des Hasses zuckt um ihren Mund. Dicht am Meer auf dem Marktplatz von Neapel bestiegen sie vor zahlreichen, von Karl geladenen Gästen und vor einer tausendköpfigen Menge das Blutgerüst. ‚Ich vergebe dir, dass du mich tötest', sagte Konradin in seiner schlichten Weise zum Henker. Dann kniete er ruhig und voll Würde nieder. Ein lauter Schrei entrang sich Friedrichs Mund, als er den Kopf des geliebten Freundes fallen sah. Dann trat er selbst vor, danach der Marschall Kropf von Flüglingen und dann zehn andere.« (Selchow 1928, S. 264)

Am 29. Oktober 1268 wurde Konradin gemeinsam mit seinem Freund Friedrich von Baden, Friedrich von Hürnberg, Graf Wolfrad von Veringen und dem als Feldherrn gescheiterten Marschall Konrad Kropf von Flüglingen auf der Piazza des Mercato in Neapel öffentlich geköpft. Karl von Anjou wohnte der Hinrichtung bei. Über den Tod Konradins und seiner Freunde gibt es einige Legenden, die seine Bedeutung und seinen Edelmut darstellen sollen. Er scheint jedenfalls sehr tapfer und gefasst in den Tod gegangen zu sein, wobei ihm sein geliebter Freund Friedrich in Nichts nachstand. Interessant ist, dass Konrads Verbündeter Heinrich von Kastilien nicht hingerichtet wurde.

Es gibt einige Unklarheiten um das Ende Konradins. Zum einen weiß man auf Grund der Quellenlage nicht, in welcher Form und welchem Umfang man ihm vor seiner Hinrichtung wirklich einen Prozess gemacht hat. Außerdem ist nicht geklärt, ob der unglückliche junge Staufer vor seiner Hinrichtung von der Exkommunikation losgesprochen wurde. Mit größter Wahrscheinlichkeit ist dies aber nicht geschehen, da man Konradin keiner christliche Bestattung würdig erachtete, sondern einfach verscharrte. Die

Überreste Konradins und Friedrichs wurden erst viel später unter dem Hauptaltar der Kirche Santa Maria del Carmine in Neapel beigesetzt. Die meisten Zeitgenossen sahen in der Hinrichtung des jungen Staufers und seiner Begleiter ein ungeheures Verbrechen und einen Bruch dessen, was bis dahin zwischen gekrönten Häuptern und deren Familienangehörigen üblich gewesen war. Doch an der erfolgreichen Ausschaltung des letzten legitimen Staufers änderte das wenig.

Konradins Mutter Elisabeth stiftete im Jahre 1272 zum Andenken an ihren tragisch gestorbenen Sohn in Tirol das Zisterzienserkloster Stams. Der schreckliche Ausgang von Konradins Italienzug beeindruckte und bestürzte viele Menschen. Schon bald tauchten einige »falsche Konradins« auf, die für Unruhe sorgten. So wurde über einen falschen Konradin berichtet, der allerdings angeblich ein Schmied aus der Nähe von Würzburg war. Das Bild Konradins schwankte je nach der politischen Ausrichtung der Historiographen. So sahen Habsburg treue Betrachter den gemeinsamen Tod des »letzten Staufers« und des »letzten Babenbergers« Friedrich von Baden als Voraussetzung für den Aufstieg des Geschlechtes der Habsburger. Im 19. Jahrhundert kam es zu einer wahren Konradin-»Besessenheit«, die meistens unter nationalistischen Gesichtspunkten stand. Sehr viele Gemälde, Romane und Theaterstücke beschäftigten sich mit dem gescheiterten jungen Staufer und besonders seinem Italienzug. Auf Betreiben des bayerischen Kronprinzen Maximilian wurde eine Statue für das Grab Konradins in Neapel angefertigt, deren Reliefs auch die Beziehung des letzten Staufers zu den Wittelsbachern dokumentieren sollte. Orte, die mit Konradin in Verbindung stehen, wie beispielsweise die Burg Wolfstein, Wasserburg am Inn und das Kloster Stams wurden teilweise erst in letzter Zeit mit Gedenktafeln »geschmückt«.

NACHLEBEN UND VERKLÄRUNG DER STAUFER

»Das eigentliche Kaisertum, wie es von Karl dem Großen gegründet, von Otto dem Großen erneuert, von den Saliern festgehalten, von den Hohenstaufen eigentümlich ausgebildet wurde, war mit Heinrichs VI. Tode von den Päpsten zugrunde gerichtet worden. An eine Fortsetzung des Reiches im früheren Sinne konnte nicht gedacht werden, sobald das alte Geschlecht vernichtet ward.« (Ranke 1928, S. 476)

Eigentlich war bereits mit dem Tode Kaiser Friedrichs II. das Schicksal der Staufer besiegelt. Alles, was danach kam, war ein letztes Aufbäumen gegen ein bereits vorgezeichnetes Schicksal, das für die einst so mächtige Dynastie den Untergang vorsah. Friedrich II. hatte noch versucht, den seit Karl dem Großen bestehenden Traum eines universalen Kaisertums durchzusetzen. Doch er musste damit scheitern, da er nichts anderes verkörperte »als das letzte herrliche und schreckliche Aufglühen der Idee vom Imperium in der abendländischen Welt.« (Fischer-Fabian 1977, S. 350) Das Papsttum hatte zwar »gesiegt«, aber es sollte dessen nicht mehr froh werden und niemals mehr die Machtvollkommenheit eines Gregor VII. oder eines Innozenz III. erlangen.

Zwischen dem letzten Stauferherrscher und dem ersten Habsburgerkönig liegt jene Zeit, die man später als das »Interregnum« bezeichnete. Die Territorialfürsten des Reiches konnten während dieser Zeit ihre Macht, ihre Territorien und ihren Einfluss in einem Maße steigern und ausbauen, das nie mehr zurückgenommen werden konnte. 1257 wurden zwei »Ausländer« zu deutschen Königen gewählt – Richard von Cornwall und Alfons von Kastilien. Doch damit war keine wirkliche Form von königlicher Herrschaft verbunden, da keiner der beiden jemals wirklich eine allgemeine Anerkennung im Reich erlangen konnte. Genauso wie bei den schon in der Endphase der Herrschaft Friedrichs II. gewählten »Königen« Heinrich Raspe und Wilhelm von Holland scheiterten der Engländer und der Spanier an den deutschen Gegebenheiten und der Fürstenmacht und waren auch kaum wirklich präsent. Richard von Cornwall wurde zwar in Aachen gekrönt, hielt sich aber insgesamt nur viermal in Deutschland für recht kurze Zeit auf. Alfons von Kastilien erhob zwar Anspruch auf die Kaiserwürde, war aber niemals in Deutschland zugegen und wurde schließlich sogar in Kastilien entmachtet.

Die Fürsten und Bischöfe des Reiches nutzten die Situation aus, unterdrückten den weniger mächtigen Adel und das Bürgertum der aufkommenden Städte und okkupierten gegen jedes Recht Reichslehen. Zudem führten sie eigenmächtig Steuern, Zölle und Regalien ein, um sich zu bereichern. Der kleinere Adel verlegte sich zu einem großen Teil aufs Rauben und Ausplündern des wehrlosen Teiles der Bevölkerung. Es war die Zeit der Raubritter, das Faustrecht kam immer mehr zum Tragen und die Sitten verwilderten allgemein. Das Reich war in einem ziemlich anarchischen Zustand, in dem das Recht des Stärkeren herrschte. Gleichzeitig entwickelten sich nach und nach durch die Landesfürsten und das Erstarken einiger Städte neue Ordnungsstrukturen, welche die bisherigen ablösten. Allerdings begann damit auch die spezielle deutsche Entwicklung zur Kleinstaaterei, die ihren Höhepunkt erst nach dem Dreißigjährigen Krieg erreichen sollte.

Ein englischer Beobachter beschrieb die Situation: »Es ist ein wütender Wahnsinn, mit dem die Deutschen von den unbezwingbaren Burgen aus, die sie an den Ufern des Rheins erbauen, ohne Rücksicht auf Ruhe und Frieden und gierig nach Erwerb oder vielmehr Erpressung von Geld vor keiner Schandtat zurückschrecken. Die Schiffe, die mit Lebensmitteln oder Waren aller Art den Fluss herabkommen, können den Burgen unmöglich ausweichen. Die Leute werden gezwungen auszusteigen, und von jedem einzelnen werden ohne Scheu vor Gott oder dem König ganz unerhörte und unerträgliche Zölle erpresst.« (Mikoletzky 1958, S. 311)

Einige Strukturen profitierten oder entstanden erst durch das Interregnum. Dies waren u. a. die Städtebünde, die sich sogar wie beim Rheinischen Bund auch mit Bischöfen und Grafen zusammentaten, um den Landfrieden zu gewährleisten. Der Rheinische Bund schuf eigene Institutionen, um Streitfälle zu klären und für die allgemeine Sicherheit zu sorgen. Die Deutsche Hanse als der wichtigste Städtebund erreichte in der Folge eine Machtstellung, die jene kleinerer Königreiche in den Schatten stellte. Es entstand damit ohne die Mitwirkung einer Reichsgewalt ein Machtfaktor, der mehrere Jahrhunderte den Handel und die Politik im Nord- und Ostseeraum entscheidend prägte. Bei einem funktionierenden und machtvollen Königtum wäre eine solche Entwicklung sicherlich nicht in dieser Form möglich gewesen.

Das Schicksal wollte es, dass schließlich ein Mann die deutsche Königswürde erlangte und das Interregnum beendete, dessen Familie in etwa aus der gleichen Gegend kam, wie jene der Staufer – Deutschlands Südwesten. So wie die Staufer waren die Habsburger ein eher unbedeutendes kleines Geschlecht, ehe sie plötzlich im Mittelpunkt der Reichsgeschichte standen. Als Rudolf I. von Habsburg im Jahre 1273 zum König gewählt wurde, beerbte er auch in gewisser Weise die Staufer, ohne dass jedoch er oder seine Nachfolger an die Idee eines universellen Kaisertums anschließen konnten. Von nun an betrieben die »römischen« Könige und Kaiser in erster Linie genauso Hausmachtpolitik wie alle anderen Fürsten des Reiches.

Die Staufer gerieten im weiteren Verlauf der deutschen und europäischen Geschichte natürlich niemals in Vergessenheit, wobei allerdings in erster Linie die beiden großen »Stars« Friedrich I. Barbarossa und Friedrich II. neben dem unglücklichen Konradin in Erinnerung blieben. Vor allem zur Zeit des Humanismus beschäftigten sich Dichter und Gelehrte mit den Staufern, von denen es einigen wieder besonders Konradin angetan hatte.

Nach der Gründung des neuen Deutschen Reiches 1871 setzte man wieder auf den Mythos der Staufer. Kaiser Wilhelm I. mutierte so zum »Barbablanca« (Weißbart) in Analogie zum staufischen Barbarossa. Auch das Kyffhäuserdenkmal aus dem Jahre 1896 ging in diese Richtung und sah den Preußenkönig und Kaiser eines Reiches, das eher ein Fürstenbund war, als Vollender Friedrich Barbarossas. Später im Nationalsozialismus war der Staufermythos überraschenderweise wenig gefragt. Die Propaganda konzentrierte sich eher auf die Ottonen und hier insbesondere Heinrich den Vogler, während man für die Italienzüge der Staufer wenig Verständnis übrig hatte. Es erscheint auch interessant, dass sich die nationalsozialistische Filmindustrie von den Staufern und Welfen recht fern hielt. Der »Alte Fritz« und sonstige eher neuzeitliche Stoffe standen auf dem Programm, aber zwischen Langs »Nibelungen« und den deutschen »Helden der Neuzeit« klaffte eine Lücke. Immerhin gab es eine SS-Division, die den Namen »Hohenstaufen« führte. Es fällt auf, dass es im Dritten Reich eine Vielzahl historischer Publikationen zur Thematik der Staufer gab, von denen manche wider Erwarten unideologisch ausfielen. Offensichtlich dürfte die

Beschäftigung mit dem großen Herrschergeschlecht des deutschen Mittelalters ein relativ sicheres Gebiet gewesen zu sein, bei dem man sich nicht leicht in Gefahr begeben konnte. Wobei natürlich der Gegensatz zwischen Staufern und Welfen gewisse ideologische Sprengsätze in sich barg.

Ein wesentlicher Punkt der staufischen Geschichte, die dauernde Konkurrenz und Auseinandersetzung mit dem Geschlecht der Welfen, wurde für die Nachwelt am nachhaltigsten durch die beiden große Persönlichkeiten Friedrich Barbarossa und Heinrich dem Löwen symbolisiert. Bis in die heutige Zeit fasziniert der Konflikt dieser beiden gegensätzlichen Charaktere viele Historiker und Schriftsteller. Wobei natürlich auch der jeweilige ideologische Standpunkt eine Rolle spielte und noch spielt. Auf der einen Seite das universelle Kaisertum des Staufers Barbarossa und auf der anderen Seite die Politik des »mit der Scholle verwachsenen« Stammesherzogs Heinrich. Darauf wird in der Regel der Konflikt vereinfacht, bei dem persönliche Animositäten und wohl auch rücksichtsloses Machtstreben allerdings ebenso eine große Rolle gespielt haben dürften.

Dazu der Historiker Hellmuth Diwald: »In Deutschland blieb die Erinnerung an diese beiden ungewöhnlichen Fürstengestalten jahrhundertelang wach. Beide waren von extrem gegensätzlicher Art. Der Kaiser war auch phänotypisch eine vollendete Verkörperung der höchsten irdischen Würde, der makellosen Majestät. ... Heinrich der Löwe dagegen gänzlich anders, das strikte Gegenteil des Eindrucks, den man auch damals mit der Vorstellung eines Ritters verband. Seinem Aussehen nach gehörte der Herzog weit eher zu denjenigen Völkern, die er so unnachgiebig bekämpfte und christianisierte. ... Dass unterworfene Slawen zeitweise zu diesem Mann wie zu einem Gott beteten, muss nicht als Chronisten-Latein abgetan werden. Heinrich der Löwe war kein Herrscher für Legenden, kein Sujet für raunende Erzählungen. Die praktische Arbeit, die er als Landesfürst betrieb, war Politik des Bauens, des Rodens, der Bekehrung, der Gründung, der Organisation, des Wirtschaftens. Seine Leistung hatte in staatlicher Hinsicht keinen Bestand, aber die sichtbare Tagesarbeit überdauerte. ... Er verkörperte zum letzten Mal das große Stammesherzogtum aus der Frühzeit des Reiches; er verkörperte jedoch ebenso zum ersten Mal die Machtnatur jener Reichsfürsten, deren politischer Wille auf unmittelbares Schaffen zielte, deren Vorstellungskraft sich ans

Greifbare hielt, an das, was sich gemäß einem Konzept standsicher bewirken ließ…« (Diwald 1978, S. 731) Also in gewisser Hinsicht das genaue Gegenteil des universalistisch denkenden Staufers und seiner Nachkommen, die es in der Regel alle nach Italien und zur großen Reichspolitik zog, wobei Konflikte mit Machtinstanzen wie dem Papst und dem aufstrebenden italienischen Städtewesen wohl unvermeidbar waren. Der Konflikt des Stauferkaisers und des Welfenherzogs war also irgendwie auch ein Stellvertreterkrieg zweier völlig gegensätzlicher Weltanschauungen, was einer der Gründe sein dürfte, dass diese Auseinandersetzung heute noch so spannend erscheint.

»In der großen Antithese Universalmonarchie oder deutsche Ostpolitik ist mit dem Triumph Barbarossas und dem Sturz des Löwen die Entscheidung für die imperiale Idee der Staufer gefallen. Die Kaiser Heinrich VI. und Friedrich II. sind an dieser Idee gescheitert, der Knabe Konradin ist auf dem Blutgerüst von Neapel ihr Opfer geworden.« (Pfister 1952, S. 116) Musste Konradin wohl sterben, weil Heinrich der Löwe gestürzt wurde? So einfach war die Sache natürlich nicht, aber die Staufer sind sicherlich in erster Linie Opfer ihres universellen Machtanspruchs geworden.

Den Staufern, ihrem Anspruch auf das universelle Kaisertum und ihr Konflikt mit dem diesbezüglich anders gepolten Geschlecht der Welfen wurde aber gerade während der letzten Jahrzehnte wieder in Deutschland mehr Aufmerksamkeit geschenkt, wenn man sich die Anzahl der Publikationen und Ausstellungen betrachtet. So gibt es auch Versuche, die Staufer für den Tourismus dienstbar zu machen, was besonders durch die Stuttgarter Stauferausstellung von 1977 sehr gefördert wurde. Seit jener Zeit gibt es im ostwürttembergischen Stauferland die »Straße der Staufer«. Dabei darf natürlich der Hohenstaufen nicht ausgespart bleiben, als »Heiliger Berg« der Dynastie. Neben Staufergedenkstätten wie einem farbigen Stauferrundbild im Kloster Lorch sind die großen Herrscher des Mittelalters auch im Internet auf vielen Seiten zu finden.

Doch die Staufer waren nicht nur das historische Schicksal Deutschlands, sondern auch jenes Italiens. Die Bezeichnungen »Ghibellinen« und »Guelfen«, die im mittelalterlichen Italien die Parteigänger der Staufer bzw. der Welfen charakterisierten, sind einerseits von der heute in Württemberg gelegenen Stadt Waiblingen, andererseits von den Welfen abgeleitet. Heute ist das Andenken an die Staufer in Italien fast präsenter als in Deutschland. Es gehört zur Geschichte vieler italienischer Städte als fixer Bestandteil ihrer Geschichte. Fehden innerstädtischer Art gab es in fast allen italienischen Kommunen über lange Zeit. Dabei ging es um einen Antagonismus zwischen den »weißen« Ghibellinen und den »schwarzen« Guelfen, zwischen den Anhängern des Kaisers und jenen des Papstes. Damit war der Makrokosmos der Kämpfe zwischen den (staufischen) Kaisern und den Päpsten auch immer im Mikrokosmos der einzelnen Kommunen präsent. Somit verewigte sich im italienischen Städtewesen ein Konflikt, der bei den deutschen Kommunen niemals jene Bedeutung hatte.

Besonders in Apulien und Sizilien ist das Andenken an Friedrich II. und die Staufer überhaupt noch sehr lebendig. »Niemals zuvor und niemals danach stand Apulien so sehr im Mittelpunkt der Weltpolitik und war Zentrum eines so kultivierten Hoflebens gewesen wie zu Zeiten Friedrichs II. von Hohenstaufen.« (Oster 2008, S. 259)

2002 wurde ein »Komitee der Stauferfreunde« gegründet, das europaweit Denkmäler zur Erinnerung an das große Kaisergeschlecht aufstellt. So wurden Stelen in Fiorentino in Apulien (dem Sterbeort von Friedrich II.), auf dem Hohenstaufen, in Haguenau im Elsass (der Lieblingspfalz Barbarossas) und an einigen Orten mehr aufgestellt. Der deutsche Physiker und Astronaut Ulf Merbold, der Mitglied des Komitees ist, brachte in einem Interview seine Beweggründe für das Aufstellen der Stelen zum Ausdruck: »Mir gefallen die Stelen … und die Idee, an Orten, an denen die Staufer Spuren hinterlassen haben, ihrer zu gedenken. Immerhin haben sie vor mehr als achthundert Jahren einen europäischen Staat erschaffen, um darauf tragisch zu scheitern.« (www.stauferstelen.net)

Fast jeder, der beispielsweise eines Tages in Apulien vor dem großartigen Castel del Monte steht, wird wohl folgendem Zitat zustimmen: »Das Kaisergeschlecht der Hohenstaufen hinterließ nur die gewaltigen Mauern seiner Burgen, Pfalzen, Kastelle – von Böhmen bis zum Elsass, von Luxemburg bis nach Sizilien, kündend von ritterlicher Lebensart, vom gefährlichen Traum grenzenloser Größe und frühem Untergang.« (Cyran 1986, S. 459)

Zeittafel

Um 1025–vor 1094: Friedrich von Büren, Stammvater der Staufer.
1050–1105: Friedrich I., Herzog von Schwaben
1056–1106: Kaiser Heinrich IV.
1077: Heinrich IV. in Canossa.
1085: Friedrich I. von Schwaben baut die Burg Hohenstaufen.
1106–1125: Kaiser Heinrich V.
1122: Friedrich Barbarossa geboren.
1125–1137: Lothar III. gegen den Staufer Friedrich II. von Schwaben zum König gewählt.
1129: Geburt Heinrichs des Löwen.
1138: Konrad III. wird zum deutschen König gewählt am 7. März.
1147: Der junge Friedrich Barbarossa nimmt mit Konrad III. am 2. Kreuzzug teil.
1152: König Konrad III. stirbt am 15. Februar. Friedrich Barbarossa zum König gewählt am 4. März.
1154/55: Erster Italienzug Friedrich Barbarossas.
1155: Kaiserkrönung Friedrich Barbarossas in Rom am 18. Juni.
1162: Zerstörung Mailands.
1169: Friedrich Barbarossas Sohn Heinrich VI. zum König gewählt.
1172: Pilgerreise nach Jerusalem durch Heinrich dem Löwen.
1174–1178: Fünfter Italienzug Friedrich Barbarossas.
1176: Heinrich der Löwe versagt dem Kaiser die Hilfe und Schlacht bei Legnano am 29. Mai.
1180: Sturz Heinrichs des Löwen.
1184: Glanzvolles Hoffest in Mainz zu Pfingsten.
1186: Heinrich VI. heiratet Konstanze und besetzt den Kirchenstaat.
1187: Sultan Saladin erobert Jerusalem.
1189–1192: Dritter Kreuzzug.
1189: König Wilhelm II. von Sizilien stirbt kinderlos am 18. November.
1190: Friedrich Barbarossa ertrinkt in Kleinasien am 10. Juni.
1191: Heinrich VI. in Rom zum Kaiser gekrönt am 15. April.
1192: Richard Löwenherz wird in Wien gefangengenommen am 21. Dezember.
1194: Tod Tankreds von Lecce am 20. Februar und Eroberung Siziliens. Krönung Heinrichs VI. zum König von Sizilien am 25. Dezember. Geburt Friedrichs II. am 26. Dezember.
1195: Tod Heinrichs des Löwen am 6. August.
1197: Kaiser Heinrich VI. stirbt in Messina am 28. September.
1198: Herzog Philipp von Schwaben wird zum König erhoben, Otto IV. in Aachen zum Gegenkönig gewählt am 9. Juni.
1202–1204: Vierter Kreuzzug unter der Führung des Dogen von Venedig.

1207: Sängerkrieg der Minnesänger auf der Wartburg.
1208: Otto von Wittelsbach ermordet König Philipp von Schwaben am 21. Juni.
Friedrich II. wird mündig und regierungsfähig am 26. Dezember.
1209: Otto IV. wird in Rom zum Kaiser gekrönt am 4. Oktober.
1210: Papst Innozenz III. bannt Otto IV. am 18. November.
1211: Deutsche Fürsten wählen Friedrich II. zum König, Absetzung Ottos IV.
1212: Kinderkreuzzug.
1214: Niederlage Ottos IV. in der Schlacht von Bouvines am 27. Juli.
1218: Otto IV. stirbt mit 36 Jahren am 19. Mai.
1220: Heinrich VII. wird am 26. April zum deutschen König gewählt. Krönung Friedrichs II. zum Kaiser am 22. November.
1225: Kaiser Friedrich II. heiratet Jolanthe von Jerusalem am 9. November.
1227: Papst Gregor IX. bannt Kaiser Friedrich II. am 22. September.
1228–1229: Fünfter Kreuzzug.
1229: Kaiser Friedrich II. zieht in Jerusalem ein am 17. März.
1230: Friede von San Germano zwischen Friedrich II. und Papst.
1232: Geburt von Friedrichs II. Sohn Manfred.
1235: Heinrich VII. wird Anfang Juli gefangengenommen und abgesetzt.
1237: Konrad IV. in Wien zum deutschen König gewählt im Februar.
1239: Zweite Bannung Friedrichs II. durch Papst Gregor IX. am 20. März.
1241: Niederlage Herzog Heinrichs II. gegen die Mongolen bei Liegnitz am 9. April.
1242: Heinrich VII. begeht Selbstmord.
1245: Papst Innozenz IV. flieht nach Lyon und erklärt den Kaiser zum Ketzer und Verfolger der Kirche.
1246: Landgraf Heinrich Raspe zum Gegenkönig gewählt am 22. Mai.
1247: Heinrich Raspe stirbt. Wahl Wilhelms von Holland zum Gegenkönig.
1249: König Enzio gerät in bolognesische Gefangenschaft am 26. Mai.
1250: Friedrich II. stirbt in Castel Fiorentino am 13. Dezember.
1252: Zu Beginn des Jahres zieht Konrad IV. nach Sizilien. Geburt Konradins am 25. März.
1254: Konrad IV. stirbt an der Malaria am 21. Mai.
1257: Doppelwahl von Alfons von Kastilien und Richard von Cornwall zum deutschen König.
1258: Krönung Manfreds zum König von Sizilien.
1265: Karl von Anjou durch Papst Klemens IV. mit Sizilien belehnt.
1266: König Manfred stirbt in der Schlacht von Benevent am 26. Februar.
1268: Der junge Staufer Konradin zieht nach Italien zur Eroberung Siziliens. Niederlage Konradins bei Tagliacozzo und Gefangennahme durch Karl von Anjou im August. Hinrichtung Konradins am 29. Oktober.

Quellen und Literatur

Akermann, Manfred: Die Staufer: ein europäisches Herrschergeschlecht. Darmstadt 2003.

Albrecht, Kurt (Hg.): Die Staufer. 2 Bände, Ludwigsburg 1968.

Angermann, Norbert: Lexikon des Mittelalters. München 1997.

Barnick, Erna: Kaiser Friedrich Barbarossa in der Geschichte. Jena 1926.

Barz, Paul: Die Gegenspieler. Friedrich Barbarossa und Heinrich der Löwe im Kampf um die Macht. Bergisch Gladbach 2005.

Becker, Otto Heinrich: Kaisertum, deutsche Königswahl und Legitimitätsprinzip in der Auffassung der späteren Staufer und ihres Umkreises. Frankfurt/Main 1975.

Bedürftig, Friedemann: Die Staufer: ein Lexikon. Darmstadt 2006.

Below, Georg von: Die italienische Kaiserpolitik des deutschen Mittelalters. München 1927.

Beumann, Helmut (Hg.): Kaisergestalten des Mittelalters. München 1985.

Borst, Arno: Reden über die Staufer. Frankfurt/Main 1981.

Borst, Arno: Lebensformen im Mittelalter. Frankfurt/Main 1988.

Breuers, Dieter: Die glühende Krone. Die Staufer und ihre Zeit. Bergisch Gladbach 2000.

Cohn, Willy: Das Zeitalter der Hohenstaufen in Sizilien. Breslau 1925.

Csendes, Peter: Heinrich VI. Darmstadt 1993.

Csendes, Peter: Philipp von Schwaben: ein Staufer im Kampf um die Macht. Darmstadt 2003.

Cyran, Eberhard: Zeit lässt steigen dich und stürzen. Roman der letzten Staufer. Heilbronn 1986.

Diederichs, Arthur: Staufer und Welfen. Jena 1938.

Diwald, Hellmuth: Geschichte der Deutschen. Frankfurt/Main 1978.

Ehlers, Joachim: Heinrich der Löwe. München 2008.

Eickels, Klaus van u. Tania Brüsch: Kaiser Friedrich II. Düsseldorf 2000.

Ellrich, Hartmut: Die Staufer: Herrscherdynastie im hohen Mittelalter. Petersberg 2011.

Engels, Odilo: Die Staufer. Stuttgart 2005.

Fink, Humbert: Ich bin der Herr der Welt. Friedrich II., der Staufer. Eine Biographie. München 1986.

Fischer-Fabian, S.: Die deutschen Cäsaren. München 1977.

Fraesdorff, David: 50 Klassiker. Herrscher des Mittelalters. Hildesheim 2008.
Freund, Michael: Deutsche Geschichte. Rheda 1973.
Fried, Johannes: Das Mittelalter. Geschichte und Kultur. München 2008.
Fuhrmann, Horst: Einladung ins Mittelalter. München 1997.

Gebhardt, Bruno: Handbuch der deutschen Geschichte. Band 1, Stuttgart 1970.
Goez, Werner: Lebensbilder aus dem Mittelalter. Darmstadt 2010.
Görich, Knut: Die Staufer: Herrscher und Reich. München 2011.
Gotzkowsky, Bodo (Hg.): Johannes Adelphus: Barbarossa. Berlin 1974.
Großbongardt, Annette u. Dietmar Pieper (Hg.): Die Staufer und ihre Zeit. Leben im Hochmittelalter. München 2010.

Hampe, Karl: Geschichte Konradins von Hohenstaufen. Innsbruck 1894.
Hampe, Karl: Deutsche Kaisergeschichte in der Zeit der Salier und Staufer. Leipzig 1909.
Hansert, Andreas: Könige und Kaiser in Deutschland und Österreich. Petersberg 2006.
Haussherr, Rainer (Hg.): Die Zeit der Staufer. Geschichte, Kunst, Kultur. 5 Bände, Stuttgart 1977–1979.
Hechenberger, Werner: Staufer und Welfen 1125–1190. Köln 1996.
Hechberger, Werner u. Florian Schuller (Hg.): Staufer & Welfen. Zwei rivalisierende Dynastien im Hochmittelalter. Regensburg 2009.
Herbers, Klaus u. Herbert Neuhaus: Das Heilige Römische Reich. Köln 2005.
Hocker, Nicolaus: Die Stammtafeln der Hohenzollern und Welfen. Düsseldorf 1857.
Horst, Eberhard: Friedrich II. der Staufer. München 1977.
Houben, Hubert: Kaiser Friedrich II. (1194–1250). Herrscher, Mensch, Mythos. Stuttgart 2008.
Hucker, Bernd Ulrich: Otto IV. Hannover 1990.
Huss, Frank: Verhinderte Herrscher. Greiz 2011.

Jensen, Wilhelm: Der Hohenstaufer Ausgang. Dresden 1896.
Jordan, Karl: Heinrich der Löwe. München 1979.

Kohlrausch, Robert: Herrschaft und Untergang der Hohenstaufen in Italien. Jena 1926.
Kohlrausch, Robert: Deutsches Heldentum in Italien. Stuttgart 1935.
Kortüm, Friederich: Kaiser Friederich der Erste mit seinen Freunden und Feinden. Aarau 1818.
Krieb, Steffen: Vermitteln und Versöhnen. Konfliktregelung im deutschen Thronstreit. Köln 2000.

Lau, Thaddaeus: Der Untergang der Hohenstaufen. Hamburg 1856.
Laudage, Johannes u. Lars Hageneier (Hg.): Friedrich Barbarossa (1152–1190); eine Biographie. Regensburg 2009.
Lehmann, Johannes: Die Staufer. München 1978.

Mareck, Curt: Friedrich Barbarossas Leben und Taten. Berlin o. J.
Maschke, Erich: Das Geschlecht der Staufer. München 1943.
Mikoletzky, Hanns Leo: Geschichte lebt. Wien 1958.
Miller, Edmund: Konradin von Hohenstaufen. Berlin 1897.
Momigliano, Eucardio: Friedrich Barbarossa. Berlin 1939.
Müller, David: Geschichte des deutschen Volkes. Berlin 1905.

Oppl, Ferdinand: Friedrich Barbarossa. Darmstadt 2009.
Oster, Uwe A.: Die Frauen Kaiser Friedrichs II. München 2008.
Orthbandt, Eberhard: Die Zeit der Staufer. Stuttgart 1965.

Pfister, Kurt: Die Welt des Mittelalters. Wien 1952.
Preußen, Michael von (Hg.): Die Staufer: Herrscher einer glanzvollen Epoche. Köln 2010.
Prietzel, Malte: Kriegführung im Mittelalter. Paderborn 2006.

Ramshorn, Carl: Lebensbeschreibungen aus der Weltgeschichte. Leipzig 1857.
Ranke, Leopold von: Weltgeschichte. Band 11, Wien 1928.
Raumer, Friedrich von: Geschichte der Hohenstaufen und ihrer Zeit. 6 Bände, Leipzig 1878.
Rill, Bernd: Sizilien im Mittelalter: Das Reich der Araber, Normannen und Staufer. Stuttgart 1995.

Schaller, Hans Martin: Stauferzeit. Ausgewählte Aufsätze. Hannover 1993.
Schirrmacher, Friedrich Wilhelm: Die letzten Hohenstaufen. Göttingen 1871.
Schneidmüller, Bernd: Die Welfen. Stuttgart 2000.
Schwarzmaier, Hansmartin: Die Welt der Staufer. Wegstationen einer schwäbischen Königsdynastie. Leinfelden-Echterdingen 2009.
Seibert, Hubertus u. Jürgen Dendorfer (Hg.): Grafen, Herzöge, Könige. Der Aufstieg der frühen Staufer und das Reich (1079–1152). Stuttgart 2005.
Seibt, Ferdinand: Glanz und Elend des Mittelalters. Berlin 1999.
Selchow, Bogislav von: Unsere geistigen Ahnen. Leipzig 1928.
Sporhan-Krempel, Lore: König Manfred. In: Damals. Zeitschrift für geschichtliches Wissen. Gießen 1974.
Stälin, Friedrich von: Friedrich II., Herzog von Schwaben. In: Allgemeine Deutsche Biographie, Band 8. München 1878.

Stürner, Wolfgang: Friedrich II. 2 Bände, Darmstadt 2000.

Ullrich, Hans Uwe: Konradin von Hohenstaufen. München 2004.

Wahl, Rudolph: Kaiser Friedrich Barbarossa. München 1941.
Wallrath, Bertram (Hg.): Barbarossa. München 1989.
Wenter, Josef: Salier und Staufer. Kämpfe der Kaiserzeit. München 1936.
Winkelmann, Eduard: Heinrich VI., römischer Kaiser. In: Allgemeine Deutsche Biographie. Band 11, München 1880.

Ziegler, Wolfram: König Konrad III. Hof, Urkunden und Politik. Wien 2008.